"十三五"国家重点图书出版规划项目

Authoritarian Rule of Law:
Legislation, Discourse and Legitimacy in Singapore

威权式法治:
新加坡的立法、话语与正当性

[新加坡] 约西·拉贾（Jothie Rajah） 著

陈林林 译

ZHEJIANG UNIVERSITY PRESS
浙江大学出版社

献给我的父亲

K.S.拉贾(1930 年 3 月 3 日—2010 年 6 月 17 日),

他始终信奉法治。

总　序

当今世界,各国社会制度不尽相同,种族、民族构成不尽相同,历史文化传统纷呈各异,经济社会发展水平参差不齐,但都有自己的文明。在全球化时代,交流、互鉴是文明发展进步的必由之路,法治文明的发展进步也遵循着同样的规律。中国特色社会主义法治是前无先例、外无范式的事业,没有现成的道路可以遵循,没有现成的模式可以照搬,主要靠我们自己探索、实践和创造。因此,特别需要学术界围绕社会主义法治建设重大理论和实践问题开展研究,推进法治理论创新,发展符合中国实际、具有中国特色、体现社会发展规律的社会主义法治理论,为依法治国提供理论指导和学理支撑。但这绝不意味着自我封闭、自给自足,而必须在立足实践、尊重国情的前提下,全面梳理、认真鉴别、合理吸收西方发达国家的法治文明,包括其法学理论和法治思想。

近代以来,中国法治现代化的历史经验告诉我们:包括马克思主义在内的“西学东进”,撬动了中国封建社会,推动了中国传统法治文明的现代化进程。西方法治文明,如同中华法治文明一样,有许多跨越时空的理念、制度和方法,诸如依法治理、权力制约、权利保障、法律面前人人平等、契约自由、正当程序以及有关法治的许多学说,反映了人类法治文明发展的一般规律。今天,我们认真甄别和吸纳这些有益的理念、规则和学说,不仅彰显中国特色社会主义法治的开放性和先进性,而且体现出中国法治建设遵循着"文明因交流而精彩、文明因互鉴而进步"的一般规律。

正是基于这种信念,我们策划了本丛书。丛书本着文明交流互鉴的宗旨,立足中国、放眼全球、面向未来,计划持续甄选、译介当代西方法治理论中的上乘之作。入选作品分别代表了法治的三个重要维度:法治理论、法治实践和法治模式。第一类作品属于元理论层次的学术研究,是一些位居理论最前沿、学术反响最强烈的理论性著述;第二类作品是针对民主、法治、宪法和其他具体法律制度设计及法律运作问题而开展的法治实践论题研究;第三类作品的研究主题是西方国家以及中国周边国家各具特色的法治模式。

在译介法治理论前沿丛书的同时,我们也致力于推进中国法治文明和法治理论走向世界。本丛书将推出一系列代表当代中国法学理论和法治思想研究水准的著作。当代中国的法学理论和法治思想既传承了中华传统法律文化的精华,又提炼了中国特色社会主义法治实践经验。被世界公认为五大法系之一的中华法系,曾广泛地影响和传播到了周边国家,并在相当长时间里居于世界法制文明的顶峰。在这个法治全球化的时代,我们应当特别注重提高中国特色法治理论和法治话语的国际融通力和影响力,建构一个既凝聚中国传统智慧和当代经验,又体现人类共同价值和普遍示范效应的法治理论和法治话语体系,以真正实现中西法学智慧的融合与东西方法治文明的交流互鉴。

是为序。

张文显

2017 年 5 月 18 日

致　谢

本书的研究从头到尾都得到了来自新加坡、墨尔本和其他地方的朋友、家人和同事的支持，这令我感到欣慰。我非常感谢 Abdullah Saeed 和 Li-ann Thio 提供的宝贵指导，以及他们提出的若干重要问题。我还要特别感谢 Pip Nicholson 给予的持久、慷慨和前后一贯的指导。

许多前辈学者很乐意分享自己的专业心得。Hong Lysa 指导我穿越了新加坡的各种历史，我对她深怀谢意。Anoma Pieris 提出的犀利问题，以及 Nirmala PuruShotam 在"社会学思维和方法论"课程中条理清晰的讲课，让我从跨学科研究领域获益良多。我还要真诚感谢 Shaun McVeigh，他明确提到了这一不可思议的整合——威权式法治，而这已成为本书的书名。主持"法律复杂性与政治自由主义"研究项目的三位睿智之士——Terence Halliday、Lucien Karpik 和 Malcolm Feeley——为本书的研究提供了诸多重要的支持。William Neilson 和 Terence Halliday 非常仔细地阅读了本书定稿前的那一版书稿，我从他们的宝贵意见中获益匪浅。还有许多人不顾自己繁忙的教学和研究任务，腾出时间来帮助我，他们是 Anthony Anghie、Michael Barr、Jennifer Beard、Sarah Biddulph、Mark Brown、Chris Dent、Carolyn Evans、Cherian George、Michael Hor、Tim

Lindsey、Don Miller、Frank Munger、Debbie Ong、Juliet Rogers、Kevin Y. L. Tan、Tang Hung Wu、Arun Thiruvengadam、Geoff Wade、Helena Whalen-Bridge 和 Amanda Whiting。我还要感谢我的本科老师 Yash Ghai 教授，一位诲人不倦、兢兢业业的老师，他教会我从不同的角度观察法律。我还要感谢的是三位匿名评审人。我热切地、诚挚地感谢所有人。

许多机构也给了我慷慨的、随要随有的支持。墨尔本法学院和亚洲法律中心为我配备了一个充满活力的大学生研究团队，在那里学生们能够获得各个层面的指导和资源，包括获得资金以参加海外会议。我曾频繁地前往新加坡国立大学开展研究，法学院院长 Tan Cheng Han 以及他的工作人员给予我很多热心帮助，他们随时欢迎我的造访。法学院的 Eleanor Wong 和"法律分析、写作与研究小组"的成员也是如此。Carolyn Wee 和 C. J. Koh 法律图书馆的工作人员同样提供了大量帮助。东南亚研究所、纽约市律师协会、国际新闻协会、加拿大律师人权观察组织和大赦国际的图书工作人员与研究事务助理，也向我提供了帮助。我感谢他们中的每一个人。

我的朋友们提供了暖心和宝贵的陪伴。我要特别感谢 Eve Lester、Daniel Muriu 和 Yoriko Otomo，他们在本书的研究过程中提供了各种重要帮助。还有 Elizabeth Brophy、Naomita Royan、Helen Pausacker、Laura Griffin、Sanjay Pala Krishnan、Niloshan Vijayalingam、Cate Read 和 Sonja Zivak，这些好友全程给了我富有启发性的帮助和支持。

我的家人也给我提供了重要支持。我的女儿 Shrimoyee 提出一些有益的问题；我的父亲 K. S. Rajah 和我的儿子 Ravindran 一直关注与我研究计划相关的时事，他们仔细阅读本书草稿并提出了自己的见解；我非常感谢我的母亲 Gnanam，她给我提供了持久的、宝贵的关心与支持。正是他们给予的爱、鼓励和支持，让我在离开他们的时候还能够坚持下来。

前言：一位局内人对法治的困惑

1983年，时任新加坡总理李光耀说新加坡遇到了一个问题：女性研究生的结婚率低于非女性研究生；女性研究生在结婚后，也没有多生孩子。[①] 他认为，这意味着新加坡的下一代失去了基因遗传上的优质资源。[②] 当然，这一讲话是极富争议的。[③]

当李光耀发表这次讲话时，我还是新加坡国立大学法学院的二年级学生。此后，我向学生会的杂志投了一篇戏仿之作："鼓励生育法"。我在撰写"鼓励生育法"时，几乎照搬了我们正在研究的一部法律。我的"法案"用上了国徽、旁注和晦涩的立法语言，撇开明显的讽刺性内容不谈，它无论看起来还是读起来都像是议会的一件作品。我真诚地感谢了我的宪法学导师休·罗林斯（Hugh Rawlings）博士，因为我借用了他的想法。他在布置给我们的辅导性问题中，提到了一部假设的"鼓励生育法"。我征得了他的许可，用了他取的名称并

---

① "PM's National Day Rally Speech", *Straits Times* (15 August 1983).

② 同上注。

③ 更充分的讨论，参见 Lenore Lyons-Lee, "The 'Graduate Woman' Phenomenon: Changing Constructions of the Family in Singapore" (1998) 13:2 *Sojourn: Journal of Social Issues in Southeast Asia* 1.

写下了该"法案"。

令我惊讶的是,这篇只有两页纸的学生作品,通过传真传遍了新加坡的律师事务所。它甚至越过长堤,传到了邻国马来西亚。杂志出版大约三个星期后,在法学院的公告栏上赫然出现了一则通知:学生联络官要见我。

她很和蔼,但在她房间里度过的 30 分钟却令我感到恐慌。她一上来就告诉我,学校的一名资深官员要求她与我谈话。这则消息立刻使我这样一个不起眼的学生,陷入了令人生畏的逐级审查之中。接下来,她要让我认识到我已触犯了法律:我事先是否知道未经官方许可而复制新加坡国徽是违法行为?我不知道。我错了,并已犯法。不过,她非常想了解罗林斯博士的介入程度:他是否阅读了草稿?是否提出了建议?她一遍又一遍地问及我的导师,而我不断地重复着我的故事,并愈加感到恐慌和困惑。谢天谢地,大约六个星期之后,整件事情终于平静下来。我绝不会再写任何戏仿性的法律作品了。

22 年之后,我着手准备一篇关于新加坡立法、公共话语与国家正当性之关系的学位论文,并研究内在于不同种类"法律"——权利保护式"法治"与工具型、服务国家式"法制"——之间的张力,在新加坡是如何呈现出来的。我的研究计划揭示了 50 年来新加坡在"危险的外国人"这一议题上的态度变化,这让我最终明白学校当初为什么需要弄清罗林斯博士在"鼓励生育法"中所起的作用。

在我前往墨尔本大学法学院攻读博士学位之前,我一直生活在新加坡并在那里接受教育。在我接受的法学教育中,我被教导新加坡是一个奉行宪法至上的"法治"国家。在一年级,指导性判例就向我们训示了一些严苛的规则,这些规则针对律师提出了在行为规范上的高标准要求。对律师而言,头等重要的是他们必须站在法院这一边并服务于大法官。通过一个令人难忘的案例,我们深深领会到了法律职业人士的身份会在何种程度上影响到一个人的方方面面。在这个案例中,一位律师被指控从事与新加坡最高法院的出庭律师及事务律师身份不相称的行为：他因公前往自己位于古晋的办公室，在途中入住了一家酒店，为了帮朋友一个忙，这位男性律师在酒店房间内销售"女人的裙子和胸罩"。④

我所接受的法学教育对法治有着无比虔敬的描述，这与我在孩提时代看到的那些银幕英雄的形象是一致的。例如，电影《杀死一只知更鸟》中格里高利·派克（Gregory Peck）饰演的阿提卡斯·芬奇（Atticus Finch），以及《日月精忠》中保罗·斯科菲尔德（Paul Scofield）饰演的托马斯·摩尔爵士（Sir Thomas More）。迈入社会后，我发现这两位英俊的、令人服膺的人物，恰恰被视为法律之美德的化身（但不知为何都是男性）。在新加坡，法学教育传授给我的理念和我从周遭环境中感受到的顾虑（即不能冒犯或挑战政府）之间是脱节的。尽管我一贯顺从政府，但这种脱节还是令我感到困惑。在我毕业后不久，就发生了大规模的剥夺人身自由、电视直播公开认罪，以及所谓的马克思主义阴谋论在法庭上的挫败。我在法学院时的一位同班同学，还有一位娴静的、行为正派且广受学生尊敬的女性，也被牵扯了进去。在这些事件中，我见识了上一代人曾经目睹的一幕——政府随时准备使用强制手段，并且它有能力让反对者噤声，或者妖魔化反对者的说法。

我想要揭示新加坡"法治"话语与"法制"话语中的复杂性，以及这两种对立话语之间的共生状态。这一目标促成了本书的研究。通过审视新加坡的立法，我了解到了关于"法治"的官方话语和官方观念。这些话语和观念建构了一个威权主义⑤法治模式，而该模式让新加坡政府获得了普遍的正当性。基于新加坡在政治架构方面的状况，我发现在研究中有意摆脱新加坡的意识形态藩篱是非常有意义

④ *Re An Advocate*(1963)，[1964] 1 M. L. J. 1 (Kuching).

⑤ Garry Rodan, *Transparency and Authoritarian Rule in Southeast Asia: Singapore and Malaysia*(London: Routledge Curzon, 2004).

的。这样就能够注意到，新加坡政府有时会一层一层地主动揭示隐含在官方话语中的一些前提。而在此之前，我并未注意到这些前提。通过对官方文本的透彻分析，我揭示了那些看似简单的声明中所隐含的一连串复杂意思。这个过程启发性地展现了"法治"与"法制"之间的互动，并促使我去审视一些起先并不在研究范围内的文本和历史。

不管是在学术会议上宣读论文，还是一个人进行研究，我始终关注批判性学术在新加坡的发展空间问题，尤其是当批判者自认为是新加坡人时的状况。毫无疑问，盛行于新加坡的自我审查[6]氛围，影响到了学术研究并融入了学术研究的背景。与此矛盾的是，一定程度的学术自由显然也存在[7]，并且官方声称政府的立场是支持学术自由，而学术自由必将蔚然成风。[8] 本书的素材既包括非新加坡籍学者的批判性研究，也包括那些被认为是新加坡学者的批判性研究。后者在新加坡当地的机构中工作，他们以新加坡学者的身份开展研究并建立起自己的声誉。例如，Chua Beng Huat、Cherian George、Hong Lysa、Nirmala PuruShotam、Li-ann Thio 和其他许多人都从事过这方面的研究，他们之前的著述对我的研究很有启发。和这些学者一样，我也自认为是一个新加坡人，并希望对这一块栖身之所——新加坡吸引人的、矛盾的、复杂的公共空间——进行长期的批判性研究。

---

⑥ Cherian George，"Consolidating Authoritarian Rule：Calibrated Coercion in Singapore"（2007）20：2 *Pacific Review* 127.

⑦ 第八章对公众代言人、社团以及宗教意识形态为何被视为巨大威胁的讨论，或许可以解释这个悖论。

⑧ Sing.，*Parliamentary Debates*，vol. 47，col. 474（17 March 1986）.

目　　录

第一章

法律、非自由主义和新加坡

2007 年 10 月,来自 120 多个国家的 4000 名律师齐聚新加坡,参
加国际律师协会^①的年会。^② 选择将新加坡作为集会地点是有争议
的,一些协会成员^③和新加坡持不同政见者^④抗议道:国际律师协会
选择在新加坡召开年会,将赋予一个系统性违反法治的政权一定的
正当性。在新加坡设施先进、空调舒适的会场中,会议将这些争议以
及其他事项播送了出去。^⑤

---

① 国际律师协会将自己描述为世界领先的组织,它由跨国法律工作者、律师协会和
法律学会组成,成员包括了 3 万名来自世界各地的律师;访问路径:"About the IBA",
<http://www.ibanet.org/About_the_IBA/About_the_IBA.aspx>.

② "4,000 Delegates from 120 Countries", *Straits Times* (16 October 2007).

③ K. C. Vijayan,"Global Law Meeting Will Tackle Heavy Issues", *Straits Times* (12
October 2007),其中指出"基于法治方面的因素,来自欧洲的一些委员……起初反对选择
新加坡作为会议的东道主"。

④ 反对派政治家徐顺全(Chee Soon Juan),即新加坡民主党秘书长,在 2007 年 2 月
写信给国际律师协会主席,要求他慎重考虑将新加坡选为会场,因为新加坡贯于对政治对
手实施镇压;访问路径:"SDP Writes to International Bar Association About Its Conference
in Singapore", <http://www.singaporedemocrat.org/articleiba.html>.

⑤ Hailin Qu, Lan Li & Gilder Kei Tat Chu, "The Comparative Analysis of Hong
Kong as an International Conference Destination in Southeast Asia" (2000) 21 *Tourism
Management* 643.

　　在会议开幕式上，新加坡的政界元老李光耀⑥做了主旨发言。⑦在发言后的问答环节，李光耀被要求解释新加坡备受质疑的法治立场。⑧针对这一诘问，李光耀拿出了一堆评估表⑨，展示了新加坡高排名的法治及治理指数，以证明新加坡存在法治。⑩据新闻报道，国际律师协会的成员听着听着突然哄堂大笑。⑪

　　这阵笑声当然意味深长：可能是钦佩这名在位 31 年的总理所做的精心准备，也可能是质疑他极度简化了法治的内容，将法治从一种实质性理念简化成了一些排名表和量化表。笑声和内在于其中的意味，指向了一个新加坡式悖论：一个从各方面削弱"法治"之自由的政权，却成功地被称颂为一个法治政府。

---

　　⑥　自 1959 年到 1990 年，李光耀一直是新加坡总理。他的继任者吴作栋，被李光耀选为 1990—2004 年的内阁领导。在这个内阁中，李光耀担任新设的国务资政这一职位。2004 年，李光耀的儿子李显龙继吴作栋之后担任总理，吴作栋成为国务资政。李光耀仍然是内阁成员，并担任了另一个新设立的职位即内阁资政，一直到 2011 年 5 月。2011 年大选后，李光耀和吴作栋一起从政府退休。通过投票，这次大选选出了迄今为止人数最多的反对党议员（在 87 个国会席位中占了 6 席）。

　　⑦　Vijayan，前注 3；Lee Kuan Yew，"Why Singapore Is What It Is"，*Straits Times* (15 October 2007) [*Why Singapore Is What It Is*].

　　⑧　Rachel Evans，"Singapore Leader Rejects Amnesty"，*International Financial Law Review* (18 October 2007)，访问路径：<http://www.i r.com/Article/1983342/Singapore-leader-rejects-Amnesty.html>.

　　⑨　埃文斯（Evans）（前注）指出，李光耀援引的资料包括世界银行和透明国际所提供的数据。Loh Chee Kong，"What Price, This Success? MM Asked Whether Singapore Sacri ced Democracy"，*Today* (15 October 2007)，其中描述了李光耀"喋喋不休地讲述那些赞许新加坡法律体制的排名，这些排名由国际管理发展协会、政治经济风险顾问公司和经济学人智库提供"。除了这些，新加坡官方还经常援引世界竞争力年鉴、世界经济论坛全球竞争力报告、世界银行治理报告、透明国际清廉指数和商业环境风险智能报告。在 2000 年的一次演讲中，李光耀援引了这些报告以证明自己的主张：新加坡就是一个法治国家，"For Third World Leaders：Hope or Despair?"（2000 年 10 月 17 日在哈佛大学肯尼迪政府学院的演讲），访问路径：<http://www.gov.sg/sprinter/search.htm>. 第八章讨论了新加坡官方在建构正当性时对统计数据的运用。

　　⑩　Evans，前注 8。

　　⑪　同上注。"加拿大律师人权观察"（Lawyers Rights Watch Canada）旋即对李光耀的主张——新加坡遵循法治——进行了驳斥。Kelley Bryan，"Rule of Law in Singapore：Independence of the Judiciary and the Legal Profession in Singapore" (22 October 2007)，访问路径：Lawyers' Rights Watch Canada <http://www.lrwc.org/pub1.php>.

新加坡政府如何策略性地运用法律,是本书的一个主要关注点。具体而言,我研究了立法文本和公共话语通过哪些方式重构了"法律"的含义。我旨在发掘那些经常沉潜在新加坡法律之中的政府管理和政治角力。为此,还需要探究一个更为一般性的问题:新加坡官方一边自称为威斯敏斯特式民主(Westminster-model democracy)政府[12],一边却有条不紊地通过立法削减了各项权利,那么它又是如何建构起自身的正当性的?

本书以法学社会学的已有研究为基础,这些研究"将法律视为一个话语系统。它通过创设一些赋予社会生活以特定意义的分类,来形塑人们的观念……法律是社会生活的一部分,它并不是一个位于社会生活之上、之外或远离社会生活的实体"。[13] 第二章详述了本书的研究方法。简要地说,通过作为社会实践的语言这个视角,我审视了立法话语和政府话语。我揭示了各种"法治"观念和政府正当性在新加坡是如何建构起来的。我还认为,尽管政府声称遵循自由主义"法治"或"法的统治"(rule of law),但它所信奉的工具式法条主义更适合被称为"法制"或"以法统治"(rule by law)。[14]

我将这两种"法律"模式分别简称为"法治"和"法制"。概言之,

---

[12] 正如 Rodan 所指出的那样,新加坡政府一贯将自己描述为威斯敏斯特式的政府,Garry Rodan, "Westminster in Singapore: Now You See It, Now You Don't", in Haig Patapan, John Wanna & Patrick Weller, eds., *Westminster Legacies: Democracy and Responsible Government in Asia and the Pacific*(Sydney: UNSW Press, 2005) 109 at 110 [*Westminster in Singapore*].

[13] Mark Kessler, "Lawyers and Social Change in the Postmodern World" (1995) 29: 4 *Law & Soc'y Rev.* 769 at 772. Kessler 的这篇文章从话语的角度研究了法律,并用这一研究进路替代了以往强调"科学的经验调查"的法律—社会学研究(第771页)。

[14] Li-ann Thio, "Lex Rex or Rex Lex? Competing Conceptions of the Rule of Law in Singapore" (2002) 20 *UCLA Pac. Basin L. J.* 1 at 75 [*Lex Rex or Rex Lex?*]; Kanishka Jayasuriya, "The Exception Becomes the Norm: Law and Regimes of Exception in East Asia" (2001) 2:1 *Asian Pac. L. & Pol'y J.* 108 at 118 [*The Exception Becomes the Norm*].

"法治"意味着在内容[15]和制度安排上[16]，"法律"都不容许"存在专断的权力，并排除了宽泛的自由裁量权"。[17] 与此形成对比的是，"法制"意味着在内容和制度实施上，"法律"都易受权力的影响，以至于"法律"上的权利以及对政府权力的制约和监督都被削减了。稍后，我将在本章中进一步说明我对这些术语的用法，以及围绕"法治"的一些争论。我还要说明的是，为了与社会学的研究惯例保持一致，我用引号标记了一些术语，例如"法律""国家""种族"以及其他相关概念。在我的问题意识中，这些术语的含义均是由社会生活建构起来的。[18]

为什么要研究新加坡

新加坡令人困惑的成就体现在以下方面：政府对市场、政治和法律的干预如此之深，以至于新加坡政府无处不在、宪政程序实际上被架空[19]，但新加坡政府在国内和国际层面的正当性[20]仍然得到了维系。2007 年，在澳大利亚国立大学授予李光耀名誉博士学位之时，一名抗

---

[15]　Brian Z. Tamanaha，*On the Rule of Law*：*History*，*Politics*，*Theory*（Cambridge：Cambridge University Press，2004）114.

[16]　David Clark，"The Many Meanings of the Rule of Law"，in Kanishka Jayasuriya，ed.，*Law*，*Capitalism and Power in Asia*：*The Rule of Law and Legal Institutions*（London：Routledge，1999）28 at 30.

[17]　同上注。

[18]　社会分类以及社会建构物是一些"更深层的分类体系，它们整理了人类经验、洞察力和对事物的解释，……对社会交往进行了安排。在社会话语的过程中，这些分类体系得到了反思、阐释或进一步认识，成为社会冲突之所在"；Piet Strydom，*Discourse and Knowledge*：*The Making of Enlightenment Sociology*（Liverpool：Liverpool University Press，2000）at 10.

[19]　Rodan，*Westminster in Singapore*，前注 12 第 110 页。

[20]　我在广义上使用"正当性"一词，它代表着新加坡在国内和国际层面所享有的一种嵌入式的、融入日常生活的可接受性，诸如国际律师协会这样的活动能够在新加坡举办并秩序井然。于是，对新加坡法制的批评就不那么重要了。

议者在标语牌上写道:"下一位会是谁? 独裁者穆加贝?"[21]这一挑衅提
出了下述问题:如果一个政权确保并维持了经济的普遍繁荣,但同时它
也大规模镇压政治对手,并在制度上禁止媒体、法院和民间社会的独立
自治,这是否事关重大? 就业状况、基础设施和社会秩序的提升,是否
可以弥补强权政治的缺陷? 也就是说,在令大多数人感到满意的前提
下,政府是否可以对少数人施加政治暴力? 对相关难题或规范性困境
的描述,首先需要对新加坡的法律体系进行细致入微的研究。这一法
律体系已成为其他国家的模仿对象。[22] 除了某些国家[23]——例如越   5
南[24][25]——外,还有一些机构——例如世界银行——一直称赞新加坡的

[21] Emma Macdonald, "ANU Protesters to Corner Lee", *Canberra Times* (28 March
2007).

[22] Gordon Silverstein, "Singapore: The Exception That Proves Rules Matter", in Tom
Ginsburg & Tamir Moustafa, eds. , *Rule by Law* (Cambridge: Cambridge University Press,
2008) 73 at 98 [*The Exception That Proves Rules Matter*]; Lee Kuan Yew, *From Third World
to First: The Singapore Story*, 1965—2000 (Singapore: Times Editions, 2000), 718 [From
Third World to First]. Hilton L. Root & Karen May, "Judicial Systems and Economic
Development", in Tom Ginsburg & Tamir Moustafa, eds. , *Rule by Law: The Politics of
Courts in Authoritarian Regimes* (New York: Cambridge University Press, 2008) 304. Rodan 指
出了越南如何着手效仿新加坡用以控制互联网的监管模式,Garry Rodan, "The Internet and
Political Control in Singapore" (1998) 113:1 *Political Science Quarterly* 63 at 87-88. 当代法治
研究越来越警惕"法制"的输出能力,同时也注意到了"法治"的"西方式"界定是如何促进这一
新兴趋势的,Gordon Silverstein, "Globalisation and the Rule of Law:'A Machine That Runs of
Itself?'" (2003) 1:3 *International Journal of Constitutional Law* 427. 另参见 Ministry of
Law's website: "Visit by Delegation from China's State Intellectual Property Office" (26
November 2008) and "Visit by Deputy Commissioner of the State Intellectual Property Office,
People's Republic of China" (24 November 2010), http:// app2. mlaw. gov. sg/News/tabid/
204/ctgy/Visit/currentpage/2/Default. aspx♯mlato.

[23] 其他一些国家也在研究新加坡对法律的运用,包括卡塔尔、阿拉伯联合酋长国和柬
埔寨;http://app2. mlaw. gov. sg/News/tabid/204/ ctgy/Visit/currentpage/2/Default. aspx♯
mlatop.

[24] 参见前注 22 的引用。

[25] "Vietnam to Bolster Singapore Ties, Particularly on Law", *Thai News Service* (21
August 2007); Ministry of Law press releases archived 访问路径: Ministry of Law ＜http://
app2. mlaw. gov. sg＞: "Singapore and Vietnam Sign Agreement on Legal and Judicial
Cooperation" (12 March 2008); "Vietnam Ministry of Justice Delegation Visits MinLaw" (30
June 2008); "Vietnam Ministry of Justice Delegation Visits Min Law (16 June 2009); "Visit by
Dr. Dinh Trung Tung, Vice Minister from the Ministry of Justice, Vietnam (8 July 2009);
"Visit by the Vietnam Lawyers' Association" (23 September 2009).

法律体系。㉖ 总之，尽管只是一个 720 平方千米的小岛㉗，仅有约 508
万人口㉘，但新加坡非常值得研究，因为它得到了一些实力型国家的
赞赏，后者正尝试引进、复制新加坡的法律模式。

　　新加坡的法律体系对越南特别具有吸引力，是因为它在一定程
度上顺利地延续了英国殖民地时期的法治。作为前英国殖民地，新
加坡在迈向独立的过程中，保留了与普通法和威斯敏斯特式政制相
配套的机构及制度安排。㉙ 对于那些缺乏类似法律传统、在媒体管理
上也不那么精细的国家㉚，新加坡能够向它们以身示范，指导它们该
如何去建构这样一种类型的"法治"——允许政府对具有（实际的或
潜在的）政治影响力的社会组织或个人实施高度的控制，同时在国际
上又能得到认可。换言之，新加坡正在准备输出的是这样一种"法
制"：它在服务政府权力的同时，仍能维系对政府的正当性认同。通
过发掘新加坡的立法过程和公共话语，本书提出了一个关于"为什
么"以及"是如何"的论点：为什么"法律"在新加坡的自我描述中如此
重要，以及新加坡是如何成功地建构了一个矛盾体——威权式正当
性的。

㉖　Waleed Haider Malik, *Judiciary-Led Reforms in Singapore：Frameworks,*
Strategies, and Lessons(Washington, DC：World Bank, 2007).

㉗　Rodolphe De Konick, Julie Drolet & Marc Girard, *Singapore：An Atlas of*
Perpetual Territorial Transformation(Singapore：NUS Press, 2008) 86. 新加坡通过填
海造地增加了约 140 平方千米的领土。

㉘　2010 年新加坡统计部公布了该数据，http://www.singstat.gov.sg/news/
press31082010pdf.

㉙　Rodan, *Westminster in Singapore*，前注 12。

㉚　乌迪尔认为，新加坡政府是威权式政权的一个模板，它示范了如何有效地在媒体
上营造政府形象。这种形象使政府显得比实际上更为自由，并能维持政权长久存续；
Jonathan Woodier, "Securing Singapore/ Managing Perceptions：From Shooting the
Messenger to Dodging the Question" (2006) 23 *Copenhagen Journal of Asian Studies* 57.
这种说法的讽刺性、谴责性面向似乎被误解了，至少一家主流媒体对该说法作了错误描
述：Jeremy Au Yong, "Singapore Govt Wins Kudos for Smart PR", *Straits Times*(24 July
2008).

威权式正当性

必须指出的是，尽管在一些人的眼里，今天的新加坡是威权式的[31]，但新加坡在立国之初并非如此。政治垄断[32]和一党执政的制度化[33]，都是过去 50 年间人民行动党一党治理的结果。新加坡的威权主义性质也不是一目了然的。虽然政府将自己描述为威斯敏斯特式民主政府[34]，但学者们对新加坡的评价却与此相左。学者们的描述包括：威权式的[35]，半威权式的[36]，柔性专制[37]，亚洲式民主[38]，准民主[39]，非自由主义民主[40]，社群主义民主[41]，专政[42]，虚假式民主[43]，有限

7

---

[31]　Garry Rodan, *Transparency and Authoritarian Rule in Southeast Asia: Singapore and Malaysia* (London: Routledge Curzon, 2004) [*Authoritarian Rule*]; Daniel A. Bell, "A Communitarian Critique of Authoritarianism: The Case of Singapore" (1997) 25:1 *Political Theory* 6.

[32]　Rodan, *Authoritarian Rule*, 前注 31, 第 1 页。

[33]　Rodan, *Westminster in Singapore*, 前注 12。

[34]　例如，参见首席大法官 Chan Sek Keong, Keynote Address to New York State Bar Association Seasonal Meeting (27 October 2009), 访问路径: Supreme Court of Singapore <www.supcourt.gov.sg> 第 17、18 段。另参见 Rodan, *Westminster in Singapore*, 前注 12。Rodan 指出，新加坡政府"坚持"认为自己属于威斯敏斯特式民主政府(第 110 页)。

[35]　Rodan, *Authoritarian Rule*, 前注 31; Bell, 前注 31。

[36]　Shanthi Kalathil & Taylor C. Boas, *Open Networks; Closed Regimes: The Impact of the Internet on Authoritarian Rule* (Washington, DC: Carnegie Endowment for International Peace, 2003).

[37]　Cherian George, *Contentious Journalism and the Internet: Towards Democratic Discourse in Malaysia and Singapore* (Singapore: Singapore University Press, 2006) at 27.

[38]　同上注。

[39]　同上注。

[40]　同上注。

[41]　Beng-Huat Chua, *Communitarian Ideology and Democracy in Singapore* (London: Routledge, 1995); Li-ann Thio, "Rule of Law Within a Non-Liberal 'Communitarian, Democracy: The Singapore Experience", in Randall Peerenboom, ed., *Asian Discourses of Rule of Law* (London: Routledge, 2004) 183 [Rule of Law].

[42]　George, 前注 38。

[43]　Eugene K. B. Tan, "'WE' v. 'I': Communitarian Legalism in Singapore" (2002) 4 *Australian Journal of Asian Law* 1.

民主㊹，强制式民主㊺，专制政府㊻，“开明的非民主政府”㊼，以及强权选拔式的威权政府㊽。这类描述多如牛毛，涵括了专制和民主两个极端。它们还前缀了诸多限定语，说明了新加坡这一政权类型的复杂性。本书认为新加坡是威权式的，因为它的“特征是集权，它还阻止通过政治途径和政府权力进行充分竞争，也不允许监督此权力”。㊾ 通过一些案例研究，本书阐明了新加坡威权政府是如何通过法律贯彻自身的，例如通过立法解除对政府权力的限制，增进“实质性一党执政”的强权。㊿

鉴于新加坡的政体是威权式的，有必要强调威权主义和法治并非是不兼容的。事实上，“法治这个理想起源于一些非自由主义社
8 会”。(51) 在这些非自由主义政体之中，也存在权利和自由。但权利和自由是被授予的，它们“取决于主权者的同意”。(52) 就这些催生了法治的非自由主义社会而言，权利的存在与否曾经是视情况而定的，但对政府权力的制约却是清晰的。(53) 即使在前自由主义政府所施行的威权统治中，法治也被理解为政府应当受到法律的制约。(54) 在美国革命和法国大革命之后，权利在法律中的地位发生了变化——

> 权利被认为先于主权权力而存在……这促成了一种新的政治统治形式，其核心要领是必须维护和保护个人的“自然权利”。(55)

㊹ Eugene K. B. Tan, “‘WE’ v. ‘I’: Communitarian Legalism in Singapore” (2002) 4 *Australian Journal of Asian Law* 1.

㊺ 同上注。

㊻ 同上注。

㊼ 同上注。

㊽ Larry Diamond, “Thinking About Hybrid Regimes” (2002) 13:2 *Journal of Democracy* 21.

㊾ Rodan, *Authoritarian Rule*，前注 31，第 1 页。

㊿ Rodan, *Westminster in Singapore*，前注 12。

(51) Tamanaha，前注 15，第 5 页。

(52) Martin Loughlin, *Sword and Scales: An Examination of the Relationship Between Law and Politics* (Oxford: Hart 2000) at 202.

(53) 同上注，第 29 页。

(54) Tamanaha，前注 15，第 58 页。

(55) Loughlin，前注 52，第 198 页。

如果说个人权利处于自由主义法治观的核心位置⑤，那么对个人自由的这种张扬在前自由主义阶段就确立起了一种"广为接受的、不容置疑的信念，即信奉法律的统治，相信对政府应当施加一些不容违反的根本性法律约束……以及提供这些约束的法律应当如何"。⑤ 本书仔细审视的那些材料——立法和官方关于法律的话语——揭示了一个威权式政府对法律的实质态度，表明新加坡政府既不遵循前自由主义阶段就存在的对政府的约束，也不认为个人权利是不容侵犯的。新加坡政府挪用并阉割了威斯敏斯特式制度和意识形态，以使它们成为威权政府的"辅助手段，而不是制约手段"。⑤ 与此相应，本书展示了新加坡如何选择性地施行一些被阉割过的、缺少制约政府权力这一核心能力的"法治"形式。

作为一项关于威权政府之法律的研究，本书将探讨范围拓展到了"法治"是如何被消解的。⑤ 许多学者和研究机构都关注如何建构"法治"，却鲜有文献研究"法治"是如何消亡的。⑥ 仅有极个别的相关文献，零星地触及法治消亡过程中的若干问题：在威权体制下，法院

9

---

⑤ Tamanaha，前注 15，第 32 页。

⑤ 同上注，第 58 页。

⑤ Rodan，Westminster in Singapore，前注 12，第 109 页。另参见 Andrew Harding，"The 'Westminster Model' Constitution Overseas: Transplantation, Adaptation and Development in Commonwealth States"（2004）4 *Oxford Commonwealth Law Journal* 143.

⑤ 对 Rodan 的说法进行扩展（*Westminster in Singapore*，前注 12）可以论证：自由主义式的法治理想和法治制度，也许在新加坡的历史上有过短暂的出现。诸多其他学者也注意到了后二战时期盛行的政治多元主义。例如，参见 Tim Harper，"Lim Chin Siong and the 'Singapore Story'"，in Tan Jing Quee & Jomo K. S.，eds.，*Comet in Our Sky: Lim Chin Siong in History*（Kuala Lumpur: Insan，2001）3；Hong Lysa & Huang Jianli，*The Scripting of a National History: Singapore and Its Pasts*（Singapore: NUS Press，2008）；and Michael D. Barr & Carl A. Trocki，eds.，*Paths Not Taken: Political Pluralism in Post-War Singapore*（Singapore: NUS Press，2008）.

⑥ 裴文睿表明了一种类似的观点，他指出大量文献都涉及西方语境的法治，而"与此形成鲜明对比的是，鲜有文献阐明世界其他地区（包括亚洲）的法治观"；Randall Peerenboom，"Varieties of Rule of Law: An Introduction and Provisional Conclusion"，in Randall Peerenboom，ed.，*Asian Discourses of Rule of Law*（London: Routledge，2004）1 at 5.

如何发挥治理、控制社会与维护体制正当性等功能？㊿ 未能动员律师
群体去维护司法自治，如何使司法系统变得易受攻击？㉒ 治理策略如
何遮掩了司法独立的消亡过程？㉓ 一个以政治经济为导向的法律体
系，如何使法院在意识形态上与官方保持一致？㉔ "法律"在形式和程
序上的规整性，如何建构了一个最低限度的、具有正当化功能的"简
化式法治"？㉕ 社会主义政权如何创建自身的合法性并重新诠释"法
治"？㉖

　　尽管上述文献和其他有关当代威权主义的学术作品打下了重要
的研究基础，但对于威权主义为何能持续、有效地消解"法治"这一问
题，它们都没有提供一种全面的解释。即便是研究新加坡威权主义

10

㊿　Tom Ginsburg & Tamir Moustafa, eds., *Rule by Law: The Politics of Courts in Authoritarian Regimes* (New York: Cambridge University Press, 2008).

㉒　Terence C. Halliday & Lucien Karpik, "Politics Matter: A New Framework for the Comparative and Historical Study of Legal Professions", in Terence C. Halliday & Lucien Karpik, eds., *Lawyers and the Rise of Western Political Liberalism* (Oxford: Clarendon Press, 1997) 15.

㉓　Ross Worthington, *Governance in Singapore* (London: Routledge Curzon, 2003).

㉔　Kanishka Jayasuriya, ed., *Law, Capitalism and Power in Asia: The Rule of Law and Legal Institutions* (London: Routledge, 1999) [*Law, Capitalism and Power*]; Silverstein, *The Exception That Proves Rules Matter*, 前注 22, 第 98 页。

㉕　Peerenboom, 前注 60; Thio, *Rule of Law*, 前注 41, 第 183 页。

㉖　John Gillespie & Pip Nicholson, "The Diversity and Dynamism of Legal Change in Socialist China and Vietnam", in John Gillespie & Pip Nicholson, eds., *Asian Socialism and Legal Change* (Canberra: Asia Pacific Press, 2005) 1; Sarah Biddulph, *Legal Reform and Administrative Detention Powers in China* (Cambridge: Cambridge University Press, 2007); Mark Sidel, *Law and Society in Vietnam* (Cambridge: Cambridge University Press, 2008); John Gillespie, "Understanding Legality in Vietnam", in Stephanie Balme & Mark Sidel, eds., *Vietnam's New Order* (New York: Palgrave Macmillan, 2007) 137; Pip Nicholson, "Vietnamese Courts: Contemporary Interactions Between Party-State and Law", in Stephanie Balme & Mark Sidel, eds., *Vietnam's New Order* (New York: Palgrave Macmillan, 2007) 178; Randall Peerenboom, "Competing Conceptions of Rule of Law in China", in Randall Peerenboom, ed., *Asian Discourses of Rule of Law* (London: Routledge, 2004) 113; Pip Nicholson, *Borrowing Court Systems* (Leiden: Martinus Nijhoff, 2007)(第四部分专门探究了前苏维埃和越南法院体系的联系与区别); William A. W. Neilson, "Reforming Commercial Laws in Asia: Strategies and Realities for Donor Agencies", in Timothy Lindsey, ed., *Indonesia: Bankruptcy, Law Reform and the Commercial Court* (Sydney: Desert Pea Press, 2000) 15.

的文献⑰为本书提供了重要基础,但它们也没有系统探讨立法和公共话语在消解和重构"法治"中的作用。本书将话语理论运用到了立法领域,以便填补这一学术空白,同时发掘那些形塑立法规划和法律适用过程的政治进程。如前所述,尽管存在一些研究新加坡威权政府的杰出作品,并且新加坡法院的作用也得到了很好的研究⑱,但那些形塑立法规划、立法依据和法律适用的政治进程,几乎未曾得到学界关注。⑲

本书关注从立法过程和官方话语入手研究"法律"的运作过程,明确地以"政治上级向政治下级施加的法律"⑳为研究对象。为研究事实上的一党制政府,无疑有必要关注政治权力的来源及其言行。关注立法的另一个重要原因是:作为一份文本,立法作品看上去特别清晰,并且也是独立于历史的。在普通法体系中,判例是另一种重要的"法律"渊源,它通过一种不同于立法的方式,透露了对官方解释的争议和挑战。隐去了历史背景和冲突的立法作品,被纳入了法律汇编之中。若非如此,"法律"措辞掩盖了的东西就会被公开,"法律"也

⑰　Chua,前注 41;Li-ann Thio,"'Pragmatism and Realism Do Not Mean Abdication':A Critical and Empirical Inquiry into Singapore's Engagement with International Human Rights Law"(2004) 8 *Singapore Year Book of International Law* 41 [Pragmatism and Realism];Thio,*Rule of Law*,前注 41;Christopher Tremewan,*The Political Economy of Social Control*(Hampshire:Macmillan Press,1994);Garry Rodan, "Singapore 'Exceptionalism'? Authoritarian Rule and State Transformation",in Edward Friedman & Joseph Wong,eds.,*Political Transitions in Dominant Party Systems*: *Learning to Lose*(London:Routledge,2008) 231;Rodan,Authoritarian Rule,前注 31; Rodan,*Westminster in Singapore*,前注 12;Manuel Castells,"The Developmental City-State in an Open World Economy:The Singapore Experience"(Berkeley:University of California,1988),访问路径:<http://brie.berkeley.edu/ publications/working_papers. html>.

⑱　Worthington,前注 63;Jayasuriya,*Law,Capitalism and Power*,前注 64; Thio,*Rule of Law*,前注 41;Ginsburg & Moustafa,前注 61;Silverstein,*The Exception That Proves Rules Matter*,前注 22.

⑲　除了使用判决和立法等法律文本,我还使用了能够反映政府话语的其他资料,例如议会辩论、遴选委员会听证会和报纸的报道。

⑳　Margaret Davies,*Asking the Law Question:The Dissolution of Legal Theory* (Sydney:Lawbook,2002) 27.

会遭到抵制。通过将立法作品视为政府话语权的文本形式，本书批驳了立法作品独立于历史的立场，并提出应注意那些在"法律"制定过程中留下过痕迹、如今却被忘却了的争论。这些争论并未呈现在最终的立法文本之中，它们是看不到的。

新加坡政府建构了一个关于"法律"的话语性概念。通过将立法及其背景性话语结合起来解读，我追溯了这个建构过程。本书揭示了这样一个建构模式：在政府支配公共领域的情形下，经过前后相继的三个步骤，政府对"法律"的定义就可以落地生根。首先，通过立法，政府的定义得以制度化；其次，通过在公共领域的一再重申，这些定义得以常态化；最后，当政府自身持有的意识形态定义被法院采纳后，这些定义就更有正当性，从而看似成了一些"中立的"、不证自明的"真理"。

就本书的分析和论证过程而言，新加坡那些复杂的、视情况而定的"法律"话语是极为重要的。因此，在对新加坡的"法治"和"法制"进行类型化分析之前，我先做了案例研究和方法论讨论。不过，在分析新加坡"法律"的类型之前，我先说明一下本书为何对新加坡的立法进行了选择性研究。

让公民噤声的"法律"

本书实证研究的核心素材是以下五部立法：《破坏性行为法》《新闻法》《〈法律职业法〉1986 年修正案》《宗教和谐法》与《公共秩序法》。这五部法规表明，政府主要通过制定"法律"来回应公共领域的争论。更重要的是，这些"法律"已成为制止民间人士和社会组织发表批评性言论的工具，同时又维护了政府作为"法治"政权的身份。通过这种方式，立法成为非自由主义政权运作的中心环节。

作为自由主义的"他者"，非自由主义可以理解为政治自由主义

的缺乏、断裂和覆灭。假设政治自由主义⑦包括了以下内容：首先，个 13
人拥有一些基本法律自由，并且这些自由得到了保护；第二，适度的
政府权力（司法自治极为关键）；第三，民间社会。⑫那么，可以认为这
五部法规通过破坏政治自由主义的上述特性，来扩大政府权力。基
本法律自由是指这样一些自由：

> 存在于公民的核心权利之中……其前提是，在一个主权独
> 立的司法管辖区内，授予公民法律人格，为所有居民提供保护。
> 这些自由包括司法性权利的制度化（例如与正当法律程序相关
> 的权利、人身保护令、聘请诉讼代理人和获得审判的权利，免于
> 任意逮捕、拷问和死亡）……还包括对基本政治自由的保护（例
> 如言论自由、信仰自由、迁徙自由和结社自由）。⑬

案例研究表明，"法律"可以通过一系列方式去限制法院、消解民
间社会和漠视基本法律自由。换言之，这些法规已经让各种民间主
体噤声。如果是在政治自由主义社会，这些民间主体（例如法律职业
人士和民间社会）就有权利动员"法律"去节制政府的权力。⑭简要地
说，我对这些立法的研究表明"法律"已然成为政府压制批评的工具。

选择这些法规的第二个原因是，尽管它们的制定程序是符合
"法治"的，但它们展示了一些关键性立法术语是如何承载了新加
坡特有的（通常是压迫性的）意识形态含义。换言之，立法语言缺
乏明确性，也缺乏"法治"所要求的独立于政府的自治性。上述法
规所具备的这个特征有着特殊的讽刺意味，因为李光耀在 2007 年

---

⑦　我采用了"政治自由主义的法律概念"，Terence C. Halliday, Lucien Karpik &
Malcolm Feeley, "Introduction: The Legal Complex in Struggles for Political Liberalism",
in Terence C. Halliday, Lucien Karpik & Malcolm Feeley, eds., *Fighting for Political
Freedom: Comparative Studies of the Legal Complex for Political Change* (Oxford:
Hart, 2007) 1 at 10-11.

⑫　同上注。

⑬　同上注。

⑭　同上注。

14 国际律师协会年会上声称，新加坡法律的特征就是"明确"。⑦ 决定
我选择这些法规的第三个原因，与它们的提出方式相关：政府以话
语方式提出这些法案时，通常同时会提到"国家"。我研究的这些
法规，都颁布于新加坡建国后的头50年。它们都建构、重申并巩
固了"法律"与"国家"之间的联系。这些法规以及围绕它们的立法
性话语，都说明了新加坡政府一贯坚持的基调："法律"必须确保国
家的安全、繁荣和社会秩序。

　　本书主要研究了一些隐蔽的而非公开的非自由主义模式。我并
未打算全面审视新加坡的所有"法律"，以发现非自由主义"法律"的
各种形态。实际上，我并没有研究新加坡法律中恶名远扬的两部非
自由主义法律和规定：压制政治对手的"诽谤性诉讼程序"
(defamation proceedings)，以及允许未经审判就剥夺公民人身自由
的《内部安全法》。尽管这两部"法律"所呈现的非自由主义面向超出
了本书的研究范围，但它们仍具有相关性。

　　在建国之后，新加坡将殖民地政府时期的《紧急条例》改造成了
《内部安全法》。⑦《紧急条例》起初允许在马来亚紧急状态期间（1948
年至1960年）未经审判而剥夺公民人身自由，这是殖民地政府对马
来亚共产党从事武装斗争的回应。⑦ 不幸的是，此后《内部安全法》成

15 为新加坡一个不变的特色。《内部安全法》直接违背了"法治"，这在

---

　　⑦　Lee, *Why Singapore Is What It Is*，前注7。

　　⑦　*Internal Security Act* (Cap. 143, 1985 Rev. Ed. Sing.).

　　⑦　Yeo和Lau指出，除了在选举时期，《紧急条例》禁止一切公开集会，并授权警察对
工会领导人进行排查，由此摧毁了左翼政治家的政治舞台。这些政治家是不被殖民地政
府接受的，Yeo Kim Wah & Albert Lau, "From Colonialism to Independence, 1945—
1965", in Ernest Chew & Edwin Lee eds., *A History of Singapore* (Singapore: Oxford
University Press, 1991) 117 at 124. See also C. C. Chin & Karl Hack, eds., *Dialogues
with Chin Peng: New Light on the Malayan Communist Party*, 2nd ed. (Singapore:
Singapore University Press, 2005).

学术文献中得到了充分的说明⑱，因为该法规被用来镇压政府的政治
16 对手。⑲

---

　⑱　例如，参见 Li-Ann Thio，"Taking Rights Seriously? Human Rights Law in Singapore"，in Randall Peerenboom & Andrew Chen，eds.，*Human Rights in Asia*（London：Routledge Curzon，2006）158；Michael Hor，"Law and Terror：Singapore Stories and Malaysian Dilemmas"，in Michael Hor，Victor Ramraj & Kent Roach，eds.，*Global Anti-Terrorism Law and Policy*（Cambridge：Cambridge University Press，2005）273；Michael Hor，"Terrorism and the Criminal Law：Singapore's Solution"（2002）S. J. L. S. 30；Damien Chong，"Enhancing National Security Through the Rule of Law：Singapore's Recasting of the Internal Security Act as an Anti-Terrorism Legislation"（2005）5 *AsiaRights Journal* 1；Simon Tay，"Human Rights，Culture and the Singapore Example"（1996）41 *McGill L. J.* 743；H. F. Rawlings，"Habeas Corpus and Preventive Detention in Singapore and Malaysia"（1983）25 *Mal. L. Rev.* 324；Tan Yock Lin，"Some Aspects of Executive Detention in Malaysia and Singapore"（1987）29 *Mal. L. Rev.* 237；S. Jayakumar，"Emergency Powers in Malaysia，Development of the Law，1957—1977"（1978）1 *M. L. J.* ix；Low Hop Bing，"Habeas Corpus in Malaysia and Singapore"（1977）2 *M. L. J.* iv；Rowena Daw，"Preventive Detention in Singapore：A Comment on the Case of Lee Mau Seng"（1972）14 *Mal. L. Rev.* 276；R. H. Hickling，"Some Aspects of Fundamental Liberties Under the Constitution of the Federation of Malaya"（1963）2 *M. L. J.* xiv；R. H. Hickling，"The First Five Years of the Federation of Malaya Constitution"（1962）4 *Mal. L. Rev.* 183；Francis Seow，*The Media Enthralled：Singapore Revisited*（Boulder：Lynne Rienner，1998）；Jayasuriya，*Law，Capitalism and Power*，*supra note* 64；Silverstein，*The Exception That Proves Rules*，前注 22；Thio，*Pragmatism and Realism* 前注 67；Rodan，*Authoritarian Rule*，前注 31；Tremewan，前注 67. Geoff Wade，"Operation Cold Store：A Key Event in the Creation of Malaysia and in the Origins of Modern Singapore"，该文发表于第 21 届亚洲历史学家国际协会会议（Conference of the International Association of Historians of Asia），2010 年 6 月 21—25 日。

　⑲　例如，参见 J. B. Jeyaretnam，"The Rule of Law in Singapore"，in *The Rule of Law and Human Rights in Malaysia and Singapore：A Report of the Conference Held at the European Parliament*（Limelette，1989）37；Fong Hoe Fang，ed.，*That We May Dream Again*（Singapore：Ethos，2009）；Tan Jing Quee，Teo Soh Lung & Koh Kay Yew，eds.，*Our Thoughts Are Free：Poems and Prose on Imprisonment and Exile*（Singapore：Ethos，2009）；Said Zahari，*The Long Nightmare：My 17 Years as a Political Prisoner*（Kuala Lumpur：Utusan，2007）；Chris Lydgate，*Lee's Law：How Singapore Crushes Dissent*（Melbourne：Scribe，2003）；Asia Watch，*Silencing All Critics：Human Rights Violations in Singapore*（Washington，DC，1989）；Lawyers Rights Watch Canada，"Singapore：Independence of the Judiciary and the Legal Profession in Singapore"（17 October 2007）；Chee Soon Juan，*Dare to Change：An Alternative Vision for Singapore*（Singapore：Singapore Democratic Party，1994）；Teo Soh Lung，*Beyond the Blue Gate：Recollections of a Political Prisoner*（Singapore：Ethos，2010）；Poh Soo Kai，Tan Jing Quee & Koh Kay Yew eds.，*The Fajar Generation：The University Socialist Club and the Politics of Postwar Malaya and Singapore*（Petaling Jaya：Strategic Information and Research Development Centre，2010）.

具有反讽意味的是,尽管我搁置了对《内部安全法》的个案研究,但这个做法未能贯彻到底。我对五部法规进行了个案研究,与其中三部(《新闻法》《法律职业法》和《宗教和谐法》)相关的一些幕后事件表明,基于内部安全而剥夺人身自由的做法在暗中得到了延续。此外,可以通过三个极为重要的角度,将这五部法规所呈现的非自由主义的核心形态,视为对《内部安全法》的扩充。首先,同《内部安全法》一样,这五部法规都表现出了对法院的排挤或牵制。第二,同《内部安全法》一样,这五部法规的字面内容都不利于形成精确的理解,而这有利于政府提起指控,有利于将反对意见转述成对国内安全的威胁。第三,它们规定了和《内部安全法》一样的内容:只要政府声称是在预防或先发制人地化解一项紧急状况,就不得对政府提起的指控进行审查,也不得要求政府证实自己的指控。

不过,我研究的这五部法规与《内部安全法》存在一个重要区别。和《内部安全法》不同,它们未曾规定方便政府管理极端威胁的法律例外主义,也就没有公然表现为"法制"的工具。我研究的那些立法性工具,掩饰了自身的"法制"属性。新加坡政府的"法制"获得了令人震惊的正当性,将法律当作镇压工具的做法则被掩盖了。这些都值得引起关注。我研究的这些工具性法律,一步一步且不动声色地建构了一个单一化(homogenised)的公共领域。相较于《内部安全法》公然实施镇压的做法,这一暗中"法制"的做法似乎增进了新加坡政府的正当性。

新加坡"法律"中的非自由主义内容,使新加坡政府的恶名得到了广泛且持续的传播。如果说《内部安全法》在其中起了首要作用,那么位居第二的就是用来对付反对派政治家和政府批评者的诽谤性诉讼程序法。宽泛地讲,新加坡的诽谤法就是"普通法"上的诽谤。⑧

---

⑧　Doris Chia & Rueben Mathiavaranam, *Evans on Defamation in Singapore and Malaysia*, 3rd ed. (Singapore: LexisNexis, 2008) 3.

但在损害赔偿[81]方面,新加坡法院发展出了一套独特的新加坡式规定,并且法院通过一些方式限制了"普通法"诽谤规则的适用。[82]根据普通法的损害赔偿标准,公众人物须能承受一定程度的公开批评。然而与此相反,新加坡法院采纳了政府的观点,认为政治领导人的声誉特别容易受到舆论的影响[83],因而在计算损害赔偿金时,法院会授予他们高于普通人的赔偿数额。[84]基于有关诽谤罪的司法理念,法院

---

[81]　Michael Hor,"The Freedom of Speech and Defamation"(1992)*S. J. L. S.* 542;Li-ann Thio,"Singapore:Regulating Political Speech and the Commitment 'to Build a Democratic Society'"(2003)1 *International Journal of Constitutional Law* 516 at 523-524[*Regulating Political Speech*];Tsun Hung Tey,"Confining the Freedom of the Press in Singapore:A 'Pragmatic' Press for 'Nation-Building'?"(2008)30:4 *Hum. Rts. Q.* 876 at 902;Tsun Hung Tey,"Singapore's Jurisprudence of Political Defamation and Its Triple-Whammy Impact on Political Speech"(2008)*Public Law.* 452;Cameron Sim,"The Singapore Chill:Political Defamation and the Normalisation of a Statist Rule of Law"(2011)20:2 *Pac. Rim L. & Pol'y J.* 319;*Lee Kuan Yew v. J. B. Jeyaretnam*,[1979]1 M. L. J. 281;*Lee Kuan Yew v. Seow Khee Leng*,[1989]1 M. L. J. 172;*Lee Kuan Yew v. Derek Gwynn Davies & Ors.*[1990]1 M. L. J. 390;*Lee Kuan Yew & Anor. v. Vinocur & Ors. & Another Action*,[1995]3 Sing. L. R. 477;*Goh Chok Tong v. Jeyaretnam Joshua Benjamin*,[1998]1 Sing. L. R.(*Goh Chok Tong v. Jeyaretnam Joshua Benjamin & Another Action*,[1998]3 Sing. L. R. 337(C. A.)维持了该案的判决);*Goh Chok Tong v. Chee Soon Juan*(No. 2),[2005]1 Sing. L. R. 573;*Lee Kuan Yew v. Chee Soon Juan*(No. 2),[2005]1 Sing. L. R. 552. 另参见脚注 230 所引用的判例。

[82]　在 *Attorney-General v. Wain and Others*(No. 1)[1991]1 Sing. L. R. 383 中,就英国普通法关于诽谤和蔑视的判例而言,新加坡高等法院仅将其适用时段限制在 1981 年之前,并且高等法院以成文法的变迁和欧洲人权法院的建立为理由,排除了英国判例在 1981 年之后的可适用性。此外,根据一些不怎么有说服力的理由,普通法及英联邦其他司法管辖区的大量判例也被排除适用。

[83]　新加坡副总理兼内务部部长,最近重申了政府的立场。他说:"如果有人恶意攻击、破坏长期积累的公众信心与信任,那么政府必须有力地捍卫我们的司法机构和执法机构的健全性。"S. Ramesh,"Why Singapore Must 'Robustly' Defend Its Courts, Police Force",*Today*(4 August 2010).

[84]　同上注。

18　还创造了一些独特的、抑制言论自由的新加坡标准。⑧ 与《内部安全法》一样，新加坡"法律"的这个特征也得到了学界的充分研究。⑧

　　通过两种重要的方式，诽谤性诉讼程序法呈现了政府实施的一系列与众不同的法律行动。首先，诽谤性诉讼（主要）针对那些公然以政治对手的身份进入公共领域的个人。⑧ 与此相反，就本书进行个

19　案研究的五部法规而言，它们皆未公开承认自己的目标是政治对手。其次，诽谤性诉讼程序法和《内部安全法》剥夺人身自由的措施是公

---

　　⑧ Thio Li-ann, "Legal Systems in Singapore: Chapter 3-Government and the State", Legal Systems in ASEAN, 访问路径：＜http://www. aseanlawassociation. org/legal-sing. html＞, 13-14; Tsun Hung Tey, "Singapore's Jurisprudence of Defamation and Scandalising the Judiciary", 该文发表于 Centre for Media and Communications Law Conference, Melbourne Law School, November 2008（未出版）; Thio Li-ann, "The Virtual and the Real: Article 14, Political Speech and the Calibrated Management of Deliberative Democracy in Singapore" (2008) *Sing. J. L. S.* 25; Cameron Sim, "The Singapore Chill: Political Defamation and the Normalisation of a Statist Rule of Law" (2011) 20:2 *Pac. Rim L. & Pol'y J.* 319.

　　⑧ Chia & Mathiavaranam, 前注 80; Hor, 前注 81; Thio, *Regulating Political Speech*, 前注 81; Tey, 前注 82; Michael Hor & Collin Seah, "Selected Issues in the Freedom of Speech and Expression in Singapore" (1991) 12 *Sing. L. Rev.* 296; Michael Hor, "Civil Disobedience and the Licensing of Speech in Singapore" (1999) *Lawasia Journal* 1.

　　⑧ 自 1960 年以来，新加坡领导人就开始用诽谤罪对付政治对手。当时，执政的人民行动党内部产生了分裂，李光耀借机威胁以诽谤罪起诉一名内阁部长兼人民行动党成员，Ong Eng Guan: "Singapore: Its History", in Singapore Year Book 1966, reprinted in Verinder Grover, ed., *Singapore: Government and Politics* (New Delhi: Deep & Deep, 2000) 33 at 63. 前注 81 所引用的所有判例，都涉及官方机构对反对派政治人物提起诉讼。另参见 Gail Davidson & Howard Rubin, Q. C., for Lawyers Rights Watch Canada, "Defamation in Singapore: In the Matter of J. B. Jeyaretnam" (July 2001), 访问路径：＜http://www. lrwc. org/news/report2. php＞; Kelley Bryan & Howard Rubin for Lawyers Rights Watch Canada, "The Misuse of Bankruptcy Law in Singapore: An Analysis of the Matter of Re Joshua Benjamin Jeyaretnam, ex parte Indra Krishnan" (October 2004), 访问路径：＜http://www. lrwc. org/documents/Misuse％20 of％20Bankruptcy％20Law. Bryan&. Rubin. 22. 10. 04. pdf＞; Howard Rubin for Lawyers Rights Watch Canada, "In the Matter of an Addendum to the Report to Lawyers Rights Watch on the Trial of J. B. Jeyaretnam as a Result of Observations on the Trial of Chee Soon Juan" (March 2003), 访问路径：＜http://www. lrwc. org/documents/Addendum. Chee. Soon. Juan. trial. Mar. 03. pdf＞; Report of the Special Rapporteur on the Independence of Judges and Lawyers, UN Commission on Human Rights, 52d Sess., UN Doc. E/CN. 4/1996/37.

开的,那些措施得到了人们关注。相反,我研究的五部法规在新加坡国内或国际上几乎没有获得过关注。在这五部法规中,有三部法规悄无声息地运用了行政管理机制中的控制性手段,而这绝非偶然。这一确保政府获得控制性措施的障眼法,不会带来法院诉讼的大幅增长,也不存在未经审判就剥夺人身自由的问题。因此,当这一手法出现在公共领域时,并未获得应有的关注。换言之,那些用来让公民悄无声息的法律手段,它们自身也是悄无声息的。

从穷乡僻壤到繁华都市:经济繁荣、"族群"和"法律"

政府对新加坡历史的描述(我将该描述视为国家层面的说辞),很可能被认为是"国家"法律的首要背景。[88] 与此相应,在国家层面上,各种各样的"法律"——殖民地法、独立后的新加坡法、英国法、习惯法、戴雪的法治观——被视为不同发展阶段的标志。毫不意外,国家层面的说辞并不是"法制"。国家说辞中所命名的一系列"法律",与"法制"一起被编织进了一套用来树立和强化政府权威的话语体系之中。新加坡"法律"承载的混合式、复杂的意蕴,表明"法律"处于这样一个环境中:在其中,诸如话语、合法性等问题,受到了一些社会身份分类的深刻影响,尤其是族群[89]、语言[90]和宗教[91]等分类,而所有这　20

---

[88]　新加坡政府对历史的官方说辞占据着绝对的主导性地位,在讨论这一现象时,Hong 与 Huang 写道,"从历史上的红树林地带发展为繁华都市,莱佛士和李光耀是这一进程的推手"(可能是《从第三世界到第一世界》的戏仿之作,该书是李光耀的回忆录——《新加坡的故事》——第二卷的标题),Hong & Huang,前注59,第 15 页。

[89]　Geoffrey Benjamin, "The Cultural Logic of Singapore's Multiculturalism", in Riaz Hassan, ed. , *Singapore: Society in Transition* (Kuala Lumpur: Oxford University Press, 1976) 115.

[90]　Nirmala Srirekam PuruShotam, *Negotiating Language, Constructing Race: Disciplining Difference in Singapore* (Berlin: Mouton de Gruyter, 1998) 30-55.

[91]　Tong Chee Kiong, *Rationalising Religion: Religious Conversion, Revivalism and Competition in Singapore Society* (Leiden: Brill, 2007).

些分类都源自对"国家"的分类。㉜ 在新加坡的国家说辞中，历史、经济繁荣、"族群"和"法律"㉝一起促成了政府的下述主张：首先，新加坡是"英国"传统中的"法治"国家；其次，为了"国家"利益，新加坡必须与"英国的"那种"法治"有所不同。新加坡政府到处宣扬的国家脆弱性(vulnerability)说辞㉞，经常成为政府论证为何必须修改"法律"的核心论据。例如，当李光耀在国际律师协会发表演讲时，他一开头就将新加坡描绘成了一个在历史上多灾多难的贫困区：

> 我们突然被马来西亚联邦抛弃。㉟ 我们前景惨淡。我们没有自然资源。我们是一个小小的岛国，夹在刚独立的、持民族主义倾向的印度尼西亚和马来西亚之间。为了生存，我们必须创建一个与邻国不同的新加坡：一个整洁的、更高效的、更安全的国家，能够提供优质的基础设施和良好的生活条件。㊱

新加坡被迫建国的苦难历程，连同发生在新加坡历史上的其他事件，进一步强化了"脆弱性"这个说辞。这些事件包括日本侵占(1942—

㉜ 和其他前殖民地一样，族群、宗教、法律、国家等社会分类，都是"普遍概念和信仰体系的媒介，它们都是由殖民主义和西方世界创建和认可的"，新独立的新加坡采纳了这些分类并对它们进行了更新：Gyan Prakash, "Subaltern Studies as Postcolonial Criticism" (1994) 99：5 *American Historical Review* 1475.

㉝ 对于法律在国家中的中心地位的论证，简要的梳理可参见 Peter Fitzpatrick, "Introduction", in Peter Fitzpatrick, ed., *Nationalism, Racism and the Rule of Law* (Aldershot：Dartmouth, 1995) xiii at xv-xvii.

㉞ 关于国家脆弱性这一官方说辞的运用和成效，也得到其他许多学科专家的研究。例如，参见 PuruShotam 从社会学视角所做的研究，前注 90；社会科学和人文学科学者著有一系列相关论文。Anne Pakir & Tong Chee Kiong, eds., *Imagining Singapore*, 2nd ed. (Singapore：Eastern Universities Press, 2004)；外国政策学者的研究，Michael Leiffer, *Singapore's Foreign Policy：Coping with Vulnerability*(Abingdon：Routledge, 2000)；历史学家的研究，Hong & Huang, 前注 59.

㉟ 即将离任的英国殖民地政府提出过一项斡旋性方案，在这个方案中，新加坡是 1963 年新成立的马来西亚联邦中的一个独立的州。但在 1965 年，马来西亚将新加坡逐出了联邦。

㊱ Lee, *Why Singapore Is What It Is*，前注 7。

1945 年)⑰，以及印度尼西亚和马来西亚的对抗(Konfrontasi，1962—
1966 年)。印度尼西亚曾对新加坡和马来西亚实施军事侵略⑱和破
坏活动⑲，并导致了社会骚乱。骚乱主要表现为突发性的民众暴
动，其诱发因素是一些难以调和的"族群"和"宗教"方面的矛
盾。⑩ 国家脆弱论这一说辞之所以持久有效，部分是因为它反映了
一代新加坡人的生活经历。脆弱论符合"中间形态知识"(middle
sort of knowledge；知识学上存在规范性知识和描述性知识之区分，
middle sort of knowledge 是指介于这两种类型之间的知识。这种知
识既非纯粹规范性的，也不全然是描述性的。——译者注)⑪和社会

---

⑰　日本皇军是一支残暴的占领军。日本侵占带来了一场大规模的屠杀、饥荒和酷
刑，在全社会造成了恐慌。在日本占领时期，澳大利亚、新西兰和英国的战争囚犯遭受了
惨无人道的对待，许多人被活埋在樟宜监狱，或者因为在泰国及缅甸丛林中修建"死亡铁
路"而丧生，这些内容已被记录在一部军事史中。这部历史将新加坡与上述国家联系在了
一起。日本对新加坡的侵占已得到了广泛研究。相关例子，参见 Lee Geok Boi，*The
Syonan Years：Singapore under Japanese Rule*，1942—1945 (Singapore：Epigram，2005)
and Kevin Blackburn，"Reminiscence and War Trauma：Recalling the Japanese Occupation
of Singapore，1942—1945" (2005) 33：2 *Oral History* 91.

⑱　在新加坡占主导地位的国家说辞是这样描述 Konfrontasi(印马对抗)的：印尼反
对 1963 年建立的马来西亚联邦，并视其为"新殖民主义的阴谋"；Yeo Kim Wah & Albert
Lau，"From Colonialism to Independence，1945—1965"，in Ernest C. T. Chew & Edwin
Lee，eds.，*A History of Singapore* (Singapore：Oxford University Press，1991) 117 at
142-43. 当时的马来西亚联邦包括：马来西亚半岛，沙巴和沙拉越英婆罗洲地区，以及新加
坡。通常认为，苏加诺是印马对抗的始作俑者。英国积极参与马来西亚联邦的建立。最
近的学术研究表明，英国人曾暗中参与了企图破坏苏加诺政权的军事行动，动机可能是为
了确保能够通过马来西亚联邦政府打击该地区的共产主义。Tony Stockwell，"Forging
Singapore and Malaysia：Colonialism，Decolonization and Nation-Building"，in Wang
Gungwu，ed.，*Nation-Building：Five Southeast Asian Histories* (Singapore：Institute of
Southeast Asian Studies，2005) 191 at 200-209.

⑲　Harun Said Osman Hj Mohd Ali，Jackie Sam，Philip Khoo，Cheong Yip Seng，
Abdul Fazil，Roderik Pestana，& Gabriel Lee，"Terror Bomb Kills 2 Girls at Bank"，
Straits Times (11 March 1965).

⑩　Syed Muhd Khairudin Aljunied，*Colonialism*，*Violence and Muslims in Southeast
Asia* (London：Routledge，2009)；Lai，Ah Eng，*Beyond Rituals and Riots：Ethnic
Pluralism and Social Cohesion in Singapore* (Singapore：Eastern Universities Press，
2004)；Albert Lau，*A Moment of Anguish：Singapore in Malaysia and the Politics of
Disengagement* (Singapore：Times Academic Press，2000).

⑪　Colin Gordon，"Introduction"，in James D. Faubion，ed.，*Michel Foucault：Power*
(London：Penguin，1994) xviii.

22 记忆。

国家脆弱论这一说辞，也源于新加坡所处的区域性环境。在东南亚，权力斗争经常引发暴力和混乱。该说辞通常还与以下现象相关：大国冷战（例如越南战争、朝鲜战争、印度尼西亚政变和柬埔寨持续的暴力事件），"族群"政治（例如斯里兰卡内战）[112]，以及印度因宗教冲突而导致的周期性暴乱。[113]

以此观之，新加坡的政治、社会和经济稳定性是非常突出的。在政府提供的国家说辞中，新加坡的成功仰仗于领导人的智慧、远见和辛勤工作[114]，同时，该说辞还强调了国家与生俱来的脆弱性。在"法律"和"国家"层面，国家脆弱论通常用来正当化新加坡法律体系的两个特征：第一，法律例外主义（基于国家安全的考虑，排除司法审查、集中行政权力）；第二，二元化国家的合法性（legality）。[115] 新加坡是一个二元化的国家：在商业领域施行不亚于西方自由主义国家的"法律"，同时压制个人的公民权利和政治权利。[116] 新加坡法律体系的二元分化是如此明显，以至于加拿大法院明确指出：在商事问题上，新加坡法院可以与加拿大法院平起平坐。[117] 这也可以理解为：加拿大法院含蓄地承认，在其他"法律"领域，新加坡适用了不同的标准。类似地，基于新加坡完善的民事审判救济和安全有序的社会治理状况，世界正义工程（World Justice Project）在社会经济状况排行榜上将它列为第一；但在政府信息公开和基本权利保护的排行榜上，该工程将新

---

[112] 例如，参见 ZakirHussain, "Religious Harmony: 20 Years of Keeping the Peace", *Straits Times* (24 July 2009).

[113] 同上注。

[114] Hong & Huang，前注 59。

[115] Kanishka Jayasuriya, "Introduction", in Jayasuriya, *Law, Capitalism and Power*，前注 64 [Introduction].

[116] 同上注。

[117] *Oakwell Engineering Ltd. v. Enernorth Industries Inc.*, 2005 CanLII 2218 ON Sup. Ct. 7 B.L.R. (4th) 256.

加坡列在末位。⑯

　　李光耀在国际律师协会年会上的演讲内容,是与这种做法相一致的:运用二元化国家的"合法性",正当化政府对法律例外主义的使用。他指出,就"有关金融服务业的法律"而言,新加坡的法律体系是"类似于"伦敦和纽约的。但在谈到那些压制性的、侵犯权利的立法时,例如《内部安全法》⑲和《维护宗教和谐法》⑳,李光耀认为它们是一些"为了满足新加坡实际需求的特别法"。㉑官方所描绘的新加坡历史的特征,是国家特殊性和脆弱性。关于新加坡是如何形成的主导性说法,很好地体现了政府对官方说辞的工具式使用。

　　新加坡通过一种特别的方式讲述自己的历史,并且,它所选择的历史起点也具有特别的意义。依据官方的说法,在1819年英国东印度公司的莱佛士"发现"该岛之前,岛上的居民是为数不多的海盗和渔民。㉒如此复述的新加坡历史,与殖民者对新加坡的讲述是一致的。在后者讲述的历史中,新加坡在成为殖民地之前是一个微不足

---

⑱　Mark David Agrast, Juan Carlos Botero & Alejandro Ponce, *WJP Rule of Law Index* (Washington, DC: World Justice Project, 2010) at 78.

⑲　*Internal Security Act* (Cap. 143, 1985 Rev. Ed. Sing.).

⑳　*Maintenance of Religious Harmony Act* (Cap. 167A, 2001 Rev. Ed. Sing.).

㉑　Lee, *Why Singapore Is What It Is*, 前注 7。

㉒　政府对新加坡历史的说辞具有压倒性优势地位,这么说毫不夸张。它不仅仅在学校所教授的历史课堂中有着重要影响,在国民教育项目中,国家说辞就是课程的全部内容。访问路径: Ministry of Education < http://www. ne. edu. sg/>. 另参见 Hong & Huang, 前注 59,第 15-29 页。自 1961 年起,执政党就非常注重自身讲述历史的权力,Harper, 前注 59,第 4 页。

国家说辞除了通过学校产生社会影响之外,还把义务兵役制(所有男性公民和永久居民都要服役)以及一年一度的国庆庆祝活动(通常会重复国家说辞)当作自己的传播平台。另参见 Trocki & Barr, 前注 59,第 1 页,其努力完善"政府资助的标准版新加坡故事"以及其中的参考文献。

24 道的地方。⑬ 无论是殖民者说辞还是新加坡官方说辞，都认为莱佛士爵士功不可没，因为他推动新加坡发展为一个繁华的转口港，吸引了中国、印度和周边马来群岛的移民到新加坡寻求更美好的生活。

自 1959 年独立以来，新加坡一直由人民行动党政府所统治，而政府的正当性在很大程度上仰仗于经济繁荣。⑭ 在刚成为殖民地时，新加坡只是一个不起眼的渔村，莱佛士的到来才改变了它。⑮ 因此，新加坡国家的繁荣发展，不可避免地和新加坡殖民地的创立联系在

25 了一起。官方将新加坡的历史起点选定在新加坡迈入全球资本市场（后来它的确成功了）的那一刻，这种做法在意识形态上符合新加坡的发展历程，即"从殖民地港口经济，转型为一个以贸易和海外制造

---

⑬ 例如，"当莱佛士爵士于 1819 年 2 月 6 日占领新加坡时……它被茂密的原始森林覆盖着……那里还有一些以海盗为业的渔民……在 1822 年年末，……莱佛士……写道：'不到三年，它就已经从一个不起眼的渔村发展为一个繁荣的小镇，有着至少一万名来自不同国家的居民。他们积极从商，这使他们都能过上好日子，并收获丰厚的利润'"。W. J. Napier, "An Introduction to the Study of the Law Administered in the Colony of the Straits Settlements" (1898), 重印于(1974) 16:1 *Mal. L. Rev.* 4. Walter Napier 是 1907 年至 1909 年海峡殖民地的检察长，他对新加坡这一属地的描述，呼应了 1826 年"在威尔士王子岛，东印度群岛的新加坡和马六甲建立司法法院的特许状"（"Letters Patent Establishing the Court of Judicature at Prince of Wales Island, Singapore and Malacca in the East-Indies"）的序言（该证书被称为第二宪章）。通过该令状，可以追踪新加坡对英国法律的承继。

⑭ Kevin Y. L. Tan, "Economic Development, Legal Reform and Rights in Singapore and Taiwan", in Joanne R. Bauer & Daniel A. Bell, eds., *The East Asian Challenge for Human Rights* (Cambridge: Cambridge University Press, 1999) 264; Linda Low, *The Political Economy of a City-State: Government-Made Singapore* (Singapore: Oxford University Press, 1998). 一位学者认为，新加坡政府所确定的公民利益"几乎纯粹是物质主义的"，并认为新加坡政府是"当今世界上最富有的政府之一，在国内外拥有巨额金融资产"。Ian Austin, "Singapore in Transition: Economic Change and Political Consequences", 该文发表于 17th Biennial Conference of the Asian Studies Association of Australia, 2008 年 7 月。当然，经济繁荣使政权得以正当化的情况，并不限于新加坡。例如，Loughlin 在对现代政府进行一般性分析时指出，"政治化行政体制之所以能够正当化，是因为它能显著改善物质条件。它提供了物质性好处。在 21 世纪，因为大多数人的生活水平提高了，所以政治化行政体制的本质未曾遭到质疑"。Martin Loughlin, "Law, Ideologies, and the Political-Administrative System" (1989) 16:1 *J. L. & Soc'y* 21 at 22.

⑮ 关于执政党如何评估殖民地的历史，以及如何描绘、解决殖民地政府结束后的治理权限来源问题，参见 Hong & Huang, 前注 59, 第 16-18 页。

业投资为主的经济体"。⑯ 如果说殖民地政府的目标是促进贸易⑰和
管理人口,从而为殖民地创造财富⑱,那么,今日新加坡政府和殖民地
政府就持有共同的目标——增进财富和维持社会秩序。⑲ 不过,今日
新加坡政府纠正了殖民地政府轻视社会福利这一缺陷。⑳

　　就"种族"问题而言,将新加坡的历史起点定在 1819 年同样意味
深长。㉑ 在英国殖民统治时期,新加坡的"种族"趋于多元化,"种族"
也成为一种主导性的社会分类。㉒ 建国后的新加坡继受了殖民地时
期的"种族"分类,并拓展了"种族"的含义及适用面。㉓ 自 1836 年以
来,新加坡的多数人口一直是华人(45.6％)。㉔ 到今天,华人约占总
人口数的 74％;马来人占总人口数的 13％,他们是地位显赫的少数
种族;还有大约 9.2％的印度人。㉕ 将 1819 年视为新加坡历史的起
点也是一种解释策略,旨在强调各种外来人口是新加坡经济持续发

　　⑯　同上注,第 3 页。

　　⑰　J. S. Furnivall, *Colonial Policy and Practice：A Comparative Study of Burma and Netherlands India* (Cambridge：Cambridge University Press,1948).

　　⑱　同上注。

　　⑲　大体参见 Lee 的第一部分,*From Third World to First*,前注 22。

　　⑳　在向新加坡"在经济增长和社会福利方面的非凡成就"致敬时,Doshi 和 Coclanis 重述了许多赞赏性评价,他们夸奖了新加坡自独立以来所取得的各种进步；Tilak Doshi & Peter Coclanis, "The Economic Architect：Goh Keng Swee", in Lam Peng Er & Kevin Y. L. Tan, eds., *Lee's Lieutenants：Singapore's Old Guard* (St. Leonards：Allen & Unwin, 1999) 24. 我所引用的文本来自于脚注 20 第 208 页。对新加坡经济状况的分析,参见 World Bank, *The East Asian Miracle* (New York：Oxford University Press for World Bank, 1993) 以及 W. G. Huff, *The Economic Growth of Singapore：Trade and Development in the Twentieth Century* (Cambridge：Cambridge University Press, 1994). Vasoo 和 Lee 指出,社会福利已被纳入经济发展规划,并被视为经济发展的一个指标；S. Vasoo & James Lee, "Singapore：Social Development, Housing and the Central Provident Fund" (2001：10) *International Journal of Social Welfare* 276. 另参见 Beng-Huat Chua, *Political Legitimacy and Housing：Stakeholding in Singapore* (London：Routledge, 1997).

　　㉑　PuruShotam,前注 90。

　　㉒　同上注。

　　㉓　同上注；Benjamin,前注 89。

　　㉔　PuruShotam, 前注 90,第 41 页。

　　㉕　Government of Singapore Census of Population 2010 Press Release 访问路径：<http://www.singstat.gov.sg/news/news/press31082010.pdf>.

展的必要前提。首先来到这里的是英国人，之后他们又促进了移民涌入，推动了新加坡的经济繁荣。就这样，"种族"和"经济繁荣"成为两种相互联系并交织在一起的社会分类。

这种说辞关注经济繁荣，却忽略了新加坡国家中一个最大的不稳定因素：华人作为"这片土地上的"多数种族，却没有能力提出自己的正当性诉求；正当性被少数种族操持在手中，尤其是本土马来人。因此，官方说辞中对殖民地时期的称赞，使非本土人在新加坡的存在合法化，进而将经济繁荣归功于殖民主义和种族多元化，并赋予物质性成就（material attainments）以正当化功能。通过上述方式，政府英明治理的官方说辞得到了进一步强化。⑫⑥

对殖民地时期的称赞，也巩固了"法律"在国家中的地位。政府对新加坡"法律"的描述，通常会同时提升殖民地历史和国家法律体系的地位，例如，"新加坡法律体系全盘模仿了英国法律体系，它是新加坡殖民时代的遗产"。⑫⑦将"英国"或"不列颠法律"描述为"遗产"⑫⑧或"继承物"⑫⑨的前提是接受殖民地政府所讲述的新加坡历史⑬⓪，接受

---

⑫⑥　Harper，前注 59。

⑫⑦　Sharon Koh, Gillian Koh Tan & Low Wan Jun Tammy, eds., *Speeches and Judgments of Chief Justice Yong Pung How*, vol. 1, 2nd ed. (Singapore：SNP, 2006) 18. 1989 年至 2006 年，Young 是首席大法官。继承英国法律并建设健全的法律制度，此类强调殖民历史和国家法律制度的例子，可以参见 Lee, *Why Singapore Is What It Is*，前注 7；Chan，前注 34；以及在新加坡向联合国委员会提交的有关《消除一切形式的妇女歧视公约》的初次报告中（这份报告是向联合国作出的政府报告），政府所呈现的自我描述。威权式的学术研究，也反映了此类说法在新加坡法制史中所具有的公认地位，例如 Kevin Tan, Yeo Tiong Min & Lee Kiat Seng, *Constitutional Law in Malaysia and Singapore* (Singapore：Malayan Law Journal, 1991)；Li-ann Thio, "Government and the State", in Legal Systems in ASEAN，访问路径：<http://www.aseanlawassociation.org/legal-sing.html>；Li-ann Thio and Kevin Y. L. Tan eds., *Evolution of a Revolution*：40 Years of the Singapore Constitution (Abingdon：Routledge Cavendish, 2008).

⑫⑧　Koh, Tan & Low，前注 128。

⑫⑨　Lee, *Why Singapore Is What It Is*，前注 7。

⑬⓪　前注 93 和 94。

殖民地政府对"法律"的描述——这是"我们赠予他们的礼物"。⑩ 就
这样,国家说辞通过一些重要方式延续了殖民地时期的观念。

在新加坡国家讲述的历史中,新加坡已经是,并且一直是西方化
的。⑫ 相应地,"法律"的用语、概念和形态也成为效仿西方政府正当
性的基本依据。新加坡那些公开的、宣示性的、代表性的法律文件
(例如《宪法》⑬和《新加坡宣言》⑭),的确在形式上将新加坡塑造成了
一个明确渊源于西方正当性观念和政治自由主义的"国家"⑮:

28

> 现在,我,新加坡总理李光耀,谨代表新加坡人民与政府宣
> 告和声明,从今天起,1965 年 8 月 9 日,新加坡将永久地成为一
> 个民主、独立的民族国家。这个国家以自由和正义的原则为基
> 础,并在一个日趋公正和平等的社会中不断追求国民的福利和

---

⑩　Peter Fitzpatrick, "Custom as Imperialism", in Jamil M. Abun-Nasr, Ulrich Spellenbert & Ulrike Wanitzek, eds. , *Law, Society and National Identity in Africa* (Hamburg: Helmut Buske, 1990) 15.

⑫　Ien Ang & John Stratton, "The Singapore Way of Multiculturalism: Western Concepts/Asian Cultures" (1995) 10 *Sojourn: Journal of Social Issues in Southeast Asia* 1.

⑬　*Constitution of the Republic of Singapore* (1999 Rev. Ed. Sing.) [*Constitution*].《宪法》宣称自己是"新加坡共和国的最高法律"(第 4 条),明确"反对政治专制主义";Thio, *Lex Rex or Rex Lex*? 前注 14,第 1 页。《宪法》(第四篇)的基本自由条款,通过保障言论自由、集会自由、结社自由、迁徙自由、宗教自由和法律面前人人平等,来输入自由主义价值观。它能防止溯及既往的刑法和重复审查,能够禁止流放、奴役制和强迫劳动。然而,这些宪法性承诺在诸多方面受到限制。由此,通常而言,新加坡的人权实践和人权政策"最终由优先考虑经济增长和社会秩序的压倒性的国家目标和民族发展目标所决定";Thio, *Pragmatism and Realism*, 前注 67,第 43 页。新加坡的国会几乎是一党制的,这就抛弃了新加坡宪法至上的理想,参见 Benedict Sheehey, "Singapore, 'Shared Values' and Law: Non East versus West Constitutional Hermeneutic" (2004) 67 *Hong Kong L. J.* 74.

⑭　*Independence of Singapore Agreement* 1965 (1985 Rev. Ed. Sing.) [*Proclamation*].

⑮　有一部篇幅巨大的文献,回溯了法治所蕴含的自由主义的发展史,但本书并不打算评论这部文献。新出版的、一部易于理解的文献是 Tamanaha,*On the rule of law*, 前注 15。简要概括自由主义与普通法之密不可分的联系以及普通法在新加坡的地位,可参见 Michael Rutter, *The Applicable Law in Singapore and Malaysia* (Singapore: Malayan Law Journal, 1989).

幸福。⑱

作为"国家"的代言人，李光耀宣称"民主""独立""自由""正义"和"平等"诸原则是新加坡的立国之本。李光耀对这些价值观的宣示，与按照西方模式建构新兴国家的做法是一致的。这一宣示表明，"法律"、政治自由主义和正当性⑲之间相互纠缠的复杂关系，将预示新加坡的"法治"类型。从某种意义上说，新加坡国家脱胎于对"法律"的自由主义描述。

新加坡的一系列法律是持久有效的，李光耀在国际律师协会 2007 年年会上的致辞就表明了这一点。他是这样描述的："新加坡从英国继承了一个完善的法律体系……投资者都知道新加坡继受了普通法及其发达的合同法规则，从而被吸引了过来。"⑳值得注意的是，对李光耀而言，英国法的价值体现在商业利益上。为了进一步展现制度性遗产的效用，李光耀强调，正是英国法的教育和洗礼，帮助他获得了不容置疑的个人权威：

> 我在剑桥大学法学院学习法律，是一家英国律师学院——中殿律师学院——的出庭律师。在我 1959 年出任新加坡自治政府总理之前，我从事了十年的法律工作。因此我知道，就东南亚中心区域而言，法治是新加坡的一个优势。㉑

通过宣称英格兰法、英国法和普通法是新加坡"法律"之渊源的组成部分，政府表明了新加坡"法律"的系谱，也就是说，证明了

---

⑱　Proclamation，前注 135。

⑲　正如前面所言，虽然我承认围绕这些术语存在很多争论，但我采用了"政治自由主义式而非普选式自由主义的法律概念"的要素，这些要素包括基本法律自由、权限适度的政府和民间社会；Halliday，Karpik & Feeley，前注 71。

⑳　Lee，*Why Singapore Is What It Is*，前注 7。李光耀认为，在知识产权保护和"法治"这两个重要内容上，新加坡比一些国家更有竞争性优势；Chew Xiang，"IP Rights，Rule of Law Our Competitive Edge；MM Lee"，*Business Times*（20 October 2009）．

㉑　Lee，*Why Singapore Is What It Is*，前注 7。

它的现代性。语言的跨文本性（inter-textuality）⑭现象，让这个主张——与英国法享有共同的血统——发挥了重要的正当化功能，因为英格兰是"公认的自由主义发源地，也是法治的捍卫者"。⑭ 因此，就像国家说辞将新加坡经济发展归功于殖民统治和种族多元化那样，当新加坡描述自身的"法律"时，源自英国法的现代性成了其间最重要的正当性说辞。新加坡的宣示性法律文本都维护"西方的"自由主义价值观，但具体的公共话语和法规却重置了这些价值观，并将它们整合进了新加坡的非自由主义模式之中。我认为，这一显而易见的矛盾，表明新加坡政府暗地里担忧种族问题和自身的正当性。

1. 潜在的忧患

占新加坡人口多数的种族被称为华人。由于华人与这片土地不存在着长久的、祖居地的关系，所以他们不能主张任何权力。⑭ 正因为这一点，在殖民时期结束后，英国法和普通法在建构正当性时变得至关重要。依据英国法，"国家"是这样建立起来的：权利归属于全体居民和公民，而非祖先。对于那些所谓的不归属于"这片土地"的人，英国法禁止他们质疑统治权的正当性。⑭ 在移植英国施行的那套法

30

---

⑭ 在批评性话语分析理论看来，"文本始终处在和其他文本的关系之中……这要求我们从历史的角度看待话语和文本"；Norman Fairclough, *Language and Power* (London：Longman，1989) at 155.

⑭ Tamanaha，前注 15，第 56 页。

⑭ Regnier 著作的标题，反映了新加坡官方对"种族"的不当界定，以及人们对新加坡所持的流行观念；Philippe Regnier, *Singapore：A Chinese City State in a Malay World*, trans. Christopher Hurst (London：Hurst，1991).

⑭ Hong 认为，由于人口是由移民组成的，因此新加坡民族主义领导人一开始直接拒绝援引殖民统治时期之前的那段历史，因为"神话般的过去并不适用于新加坡的治理，因为新加坡是一个由移民组成的多元社会。新加坡的领导人自称为新社会的先驱，而非关键性文化偶像的化身"。Lysa Hong, "Making the History of Singapore：S. Rajaratnam and C. V. Devan Nair", in Lam Peng Er & Kevin Y. L. Tan, eds., *Lee's Lieutenants：Singapore's Old Guard* (St. Leonards：Allen & Unwin，1999) 96 at 98-99.

律—行政装置的进程中，新加坡避开了所有支持先前法律制度的主张，因为那些主张必然会引入替代性的历史说辞和正当性依据（习惯法在官方法律体系中的地位，将在本节后面进行讨论）。

鉴于国家说辞的目的在于获得正当性[14]，政府在法律领域的话语，可以被理解为政府坚持不懈地进行自我授权，同时排斥其他所有人对"法律"说三道四。新加坡对"法治"的说法非常独特，在官方话语中，政府一再重申了这种说法的依据。这种说法通常将新加坡和新加坡"法律"，表述成"西方""法治"观念的一个例外。例如：

> 新加坡法律体系在很大程度上建基于英国法律体系，但为了适应新加坡国家的各种需求和具体情况，进行了修改和调整。在新加坡的法律体制中，人权得到了保障。认为自身法律权利受到侵犯的任何人，都可以向当地法院提起诉讼。法院将根据新加坡现行法律，对案件进行裁判。[15]

不过，这为政府的话语带来了麻烦。就像《新加坡宣言》的文本所展示的那样，"国家"明确接受了那些限定了"西方""自由主义"法治的西方理念和价值观。然而，就是这个参照"西方"建立了"国家"的政府（这样做或许是为了避免由这块土地的原住民问题而引发的政治正当性难题），在公民权利和政治权利领域却持续背离西方的法律标准。[16]这种困境促使政府努力成为"法律"及正当性的唯一提供者，实现这一目标需要政府的反复重申和持续改进。

---

[14]　Hong & Huang，前注 59；Harper，前注 59，第 3-55 页；Philip Holden，"A Man and an Island: Gender and Nation in Lee Kuan Yew's Singapore Story"（2001）24: 2 *Biography: An Interdisciplinary Quarterly* 410.

[15]　CEDAW Report，前注 128.

[16]　Jayasuriya，*The Exception Becomes the Norm*，前注 14，第 118 页；Jayasuriya，*Introduction*，前注 107，第 1 页；Agrast, Botero & Ponce，前注 109.

通过"法律"规训差异

首任国家元首杨堤—佩尔图安(Yang Di-Pertuan Negara)在新加坡独立后发表的一次演讲⑩,反映了法律、种族和国家等分类在新加坡官方说辞中是如何结合起来的。在 1965 年,当杨堤—佩尔图安主持新加坡共和国第一届国会第一次会议的开幕式时,他说道:

> 我们作为一个民族能够获得存续……是因为……我们一直在寻找以下问题的长期解决方案:在世界的这个角落,达成各种权力的新的平衡状态。然而,由于在欧洲人的统治时期,不同种族群体迁移至东南亚,这个任务变得愈发困难……国家的独立让我们有了更大的权力,来实现宽容的社会,这是我们长期需要的。这个社会是多种族、多语言、多宗教的。不论是本土人还是那些在英国统治期间到来的移民,大家都共同生活在一个令人满意的社会之中,因此所有人都日益紧密地联系在一起。

> 同时,作为东南亚的一个独特的、独立的民族,我们未来的最佳保障,是创建一个宽容的多种族社会。但我们必须预见那些来自于新加坡内部……及外部群体的阻挠和抵制。他们是族群主义者和共产主义者……显然,一个社群对某一种族、某一语言或某一宗教表现得越极端,就越有可能在其他社群之中引发对着干的、对所有人都有害的团体本位主义。

> ……我们决不允许自己忘记,我们能够生存是因为我们彼此团结,以及我们的力量在逐渐壮大……我们追求通过一种世

32

---

⑩　新加坡一直延续着威斯敏斯特式的做法,即在国会开幕之际,由国家元首代表政府进行演讲。杨堤—佩尔图安(Yang Di-Pertuan Negara)是国家元首的马来语官方表述。《宪法》第 153A(2)条规定,马来语是新加坡的官方语言。为了尊重语言(它是一种符号性权力),新加坡的国家元首自 1959—1970 年都沿用了"杨堤—佩尔图安"这一表述。新加坡首位国家元首尤索夫·宾·伊萨克(Yusof bin Isyak,马来人)去世后,任命的第二任国家元首薛尔思(Benjamin Sheares)是欧亚人。此后,这一职位的表述改为了总统。

俗的、理性的和多种族的方式，来解决经济落后的问题，以及殖
民时期遗留下来的发展不平衡问题。[148]

1965 年该演讲发表之时，种族问题以及新加坡在马来西亚联
邦[149]的尴尬地位，已经预示新加坡将被逐出联邦。[150] 种族问题、新加
坡的身份问题、留在马来亚联邦的正当性以及领土治理问题，共同促
成了一个作为独立主权国家的新加坡。依据官方的说法，整合了世
俗主义、现代性与理性的英国法，可以化解种族差异、语言差异和宗
教差异所造成的危险。

西方的正当性模式对新加坡"法律"的重要影响，也体现在这一
方面：在新加坡的官方法律体系中，不存在"习惯法"。[151] 我所说的"习
惯法"，是指殖民地时期关于习俗和惯例的那类"法律"。[152]《穆斯法管
理条例》[153]反映了有限的法律多元主义。即便历史表明，殖民统治者

---

⑭ Sing. , *Parliamentary Debates* , vol. 24, cols. 5-14 (8 December 1965) (Yang Di-Pertuan Negara Encik Yusof Ishak).

⑭ Hong & Huang, 前注 59，第 88-95 页。

⑮ Rogers M. Smith, ed. , *Southeast Asia Documents of Political Development and Change*(Ithaca, N. Y. : Cornell University Press, 1974) at 266-276.

⑮ 我并不想维护西方方法和习惯法之间的根本性对立姿态。相反，我指出了殖民地时期所采用的一种不同分类方式，即英国法与习惯法（或属人法）的二分。英国人用这些术语来区分以下两个领域，即英国法所适用的领域（例如，合同、财产和税收）和属人法所适用的领域（如婚姻、继承）：M. B. Hooker, *Laws of Southeast Asia* (Singapore: Butterworths, 1986).《宪法》第 12(3) 条似乎想维持殖民地意义上的属人法的可适用性，但判例法（稍后讨论）作出了相反的规定。

⑮ Hooker, 前注 152; H. Patrick Glenn, *Legal Traditions of the World*: *Sustainable Diversity in Law* (Oxford: Oxford University Press, 2004).

⑮ *Administration of Muslim Law Act*(Cap. 3, 1999 Rev. Ed. Sing.) 虽然政府通过话语明确了《穆斯林法管理条例》是针对穆斯林的特别法，但该法本身是殖民地时期的产物(Hooker, 前注 152)。《穆斯林法管理条例》规定了一个行政机构——伊斯兰教议会(Majlis Agama Islam)，"来管理新加坡的伊斯兰教和穆斯林相关事项"（第 3(2)(b)条），并且穆斯林法的运作领域局限于婚姻、离婚、继承、慈善信托和伊斯兰教的管理，如清真食品的标准，以及与麦加朝圣相关的服务和物资管理。《穆斯林行政管理法》于 1966 年通过，一年后，新加坡成为一个独立的共和国。《穆斯林行政管理法》修订了殖民地时期的《穆斯林和印度教徒捐赠条例》，后者是英国于 1905 年颁布的；参见"Chronological Table of the Ordinances Enacted From 1st April, 1867 to 30th April, 1955", *The Laws of the Colony of Singapore*(1955 Rev. Ed.), vol. VIII, 206.

曾将一些习惯法措施⑭整合进了英国法⑮,但建国后的新加坡仍通过贬低、排斥非西方法律的方式,实现对"法律"的管理。

　　作为独立民族国家的新加坡的官方法律体系,极为谨慎地避免公民提出此类主张,即法律评价应当符合习惯性做法。在 2002 年 OHC 代表 TPC 诉 TTMJ⑯一案的判决中,家事法庭(Tribunal for the Maintenance of Parents)拒绝承认依照中国惯例实施的收养行为。法庭认为,只有符合政府颁布的《儿童收养法》⑰的收养行为,才是有效的。1995 年,新加坡高等法院在 Sonia Chataram Aswani 诉 Haresh Jaikishin Buxani 一案⑱的判决中,拒绝承认根据印度教仪式缔结的婚姻,因为这些婚姻并非根据《妇女宪章》登记为一夫一妻制的婚姻。⑲ 这两份判决坚持认为,国家法律体系需要的是政府做法(bureaucratic)的统一性,而并非以往法律惯例的不可预知的差异性。⑳

　　只有在极少数案件中,新加坡公民才会试图主张习惯法的法律效力,上面提到的案件就是其中一部分。这一事实或许反映了国家主义法律的压倒性胜利。先于殖民统治时期的那些法律惯例,可能仍然存在于人们的日常生活之中,但国家不想承认这些惯例是法律。换句话说,在民族国家新加坡,只有与各种"普通法"判例和立法相一致的法律文件,才被认可为法律。新加坡拒绝向殖民地时期的属人法做出任何妥协,因此独立后的新加坡国家的习惯法,可能少于殖民地时期的新加坡。政府警惕地将习惯法排除在新加坡法律体系之

34

　　⑭　Hooker,前注 152。

　　⑮　由此出现了关于"混合式司法"的描述。Geoffrey Bartholomew, "Introduction", *Tables of the Written Laws of the Republic of Singapore*, 1819—1971 (Singapore: Malaya Law Review, University of Singapore, 1972).

　　⑯　[2002] SGTMP 3. 家事法庭的判决,参见新加坡法律学会网站的电子数据库。

　　⑰　Cap. 4, 1985 Rev. Ed. Sing.

　　⑱　[1995] 3 Sing. L. R. 627.

　　⑲　Cap. 353, 1997 Rev. Ed. Sing.

　　⑳　有关法律惯例的长期性,参见 Glenn,前注 153。

外,这表明"法律"在"国家"范围内起着至关重要的同质化作用。⑯

　　"法律"是国家实施同质化计划之不可或缺的一部分,这不足为奇。长久以来,国家法律制度一贯"强调国家法律渊源的排他性……用来声援具有拘束力的法律的制定过程。在国家的疆土内,有拘束力的法律得到了统一实施"。⑯ 在追溯这段历史时,格伦(Glenn)指出"国内法必须是绝对的,否则就没有国内法,也没有政府"。⑯ 即使要维持"法律"在标记和巩固"国家"治理范围时的核心地位,但抵制习惯法的做法并不符合新加坡国家公开宣称的、说得很明确的多元政治模式。⑭ 抵制习惯法,同时将现代理性国家视为多种族、多宗教之差异性的监管者的做法⑯,是有内在矛盾的。这种矛盾造成的紧张关系,一直(隐晦地)存在于新加坡政府关于"法律"的公共话语之中。⑯《新闻法》的第四章和《宗教和谐法》的第六章,展现了政府如何利用"种族""语言"和"宗教"等社会分类,使公民无法依据相关事由

35

---

　　⑯　2004年高等法院对一起上诉案件作出判决,而该案的初审机构是一个依据《穆斯林法管理条例》组成的裁决委员会(Fatwa Committee)。高等法院的判决增加了这种同质化效果。在这项判决中,高等法院认为"一个人不能做自己案件的法官,这是西方国家以及穆斯林司法理念的一条重要原则"。判决可能造成的后果是,在涉及自然正义的诉讼上,回教法庭的判决将接受民事法庭的审查;*Mohammed Ismail bin Ibrahim and Another v. Mohammed Taha bin Ibrahim* [2004] 4 Sing. L. R. 756 at 779.

　　⑯　H. Patrick Glenn, "The Nationalist Heritage", in Pierre Legrand & Roderick Munday, eds., *Comparative Legal Studies: Traditions and Transitions* (Cambridge: Cambridge University Press, 2003) 76 at 83.

　　⑯　同上注,第80页。

　　⑭　政府从一开始就宣布自己将基于多种族的、非共产主义的、不联盟的和民主社会主义的原则,来建立一个国家;Chan Heng Chee, "Political Developments, 1965—1979", in Ernest Chew & Edwin Lee, eds., *A History of Singapore* (Singapore: Oxford University Press, 1991) 157 at 158.

　　⑯　多元政治模式的承诺,也许在《宪法》第12条得到了最好的例证。第12(1)条保障"法律面前人人平等,所有人享有平等的法律保护"。与此同时,第12(2)条也对这一保障作出了描述,由此,对马来人作出积极的差别对待就有了一定的基础(第152条);第12(3)条保留了对属人法的管理,并限制宗教方面的就业。

　　⑯　Sing., Parliamentary Debates, vol. 86 (19 August 2009) (Lee Kuan Yew); Clarissa Oon, "MM Rebuts NMP's Notion of Race Equality", *Straits Times* (20 August 2009).

提出有效的权利主张。

　　根据不同公民在"语言""宗教"和"种族"方面的差异,新加坡政府对他们的看法和管理手段是不同的。如果说新加坡政府运用了"法律"来塑造公民在法律上的同质性,那么本书展示了"法律"如何被用来消除另一种差异性——意识形态或政治观的差异性。通过探究立法过程和立法背景,本书展示了政府如何将这项权力——管理法律话语的不明确之处——保留在自己手中。开辟性的《新加坡独立宣言》(先前已引用)通过不同的法律文本[⑯]促成了"一种政治自由主义的法律观"[⑱],后者在根本上无疑是西方式的。这种政治自由主义随后受到了政府自己提出的一些前提条件和约束条件的限制,并且只有政府才有权这么做。正如个案研究所表明的,在这一过程中,那些质疑政府对新加坡"法律"作出限制性规定的行为,被政府视为是非法的。政府抵制并压制批评的力度非常大,这符合国家与生俱来的忧患意识。政府非常警惕地管理着关于"法律"的话语立场,以粉饰国家脆弱论。脆弱论既不主张"种族"的权威性(我在本章后面会论述),也不主张公开选举获胜者的权威性。政府领导人也不能主张在殖民时期结束后经常被提出来的另一条正当化途径,即曾经为了国家独立而开展过反殖民斗争(稍后将讨论这点)。如第三章详细阐述的那样,新加坡政府是通过与殖民者合作获得政权的,它依靠高压政治、监视以及基于法律例外主义获得正当性的暴力手段,确保权力并实施控制。

"法治":厚重式、精简式、二元式和戴雪式

　　在新加坡的公共领域中,英国式"法治"对正当性观念的影响是

---

⑯　Fairclough,前注 141。

⑱　Halliday, Karpik & Feeley,前注 71。

全面、深远的，这符合政府的说法，即新加坡法律体系源于"英国法"。新加坡公共话语采用的"法治"类型，主要参考了戴雪的法治观。一般认为，维多利亚女王时代的法学家戴雪，提出了"一个影响重大的现代'法治'概念"。[⑯] 戴雪的"法治"概念提出了如下要求：第一，只能依据实际存在的"法律"实施惩罚，法律的适用主体应当是常设性法院，而不是特别法庭或拥有自由裁量权的行政官员；第二，法律面前人人平等，他特别强调了公职人员应当遵从法律；第三，根据普通法惯例，法院应当保障权利的实现。[⑰] 在新加坡，戴雪的法治观可以通过"普通法"得到应用。[⑱] 就像我已指出的那样，"普通法"被政府奉为新加坡从殖民地继承的部分"遗产"。[⑲] 此外，新加坡的公职人员认为，新加坡符合戴雪所描述的"法治"。在近期所作的一次演讲中，首席大法官陈锡强是这样说的：

> 新加坡拥有一套强大的刑事司法系统，这套系统是遵从法治的。英国法和英国司法充分体现了戴雪所构想的法治，它们是新加坡法律体系的基础。[⑳]

公职人员通常认为，戴雪所描述的法治要素是新加坡的基本特征。此外，在法学教科书中，戴雪也被认为是与新加坡的"法律"相关的。[㉑] 除了直接引用外，新加坡官方话语也经常间接援引戴雪的法治

⑯ Rachel Kleinfeld，"Competing Definitions of the Rule of Law"，in Thomas Carothers，ed.，*Promoting the Rule of Law Abroad*（Washington. DC：Carnegie Endowment for International Peace，2006）31 at 38.

⑰ Tamanaha，前注 15，第 63-65 页。

⑱ Rutter，前注 136。

⑲ Lee，*Why Singapore Is What It Is*，前注 7。

⑳ Chan，前注 34。Zakir Hussain，"Raffles, MM Lee and the Rule of Law：CJ"，*Straits Times*（28 October 2009）.

㉑ 值得注意的是，新加坡的主流宪法教科书向学生阐述了法治的三个定义：Dicey's，de Q. Walker's，and Raz's；Tan，Yeo & Lee，前注 129。另参见 Jaclyn Ling-Chien Neo & Yvonne C. L. Lee，"Constitutional Supremacy：Still a Little Dicey"，in Li-ann Thio & Kevin Y. L. Tan，eds.，*Evolution of a Revolution：40 Years of the Singapore Constitution*（Abingdon：Routledge，2009）153.

构想。⑮ 第三章对费伊案的讨论,例示了官方话语是如何进行间接援引的。具体而言,官方坚持依据法律作出惩罚⑯,坚持在新加坡法律面前人人平等⑰,坚持了新加坡法院的独立性。⑱ 政府认为法律体系的特征是保护人权⑲、推动法院保障权利(在《消除一切形式的妇女歧视公约》的政府报告中有阐述),这种做法也是对戴雪式原则的间接援引。

38

法律至上⑱、法律面前人人平等⑱、维护权力分立和法院独立的治理结构⑱等宪法宗旨,或许最典型地体现了戴雪的法治理念。就此而言,新加坡"法律"符合法治的根本性和基础性观念,即"政府服从法律,法律至上,法律面前人人平等"。⑱ 政府主张新加坡是适用"普通法"的,如果普通法必然是"一种关于自由的法"⑱且遵循"将个人的生命、自由和安全视为最高价值的哲学思想"⑱,那么新加坡的"法律"为何又被认为是非自由主义的?

李光耀在 2007 年国际律师协会年会上发言时,列举了一些让新加坡备受称赞的排名和评估。这种做法实际上是将新加坡"法律"已经取得的成就,等同于技术性治理效率⑱和一些"机制特征"⑱,例如

---

⑮　李光耀在国际新闻协会上的演讲就是一个例子;Lee, *Why Singapore Is What It Is*,前注 7。在 2009 年 10 月纽约州律师协会季度会议进行演讲时,首席大法官陈锡强称"英国法和英国司法是戴雪建构的法治典范,它们是新加坡法律系统的基础";Chan,前注 34。

⑯　参见第三章。

⑰　同上注。

⑱　同上注。

⑲　CEDAW Report,前注 128。

⑱　*Constitution*, Art. 4.

⑱　同上注。

⑱　同上注,第五、六、七部分。

⑱　Peerenboom, "Introduction",前注 60,第 2 页。

⑱　Rutter,前注 136,第 574 页。

⑱　同上注,第 575 页。

⑱　Kleinfeld,前注 170,第 32 页,其中指出世界银行的重点在于"给法院提供电脑,印刷法律文本,建立治安官员学校以创建高效的、可预见的司法,而这些是技术专家式的法治"。

⑱　Kleinfeld,前注 170,第 33 页。

"强制性的"法律，"运转良好的"司法系统和"健全的"执法机构。⑱ 如果像裴文睿（Peerenboom）所认为的那样⑱，这些机制特征是法治运作的基础，那么是否意味着新加坡的法律体系已经充分实现了法治？通过裴文睿构想的一个"法治"分布序列，可以对这个问题进行充分的探讨。该序列清楚地阐述了"精简的"和"厚重的"法治观。

裴文睿认为，为了对"法治"进行有意义的分类并展开比较研究，必须将关于"法治"的各种观念划分为"精简式"和"厚重式"。⑲ 究其根本而言，"精简式法治"由形式性的、工具性的法律所构成⑲，而"厚重式法治"意指法律的形式化运作过程被整合进了"一个由制度、文化和价值观组成的特定复合体"。⑫ 裴文睿认为"精简式法治"具有以下特征，它们是法治的"核心的……和基本的元素"，并得到了广泛认同。⑬ 例如，对公职人员存在有效限制；存在一些规则，决定谁是创制"法律"的正当主体；"法律"的公开性和普遍适用性；明确、一致的"法律"；稳定、可普遍预期的"法律"。⑭ 此外，法律必须得到执行，并为大多数人所接受。⑮ 裴文睿认为，这些特征是一般性的（而非绝对的），他强调"微小的偏差是可以接受的，但偏差很大的法律体系往往是不正常的"。⑯ "法律"具有广泛的功能，是"精简式法治"得以实现的决定性因素。新加坡法律体系是非常高效的⑰，他认为这意味着在新加坡，争论基本上围绕着各种"相互竞争"的"厚重式法治观"，而非"精简式法治观"。⑱

---

⑱　Kleinfeld，前注 170，第 33 页。

⑱　Peerenboom，"Introduction"，前注 60，第 2-46 页。

⑲　同上注，第 2 页。

⑲　同上注。

⑫　同上注，第 5 页。

⑬　同上注，第 2 页。

⑭　同上注。

⑮　同上注。

⑯　同上注，第 3 页。

⑰　Thio，*Rule of Law*，前注 41，第 183 页。

⑱　Peerenboom，"Introduction"，前注 60，第 18 页。

　　本书支持裴文睿的观点,即对新加坡"法治"的批评,都关注政府
所持的"一种非自由主义的、厚重式法治观"。[199] 不过,我的研究对他　40
的观点作出了两个关键性修正。首先,与裴文睿的观点相反[200],政府
的厚重式观念并不纯粹是非自由主义的。政府话语和"国家"重要法
律文本都声明,"西方式"自由主义是普遍适用于新加坡"法律"的,
《新加坡宣言》和《新加坡宪法》就是这样的例子。必须指出的是,自
由主义,或者成为自由民主国家,是新加坡政府一开就持有的"法律"
立场。第二,"厚重式法治"的各个要素一旦运用到"精简式法治"身
上,就会产生了令人疑惑的不确定性,甚至会破坏裴文睿提出的"精
简式法治"的核心和基本要素。例如,政府声称新加坡情况特殊,并
且随时准备工具性地利用法律形式和法律程序,表明了法律体
系——因为它容易受到权力的影响——的形式性功能是如何被破坏
的。即使裴文睿认为对公职人员进行有效限制是"精简式法治"的主
要特征[201],但这些个案研究表明,新加坡政府可以侵犯公民的权利并
让他们无可奈何,因为他们无法获得有效的、实质性的救济,也缺乏
制约政府的手段。法律工具主义不能被视为价值中立的。

　　张黎衍(Li-ann Thio)认为,新加坡坚持形式的、"精简式法治",
但这种法治是以社群主义式的厚重法治观[202]为基础的。张黎衍的观
点也支持裴文睿。但是,本书基于法律文本和政府话语对权力关系
所进行的研究表明,结论并非如此。本书的具体内容表明,尽管裴文
睿警告我们,在亚洲的法治话语中"价值观方面的各种合理差异已经
危如累卵"[203],但就新加坡而言,不可能将政府的价值观表述和政治动
机分离开来。即使新加坡符合裴文睿提出的"精简式法治"的一般性　41

---

[199]　Peerenboom,"Introduction",前注 60,第 5 页。

[200]　同上注。

[201]　同上注,第 2 页。

[202]　Thio,*Rule of Law*,前注 41。

[203]　Randall Peerenboom,"Preface",in Randall Peerenboom,ed.,*Asian Discourses of Rule of Law*(London:Routledge,2004)at x.

特征，我的案例研究仍表明了工具主义式的精简式法治，是如何选择性地妨碍"法律"的公开性和普遍适用性，如何解除了对公职人员的有效制约，以及如何策略性地制定了一些不透明的、不确定的"法律"。我的案例研究提供了一些关于话语、立法过程和立法背景的素材，它们生动地展示了对"精简式"和"厚重式"法治的描述，以及形式性规则（"精简式法治"）和意识形态理由（"厚重式法治"）之间的动态关系。

与此相关的争论是，裴文睿声称"精简式法治"是"意识形态中立的"。[204] 通过本书的研究，我提出了这一观点：新加坡之所以注重描述一种高效的、具有"机制特征"[205]的"法律"，与意识形态是不可分割的。新加坡的"精简式法治"至少在三个方面持有意识形态立场。第一，"法律"在新加坡国家观念中占有核心地位；第二，"英国法""普通法"和"法治"（具备自由主义正当性的那种法治），被宣称为新加坡法律体系的基本特征；第三，涉及外国投资、贸易和经济的"法律"是符合西方式自由民主的，但有关公民权利和政治权利的"法律"是压制式的。[206] 正因为"法律"中意识形态的二元分化，贾亚苏里亚（Jayasuriya）将新加坡形容为二元化国家。[207]

"法律"和二元化国家

在对新加坡法律体系进行引人入胜的分析中，贾亚苏里亚运用了弗兰克尔（Fraenkel）提出的二元化国家观，以及"在威权国家统治

42

---

[204] Peerenboom, "Introduction"，前注 60，第 33 页。

[205] Kleinfeld，前注 170，第 33 页。

[206] Jayasuriya, "Introduction"，前注 106。

[207] 针对贾亚苏里亚提出的法律国家主义模型，裴文睿的批判涉及了三个方面：第一，贾亚苏里亚关注的是政府话语；第二，他未能考虑到亚洲法律体系的多样性；第三，他未能将该模型适用于亚洲所有的司法管辖区；Peerenboom, "Introduction"，前注 60，第 48 页。但该批评并没有减损贾亚苏里亚的模型对于新加坡法治研究的重要性和可适用性。

之下资本主义经济运转所要求的理性计算"。[208]他认为新加坡是当代二元化国家的典型,在这类国家中,"经济自由主义是臣服于政治非自由主义的"。[209]贾亚苏里亚指出,新加坡二元化国家的合法性是以法律例外主义的常态化为基础的。法律例外主义是指行政权力拥有威权式主导地位,可以搁置个人权利和常规性法律程序。借助殖民地政府在马来亚紧急状态时期颁布的一些法令,法律例外主义出现在了新加坡的法律体系之中。[210]贾亚苏里亚认为,基于殖民地时期的威权统治模式,殖民期结束后的新加坡政府常常"以公共秩序和国家团结为名"[211]行使行政权,以建构一种新加坡政治文化、实现意识形态同质化,并消解法院在审判政治性案件时的独立性。[212]

本书沿用了贾亚苏里亚对新加坡法律体制的特征描述:"'法治'适用于经济领域,不适用于政治领域。"[213]尽管新加坡政府经常违反法治,但并没有忽视政府正当性这一重大问题上。在这个问题上,二元化国家的合法性为一种维系政府正当性的对策提供了理由。新加坡 43
"法律"的二元化性质,也说明了"法律"话语为何如此混乱和复杂,以至于可以通过展示世界银行的法律实效排行榜——就像李光耀在国

---

[208]　Jayasuriya, *The Exception Becomes the Norm*,前注 14。

[209]　同上注,第 120 页。

[210]　同上注。

[211]　同上注,第 109 页。

[212]　同上注,第 128 页。参照戴雪之前设置的"法治"参数,如果政府的作为和法院对"法律"的解释是为了确保政府的强权,那么对司法自治的消解,必然会使"法律"面前人人平等这一原则受到破坏:Thio, *Regulating Political Speech*,前注 81,第 516 页;Li-ann Thio, "Beyond the 'Four Walls' in an Age of Transnational Judicial Conversations Civil Liberties, Rights Theories, and Constitutional Adjudication in Malaysia and Singapore" (2006) 19 *Colum. J. Asian Law* 428; Li-ann Thio, Pragmatism and Realism,前注 67. Li-ann Thio, "The Secular Trumps the Sacred: Constitutional Issues Arising from *Colin Chan v Public Prosecutor*" (1995) 16 *Sing. L. Rev.* 26; Ross Worthington, "Between Hermes and Themis: An Empirical Study of the Contemporary Judiciary in Singapore" (2001) 28:4 *J. L. & Soc'y* 490; Sheehey,前注 134.

[213]　Jayasuriya, *The Exception Becomes the Norm*,前注 14,第 124 页。

际律师协会演讲时所做的那样⑭，来转移或质疑人们对政府侵犯个人自由的批评。

虽然本书的研究重点是立法，但是法院在促进非自由主义立法中的作用也不容忽视。总体而言，新加坡的法院都不认为自己是"法治"的拥护者。⑮ 贾亚苏里亚认为自由主义式法院的运作环境，是"一个自由的政府和一个自治的民间社会，在团体主义国家和被管理的民间社会中，法院则站在集权体制立场上机械地适用法律"。⑯ 本书的案例研究展示了新加坡法院在多大程度上处于塑造集权式法院的环境之中，这种环境先行决定了新加坡不可能存在自由主义式的法院。

总而言之，我在讨论"法治"时已经指出：那些重要的、创建新加坡国家的法律文本（例如《新加坡宣言》和《宪法》），在新加坡的话语中注入了自由主义价值观和理念，这些价值观和理念是作为"西方政治哲学的一个珍贵部分"的"法治"的固有含义。⑰ 政府一直将新加坡法律体系说成是由英国法、普通法和戴雪法治理念所塑造的，并依托前述重要法律文本，将"法治"诠释成了一个内容丰富的、以保护公民权利和自由为标志的理念。⑱ 概言之，对"法治"的自由主义解说通告了新加坡作为主权国家的身份，且不容争辩地成为新加坡话语系统的一部分。

44

---

⑭　Lee, *Why Singapore Is What It Is*，前注 7。

⑮　概括性的描述，参见前注 67 和 68 的参考书目；有关《内部安全法》和诽谤法适用情况的参考书目，参见脚注 78-81 和 230。

⑯　Kanishka Jayasuriya, "Corporatism and Judicial Independence within Statist Legal Institutions in East Asia", in Kanishka Jayasuriya, ed., *Law, Capitalism and Power in Asia*(London: Routledge, 1999) 173 [*Statist Legal Institutions*]。

⑰　Thomas Carothers, "The Rule-of-Law Revival", in Thomas Carothers, ed., *Promoting the Rule of Law Abroad: In Search of Knowledge*(Washington, DC: Carnegie Endowment for International Peace, 2006) 4.

⑱　Kleinfeld，前注 170，第 36 页。

通过上述法律文本所宣称的西方型"厚重式法治",以及高效⑲、廉洁⑳的法律运作过程所讲述的"精简式法治",新加坡认为自己与西方国家并无二致,并且获得了后者的尊敬。一如李光耀在 2007 年国际律师协会年会上所作的承诺,新加坡始终认为自己拥有国际层面的正当性。新加坡政府在话语过程中对"法治"的认可和一再重申㉑,表明"法治"作为政府维护自身正当性过程中的一项关键指标,具有持久的重要性。

"法律"、政治自由主义和权限适度的政府

如果说新加坡政府在话语过程中所运用的"法治"类型,承载了政治自由主义的价值观和含义,那么政府对"英国法""普通法"和威斯敏斯特式分权模型的援引,就在某种程度上主张了这样一种观点:权限适度之政府所呈现的权力分散的特征,是值得追求的。㉒ 权限适度的政府是这样一个政府,它的权力从内部并通过制度(例如通过司法独立)被分散了,以实现"事先安排好的或者通过宪法制度规定的政府各个部门之间的竞争"。㉓ 根据那些立国建制的法律原则,权力分立的宪法性条款,能够保护公民免遭政府滥用权力的侵害。换句

45

---

⑲ 在世界经济论坛 2008 年全球竞争力报告中,将新加坡法律的效率排在 134 个国家和地区中的第 2 名;访问路径:<http://www. weforum. org>。也可参见第八章的讨论,即新加坡政府如何使用这些评估和排名。

⑳ "世界银行治理指标体系给新加坡的打分排在前 10%(90%~100%),参考的是新加坡在控制腐败、法治、政府效率和监管效度等领域的状况";"Governance Matters 2009";访问路径:<http//info. worldbank. org/governance/wgi>.

㉑ K. C. Vijayan, "Singapore Gets Top Marks in Global Law Survey", *Straits Times* (7 January 2011),其中报道了首席大法官陈锡强在"法律年"(legal year)活动开幕式上的讲话。他强调,基于新加坡的民事审判状况,法治指数排行榜将新加坡排在了同类社会经济国家的首位。根据相同的指数评价体系,新加坡在基本权利和政府透明度方面的得分却排在了最末位,但首席大法官和新闻报道都不认可这一末位排名。

㉒ Halliday, Karpik & Feeley,前注 71,第 10-12 页。

㉓ 同上注,第 10 页。

话说，因为不存在拥有核心地位的权力，权限适度政府㉔的权力得到了切实的节制。

一些人寻求监督和制约政府权力，政府则让他们噤声。通过考察政府对付这些人的手段，本书扩展了哈利迪（Halliday）、卡尔皮克（Karpik）和菲利（Feeley）对政府权力和政治自由主义主张之关系的理论性研究。㉕第五章分析了政府对律师的恐吓，相关内容显然符合哈利迪等人的看法，即法律职业人士是政治自由主义的拥护者。㉖但本书的研究重点是政府在话语和立法过程中如何描述"法律"；研究证明，新加坡从制度上破坏了权限适度的政府。依托威权式法治，立法成为一种重要的工具，用来大规模地取缔反对党（第三章）、取缔独立媒体（第四章）、阻击自治的民间社会（第五章至第七章）。换言之，"法律"在强化国家的过程中起到了核心作用；因此，在破坏权限适度之政府的权力分散特征时，权力分立即"法律"同样起到了核心作用。尽管立国性的法律文本（例如《宪法》和《新加坡宣言》）对政治自由主义作了宣示性承诺，但是法律实践和制度实践已经促成了"国家和党的公然合体"。㉗

新加坡政府在本质上是专制的㉘，但它坚持认为自己沿用了威斯敏斯特式的权力分立制度，这一点值得关注。政府提起了许多有关诽谤和蔑视法庭的诉讼，以回击自己所面临的指责：政府通过行政力

㉔ 贾亚苏里亚提出的自由主义政府的参数，同样强调了一个自治的民间社会的重要性；*Statist Legal Institutions*，前注 217。

㉕ Halliday, Karpik & Feeley，前注 71。

㉖ 同上注。

㉗ Rodan, *Westminster in Singapore*，前注 12，第 114 页。

㉘ Jayasuriya, *The Exception Becomes the Norm*，前注 14。

量干涉司法部门。㉙ 这些诉讼表明政府很重视这一点,即让公众认识到政府是通过权力分立的方式实施治理的。但众所周知的是,新加坡的"法律体系是政治化的,并且它利用法律来摧毁政治反对派、限制民间社会,以及推进人民行动党的各项保守的、集权性的安排"。㉚为了增强政府与司法部门之间的紧密联系,行政机构和国会的一些职能被合并了。㉛ 就新加坡的状况而言,是不可能从制度上实现权力分立的。相反,

> 威斯敏斯特式政府的一些内容,例如议会问责部长制、由无党派人士组成公共官僚机构、对少数派反对党的宽容,被破坏殆尽了……破坏就发生在执政的人民行动党创建实质性一党制政府的过程中……无论如何,从意识形态立场为政治体系进行辩护时,那些看似与威斯敏斯特式政府相像的内容依然是至关重要的……这反映了一种蓄意的做法,即努力让历史上的各项自   47

㉙ 针对那些明示或暗示地提出法院并不独立于政治压力的人,政府提起了有关诽谤和诋毁司法机关的诉讼;*Lee Kuan Yew v. J. B. Jeyaretnam*, [1979] 1 M. L. J. 281;*Lee Kuan Yew v. Seow Khee Leng*, [1986] 1 M. L. J. 11;*Lee Kuan Yew v. Seow Khee Leng* [1989] 1 M. L. J. 172;*Lee Kuan Yew v. Derek Gwynn Davies & Ors.* [1990] 1 M. L. J. 390;*Lee Kuan Yew v. Jeyaretnam J. B.* (No. 1) [1990] Sing. L. R. 688;*Lee Kuan Yew & Anor v. Vinocur & Ors. & Another Action* [1995] 3 Sing. L. R. 477;*Lee Kuan Yew v. Tang Liang Hong* (No. 1), [1997] 2 Sing. L. R. 97;*Lee Kuan Yew v. Tang Liang Hong* (No. 2), [1997] 2 Sing. L. R. 833;*Lee Kuan Yew v. Tang Liang Hong* (No. 3), [1997] 2 Sing. L. R. 841;*Goh Chok Tong v. Jeyaretnam Joshua Benjamin* [1998] 1 Sing. L. R. (维持于 *Goh Chok Tong v. Jeyaretnam Joshua Benjamin & Another Action*, [1998] 3 Sing. L. R. 337 (C. A.));*Goh Chok Tong v. Chee Soon Juan* (No. 2), [2005] 1 Sing. L. R. 573;*Lee Kuan Yew v. Chee Soon Juan* (No. 2), [2005] 1 Sing. L. R. 552;*Lee Hsien Loong v. Singapore Democratic Party & Ors.* [2007] 1 Sing. L. R. 675;*Attorney-General v. Hertzberg Daniel* [2009] 1 Sing. L. R. 1103;*Lee Hsien Loong v. Review Publishing Company* [2009] 1 Sing. L. R. 167;*Review Publishing Company Ltd. and another v. Lee Hsien Loong and another appeal* [2010] 1 Sing. L. R. 52;*Attorney-General v. Shadrake Alan* [2010] SGHC 327 以及 *Attorney-General v. Shadrake Alan* [2010] SGHC 339.

㉚ Peerenboom, "Introduction",前注60,第18页。

㉛ Chan Heng Chee, "Politics in an Administrative State: Where Has the Politics Gone?" in Seah Chee Meow, ed., *Trends in Singapore* (Singapore: Institute of Southeast Asian Studies, 1975) 51.

由主义制度服务于各种威权式目的。㉒

罗丹（Rodan）指出，除了选择性地施行一些自由主义制度外，人民行动党和李光耀在获取权力的过程中还利用了自由主义修辞，他们自 1955 年起就抨击未经审判的拘留和限制言论自由，直至人民行动党掌权前夕才停止那么做。㉓ 换句话说，人民行动党一直以一种工具主义的方式赞颂法治。除了策略性地利用话语和制度，李光耀还经营着一个"不稳定却强大的联盟"。这个联盟由人民行动党的两大阵营组成，其中一派由代表中产阶层、"受过英文教育"的人民行动党领袖组成；另一派由代表工薪阶层、"受过中文教育"的左派人士和支持工人运动的国家主义者组成。李光耀一直经营着这个不稳定的联盟，直到他的党派在 1959 年掌权。㉔ 在李光耀的党派掌权之后，在 1961 年，两大阵营产生了分裂，促成了反对派社会主义阵线的成立。这次内部分裂暴露了李光耀所处的阵营缺乏与工人阶层的有力联系，也缺乏与基层组织和基层社会网络的有力联系，因而"徒有党派的名号"。㉕ 正是法律的工具性力量，促使人民行动党的领导力从这个时期的低谷中恢复过来：

> 通过系统地利用手中的行政权力，人民行动党为自己的政治对手设置了障碍，在国家机构中安排自己党派的成员，并通过社会和经济改革创建了一个新的选举基础。特别是，作为政治竞争之通道的各种正式政治制度，以及使竞争变得有意义的众多民间社会机构，都经历了重大改造。压制性法律颁布了，以阻止言论自由、剥夺独立的集体组织参与政治活动的权利。这些法律结合各种措施建立了广泛的政治合署机构，以至于政府和

㉒ Rodan, *Westminster in Singapore*，前注 12，第 110 页。

㉓ 同上注。

㉔ 同上注。

㉕ Rodan, *Westminster in Singapore*，前注 12，第 114 页。

党派看上去已公然合为一体。[236]　　　　　　　　　　　　　48

还有人指出，正是人民行动党右翼阵营与殖民地政府的联盟，导致很早就出现了行政权的压制性运用，并在"冷藏行动"（Operation Coldstore）中达到了顶峰：1963年，在大选前的关键时刻，100多名左翼社会主义分子、工会成员和记者，未经审判就被剥夺了人身自由。[237] "冷藏行动"杀害了大批反对派社会主义阵线的领导人[238]，并挫伤了左翼的元气。[239] 社会主义阵线之后再也没能恢复自己的力量，也没能继续践行自己的承诺。[240]

如果权限适度政府的前提条件是政党政治竞争，那么所有的案例研究都证明新加坡政府已经破坏了这一关键性的前提条件。民间社会是节制政府权力的另一股重要力量，但新加坡在建国后，解散了在殖民地政府时期就存在的各种自治性社团。[241] 这在新加坡促成了一个静默且顺从的民间社会，它缺乏和政府在公共领域进行较量的能力和意愿。[242] 对《法律职业法》《宗教和谐法》和《公共秩序法》的研究，展示了早期民间社会的领导群体——他们与法律协会、天主教会以及一位反对派政治家过往密切——是如何被镇压、清除的。媒体也有节制政府权力的能力。人民行动党对报刊媒体的态度，和对民间社会的一样。人民行动党在其统治初期就取消了媒体的自主权，并在20世纪80年代中期的关键时刻加强了对报刊出版物的管理（见第四章）。[243]　　49

---

[236]　Rodan, *Westminster in Singapore*，前注12，第114页。

[237]　Hong & Huang，前注59，第18页；Harper，前注59，Barr & Trocki前注59。

[238]　同上注。

[239]　Wade，前注78。

[240]　同上注。

[241]　Kay Gillis, *Singapore Civil Society and British Power*（Singapore：Talisman，2005）.

[242]　Terence Chong, *Civil Society in Singapore：Reviewing Concepts in the Literature*（Singapore：Institute of Southeast Asian Studies，2005）；Terence Lee, "The Politics of Civil Society in Singapore"（2002）26：1 *Asian Studies Review* 97；Gary Rodan, "Civil Society and Other Political Possibilities in Southeast Asia"（1997）27：2 *Journal of Contemporary Asia* 14.

[243]　新加坡有关诽谤的规定，进一步削弱了媒体的独立性。

"法制"：非自由主义的实践

新加坡的"法制"广为人知。在某种程度上，本书旨在揭示新加坡政府是如何持续正当化这种治理模式的。我所使用的"法制"，是"法治"的对立面。"法制"反映了服务权力式的工具主义，但它并未出现在新加坡政府的官方表述中，而是被学者们用来分析那些令"法律"服从于政治权力的政府合法性模式。[24] 例如，裴文睿将"法制"描述为"政府……依靠法律来治理，但并不接受法律约束政府和公职人员这一基本要求"。[25] 张黎衍（Thio Li-ann）的结论是，在威权式政府和一党主导的背景下，新加坡政府令自由民主的各种价值服从于"稳定和经济增长等集权主义国家目标……更准确地说……这就是'法制'"。[26] 尼尔森（Neilson）将新加坡与另外一个一党制国家进行了比照，就像他指出的那样，"在一党制国家，'法治'……可能更适合被描述为'法制'，因为合宪性、正当程序和官员违法等问题，都不接受独立的司法机构的审查"。[27] 在新加坡，如果说"法治"主导了公开场合和宣示性场合（例如《宪法》和《新加坡宣言》），那么"法制"就体现在法律文本的冗长细节中，也体现在形形色色的各种实践中。通过这些细节，新加坡政府改写了国家的"法治"承诺。政府策略性地把"法治"改写成了"法制"，从而维系了自身的正当性，而这正是本书所要探究和揭示的。

如果将"法治"与新加坡的殖民地历史联系起来看，那么新加坡"法律"的复杂多义是很自然的。就"法制"而言，也是如此。殖民地

---

[24] Thio, Lex Rex or Rex Lex? 前注 14，第 75 页；Jayasuriya, The Exception Becomes the Norm, 前注14，第113页。

[25] Peerenboom, "Introduction",前注 60,第 2 页。

[26] Thio, *Rule of Law*,前注 41,第 75 页。

[27] Neilson, 前注 66,第 15 页。

法律体系通过现代派人士和科层制技术实施治理,那些技术在本质上是服务权力的"法制"。[248] 殖民地时期的一些法律手段主要体现了"法律"的治理性质:政府通过许可、笼络和监视(自 1915 年起)实施控制。[249] 在国际律师协会年会上,李光耀声称新加坡继承了"英国"法律体系并以其为基础。这是一个挺有意思的错误描述。因为英国人用来统治新加坡殖民地的法律体系,是从印度传到新加坡的。[250] 为了服务于殖民目的,这个法律体系还经过了改造。[251]

因此,相较于"国家"而言,新加坡在"法律"层面存在重大的断层。经由殖民地化、被托管和独立建国,现代国家的一些特征——例如主权——被植入了新加坡。然而,殖民地时期确立下来的现代民族国家的长期政治构造,却源于集权国家"强大的非自由主义思想传统"[252]:

> 殖民地政府……促进了行政权观念的发展。这些观念扎根于集权国家孕育出来的、关于政府特权的构想中。殖民地政府显然属于"行政主导式政府",这一政府类型出自研究"政府之正当性根据"的传统法理学……在东亚,后殖民地时期政府的发展,在很大程度上受到了(极为强势和高度自主的)殖民地政府的影响。例如,在新加坡,政府经常采用类似于殖民地政府的行为方式,来正当化自己的行政行为……后殖民地时期的政府,仍然可以被视为行政主导的政府。[253]

[248] Hooker,前注 152;Furnivall,前注 118.

[249] Ban Kah Choon, *Absent History: The Untold Story of Special Branch Operations in Singapore*, 1915—1942 (Singapore: Horizon, 2002).

[250] Hooker,前注 152。McQueen 和 Pue 也指出,因为被修改、被误用或者得到了不同制度的支持,殖民地的"法律"与现代化都市的"法律"必然有所不同;Rob McQueen & W. Wesley Pue, eds., Misplaced Traditions: British Lawyers, Colonial Peoples (Sydney: Federation Press, 1999) 1.

[251] Furnivall,前注 118;Hooker,前注 152.

[252] Jayasuriya, *The Exception Becomes the Norm*,前注 14,第 114 页.

[253] Jayasuriya, "Statist Legal Institutions",前注 217,第 178 页.

　　殖民地时期行政主导的政府特征，通过两起历史事件在新加坡得到了进一步强化：紧急状态时期的法律例外主义⑭，以及新加坡在冷战时期的建国。对《破坏性行为法》(第三章)、《新闻法》(第四章)和《宗教和谐法》(第六章)的研究表明，就法律话语而言，紧急状态时期的例外主义不但与冷战时期的例外主义存在连续性，还与新加坡现行"法律"存在连续性。也就是说，从"殖民地"到"民族国家"，新加坡一直秉持"法制"的核心立场。

　　新加坡从未发生过反对殖民主义的独立战争，因此未能中断殖民地政府的"法制"模式，也未能产生一种大规模的、基于"法治"的个人权利意识。在新加坡，最接近于自由主义运动的，是二战后左翼社会主义者和共产主义者开展的运动。⑮然而，出于冷战时期的忧患意识，英国与亲西方的人民行动党联手镇压了左翼，这也为新加坡国家延续殖民地政府的意识形态扫清了道路。⑯

　　因此，"法制"在新加坡是由来已久且势力强大的。《宪法》和《新加坡宣言》体现的自由人文精神的基座，犹如一层薄薄的、极脆弱的表皮，在表皮底下则是一套根深蒂固的反对并贬低民主、自由、公正和平等的组织体系。在新加坡，"法制"拥有比"法治"更深远的法律传统，这或许能够说明为什么新加坡国家一直抱有"法制"的姿态。⑰

52　在东欧和亚洲社会主义国家转型后，"法治"被解说成一种技术治国

---

　　⑭　在新加坡，最为臭名昭著的非自由主义法律是《内部安全法》，它采纳并扩展了殖民地时期的《紧急条例》。颁布《紧急条例》，是为了镇压马来亚共产党的反殖民活动。该条例实施了一项政府策略，即未经审判即可剥夺他人的人身自由。

　　⑮　Hong & Huang，前注 59；Harper，前注 59；Geoff Wade，"Suppression of the Left in Singapore，1945—1963：Domestic and Regional Contexts in the Southeast Asian Cold War"，该文发表于 5th European Association of Southeast Asian Studies (EUROSEAS) Conference，University of Naples 'L'Orientale，Italy，12-15 September 2007)；Kevin Hewison & Garry Rodan，"The Decline of the Left in Southeast Asia" (1994) *Socialist Register* 235；Rodan，*Authoritarian Rule*，前注 31.

　　⑯　同上注。

　　⑰　Glenn，*Legal Traditions of the World*，前注 153，其中认为新的法律制度和实践，是由更深刻的、更为长久的既有传统所重新解释、推动和决定的。

论,它集合了各种机制特征。㉘ 在尚未解决"法治"和"法制"之间的基础性分裂的情形下,这种技术治国论赋予了新加坡"法制"在新时代的实用性和正当性。这种分裂源自殖民地政府和新加坡国家在目标规划上的差异,因为前者未曾承诺民主、独立、自由、正义和平等,但新加坡国家却在目标规划中对它们做出了承诺。效率和贸易优先的"法治"指标,协同当代的"法治"理论(例如裴文睿提出的从"精简式"到"厚重式"的法治序列),促成了另外一些评估"法律"的方式,在其中法律的功能得到了首要考虑,价值和理想则被降到了次要位置。

本书对新加坡的"法律"进行了审视,这必然会面临一个问题,即我的相关研究是否预设了关于"法治"的一种规范性立场? 新加坡的官方话语时而萦绕在法律之上,时而将法律用作工具,时而直接规定在法律文本之中,通过从上述几个方面追溯官方话语的足迹,我希望避免持有一种未经反思的"法治"观念。话语分析需要对相关文本进行仔细研读,我做到了这一点,因此我的结论是以详尽细致的历史、语言和社会冲突为依据的。尽管我竭力抵制那些极端化的立场,但我还是应当声明自己所倾向的"法治"观念——维护并坚持政治自由主义。

53

㉘　Kleinfeld,前注170,第33页。

第二章

作为话语系统的法律

理论性和定义性要件

54 　　"话语"这一术语以及对知识(knowledge)进行话语性诠释的想法,在学术文献中已经司空见惯。不过,学者们往往是以一种想当然的方式使用该术语的。该术语在内涵及适用面上是如此宽泛化,以至于被认为是"一种危险物"。① 为了澄清我所使用的"话语"一词,我首先列出了话语的定义、要件和话语理论,它们形塑了本书的分析。

　　福柯式的学者加里·威克姆(Gary Wickham),将话语描述为"看得见的思维系统",例如:

　　　　管理博彩业的法律话语中包含了各种想法,但我们不能也不应当探寻某个人或某些人"内心"思维的"源头"。在判决书和法规中,在对赌场和其他博彩场所的设计中,在赌徒和赌场工作人员的行为举止和对话中,在管理性安排(policing arrangements)和实

---

① 　Gary Wickham, "Foucault and Law", in Reza Banakar & Max Travers, eds. , *An Introduction to Law and Social Theory*(Oxford:Hart, 2002) 249 at 256.

践中，等等，我们看到的只是思维的表面呈现。这就是话语，它如此寻常，一点儿也不神秘。②

由此可见，话语是清晰的、日常的、平凡的。它必然是社会进程和社会实践的一部分。③ 话语有着一种颇具影响力的理论形式——批评性话语分析。④ 我们了解它，部分是因为福柯的著述。在批评性话语分析中，"话语"意指语言的使用是由社会所决定的。⑤ 社会对语言所做的决定，被分解为意义：

> 第一，语言是社会的一部分，而不是外在于社会的。第二，语言代表了一种社会进程。第三，语言是一种适应社会的进程，它通过社会的其他（非言语）组成部分来适应社会。⑥

根据批评性话语分析，社会中的语言选择和社会的权力关系被视为互相决定的。在一个特定社会制度中对交流的分析，需要把对社会的宏观分析与对特定文本的微观分析联系起来。⑦ 因此，若仔细研读法律文本，就会发现它所处的背景和语境能够反映新加坡国家中的法律和权力关系。

最近的跨学科研究囊括了叙事、劝服和修辞⑧，这就意味着并不存在着一个单一的、容纳一切的话语理论模型。⑨ 事实上，语言之进

---

② Gary Wickham, "Foucault and Law", in Reza Banakar & Max Travers, eds. , *An Introduction to Law and Social Theory*(Oxford：Hart，2002) 249 at 257.

③ Norman Fairclough, *Language and Power*(London：Longman，1989) [*Language and Power*] at 23.

④ 同上注。我主要以批评性话语分析的进路为基础，它是由 Fairclough 的 *Language and Power* 所提出的，并主要阐述在 *Discourse and Social Change* (Cambridge：Polity Press，1992) 和 *Media Discourse* (London：Edward Arnold，1995) 以及 Lilie Chouliaraki & Norman Fairclough, *Discourse in Late Modernity：Rethinking Critical Discourse Analysis*(Edinburgh：Edinburgh University Press，1999)中。

⑤ Fairclough, *Language and Power*，前注 3，第 21 页。

⑥ 同上注，第 22 页。

⑦ Christopher Candlin, "Preface", in Fairclough, *Language and Power*，前注 3，第 x 页。

⑧ Fairclough, *Language and Power*，前注 3，第 109 页。

⑨ Chouliaraki 和 Fairclough 认为，批评性话语分析"促进了晚期现代性的批评研究，它并非一种特定的理论或说辞"；前注 4，第 3 页。

路与适用的多元化,符合后现代主义者对现代主义的否定立场。后

56 现代主义让学术界开始关注交往过程,交往过程是敞开的,而语言只
是交往的一种媒介。后现代主义者拆毁了学科之间的坚实壁垒,并
使人们的认识变得更为丰富,从而让人们认为,是语言组成、构建并
重建了社会。[⑩] 由于话语理论形塑了我的分析,我仔细研究了法律文
本以及每部法律的制定背景和解释语境。我还研究了为何从过去到
现在,法律语言的使用一直是由社会所决定的。从话语理论视角观
之,每部法律都是一个这样的事例:人们通过法律话语系统,以多种
方式在社会这一集体空间内构建和重建社会知识和权力。

　　我采纳了批评性话语分析的核心假设:社会这一集体空间,是
"各种各样的关系和实践的一种动态构造,它在很大程度上是由权力
斗争构成的"。[⑪] 换言之,在社会中,权力既不是均匀分布的,也不是
固定分布的。依据权力关系,法律在复杂的社会话语网络中占据了
一席之地。如果说现代社会是靠话语(而非强制)来引领社会进程
的[⑫],那么法律作为"独一无二的向政府授权的话语"[⑬],就拥有了一
种特殊能力,并能够引领社会进程。换句话说,虽然所有话语都是对
社会分类进行重申、争论和磋商的媒介,也是社会建构性知识的媒
介[⑭],但法律话语尤其能反映上层如何阐述社会知识以及上层如何运

57 作争论和磋商。鉴于法律话语与权力的关系尤为密切,因此,如果法
律文本被视为描述了政府如何借由法律来运作正当性,那么去除将
法律"孤立"起来的那种实证主义立场(即强调"法律就是法律""法律

---

⑩　Fairclough, *Language and Power*,前注 3,第 108 页。

⑪　Candlin,前注 7,第 vi 页。

⑫　Piet Strydom, *Discourse and Knowledge: The Making of Enlightenment Sociology* (Liverpool: Liverpool University Press, 2000) at 9.

⑬　Robert Post, "Introduction: The Relatively Autonomous Discourse of Law", in Robert Post, ed., Law and the Order of Culture (Berkeley: University of California Press, 1991) at vii.

⑭　Strydom,前注 12,第 1 页。

的存在是一回事,法律是好是坏则是另一回事"。——译者注)就变得尤为重要。

　　近来,法学界不仅将法律视为一个与社会发生相互作用的研究对象,还把它视为一个与"以语言为媒介的,甚至是由语言所构成的"[15]社会相联系的研究对象。正如康利(Conley)和奥巴(O'Barr)所指出的那样,"语言是最基本的机制,通过这一机制才能实现、行使以及复制法律的力量,当然,法律的力量偶尔也会通过这一机制被挑战和颠覆"。[16] 根据法律文本、交往行为和语境(这也是批评性话语分析所要求的)[17]来进行分析话语,也意味着我关注到了话语的出现场合以及相关行动者,尤其是语言是如何记录并呈现不同社会行动者的权力立场的。[18]

　　该领域的文献,陈述了内在于这一研究进路——将法律作为话语系统来研究——的争论。其中的基础性问题包括,"把'作为沟通的法律'当做研究主题或研究对象的前提条件"[19]是否真的存在? 回顾关于法律和话语的现有作品,我注意到跨学科研究(如法律和语言,法律和文学,以及法律符号学)旨在审视作为交往的法律。[20] 我采用了一种跨学科方法,认为"法律和话语"这一研究进路所固有的流变性是一种丰富的资源。只有预期理论能够"为对象提供一种在任何情况下都普遍有效的规定性解释"[21],流变性才会成为一个"问题"。另一方面,如果"法律"和话语被视为"对不同社会实践中的

58

----

⑮　David Nelken, "Can There Be a Sociology of Legal Meaning?" in David Nelken, ed., *Law as Communication* (Dartmouth: Ashgate, 1996) 107 at 108 [*Can There Be a Sociology of Legal Meaning?*].

⑯　Jon M. Conley & William M. O'Barr, *Just Words: Law, Language and Power*, 2nd ed. (Chicago: University of Chicago Press, 2005) at 129.

⑰　Fairclough, *Language and Power*,前注 3,第 22-27 页。

⑱　同上注。

⑲　David Nelken, "Law as Communication: Constituting the Field", in David Nelken, ed., *Law as Communication*(Dartmouth: Ashgate, 1996) at 3.

⑳　同上注,第 5-13 页。

㉑　Ben Golder & Peter Fitzpatrick, *Foucault's Law*(Abingdon: Routledge, 2009) at 3.

权力所做的情境性分析"②，那么缺乏固定性就可能被认为是一种优点。

将法律当作话语系统进行研究，会涉及对一些理论和概念的评估，是它们启发了下述跨学科研究。其中最著名的是关注交往和话语的现代和后现代社会理论家的作品，例如哈贝马斯、布迪厄、卢曼和福柯。㉓ 可以说，福柯和哈贝马斯这两位社会理论家的作品，最有力地将当代学术研究的关注点引向了话语系统。㉔ 哈贝马斯一贯强调公共话语对于确保民主正当性的作用㉕，他还坚持这样一个理想——"建设一种社会制度，能保障公民的基本权利，让受某一决定影响的每一个人都能够有效地参与决策过程"。㉖ 但将哈贝马斯的话语观念直接套用到新加坡身上就会出现问题，因为新加坡政府对公共领域进行了全面管理，其民主参与度也是很低的。㉗ 此外，新加坡的殖民历史，以及一些特定事件对政府在法律和公共领域中的做法的影响，例如印度兵变/反抗政府对"宗教"㉘的态度、马来亚紧急状态对政府处理法律事务的影响，都呈现出了一种不同于哈贝马斯作品

59

---

② Ben Golder & Peter Fitzpatrick, *Foucault's Law* (Abingdon：Routledge，2009) at 4.

㉓ Nelken, *Can There Be a Sociology of Legal Meaning?* 前注 15，第 4 页；Fairclough, *Language and Power*，前注 3，第 12-15 页。

㉔ 有人针对话语体系的学术研究，作出了全面且精确的调查，参见 Strydom，前注 12。

㉕ Jurgen Harbermas, *Between Facts and Norms：Contributions to a Discourse Theory of Law and Democracy*, trans. by William Rehg (Cambridge, MA：MIT Press, 1995).

㉖ A. Michael Froomkin, "Habermas@Discourse. Net：Towards a Critical Theory of Cyberspace" (2003) 116：3 *Harv. L. Rev.* 751 at 752.

㉗ Beng-Huat Chua, *Communitarian Ideology and Democracy in Singapore* (London：Routledge, 1995)；Cherian George, *Singapore the Air-Conditioned Nation：Essays on the Politics of Comfort and Control* (Singapore：Landmark, 2000)；Christopher Tremewan, *The Political Economy of Social Control in Singapore* (New York：St. Martin's Press, 1994)；Ho Khai Leong, *Shared Responsibilities*, *Unshared Power：The Politics of Policy-Making in Singapore* (Singapore：Marshall Cavendish, 2003).

㉘ 1858 Proclamation of Queen Victoria, *Straits Government Gazette* no. 47 (19 November 1858) 245.

所构想的发展轨迹。㉙

还存在着一种风险,即"因为西方霸权主义,哈贝马斯提出的公正程序和具有普遍约束力的交往理性……可能会遮蔽西方的霸权和非西方文化的消逝"。㉚ 这种风险或许可以解释,为什么只有为数不多的学术研究,将哈贝马斯的民主理论运用到了发展中国家的政治环境之中。㉛ 但是我必须指出,哈贝马斯的"那个重要洞见……即在公共场所,一种特定的语言使用方式构成了一个公共领域"㉜,渗入以下方面:本书对法律文本的分析,对官方话语、公共话语以及如何通过公共领域"塑造"法律的关注。

福柯式的工具箱

较之于哈贝马斯的理论,福柯的话语观念显得更适合用来解释新加坡,因为福柯的话语观念关注的是历史特殊性,以及权力是如何 60

㉙ Jurgen Habermas, "Religion in the Public Sphere" (2006) 14:1 *European Journal of Philosophy* 1.

㉚ Ilan Kapoor, "Deliberative Democracy or Agonistic Pluralism? The Relevance of the Habermas-Mouffe Debate for Third World Politics" (2002) 27:4 *Alternatives*: *Global*, *Local*, *Political* 459 at 470. 诸多文献柔化并扩大了哈贝马斯的理论在法律、话语和民主上的适用,囿于篇幅限制,我不能在此展开论述。最近的一些代表作品有:Karl-Otto Apel, "2 Discourse Ethics, Democracy, and International Law: Towards a Globalization of Practical Reason" (2007) 66:1 *American Journal of Economics & Sociology* 49; Pauline Johnson, *Habermas*: *Rescuing the Public Sphere* (Oxford: Routledge, 2006); John P. McCormick, *Weber*, *Habermas and Transformations of the European State*: *Constitutional*, *Social and Supranational Democracy* (Cambridge: Cambridge University Press, 2007); David L. Prychitko & Virgil Henry Storr, "Communicative Action and the Radical Constitution: The Habermasian Challenge to Hayek, Mises and Their Descendents" (2007) 31:2 *Cambridge Journal of Economics* 255; and Rene Von Schomberg & Kenneth Baynes, eds., *Discourse and Democracy*: *Essays on Habermas's* "*Between Facts and Norms*" (Albany: State University of New York Press, 2002).

㉛ 将哈贝马斯的理论适用、适应于第三世界的最近一部作品是 John Gillespie, *Transplanting Commercial Law Reform*: *Developing a Rule of Law in Vietnam* (Aldershot: Ashgate, 2006). 另参见 Kapoor, 前注 30。

㉜ Chouliaraki & Fairclough, 前注 4,第 5 页。

充分渗入话语系统的。③ 不过，我应当说清福柯式的理论化方法是如何渗入本书的。戈尔德（Golder）和菲茨帕特里克（Fitzpatrick）新出版的重要作品——《福柯的法律》——③确认了法学界研究福柯的两种进路。第一种被称为"注释性或说明性"进路，其目标是"从福柯的既有作品（实际还包括福柯身后出版的作品）中确定他对法律的态度"，"综合福柯关于法律的各种全然不同的表述，或者明确地（重新）诠释他对法律的整体态度，并以此作为福柯著述的使用前提"。⑤ 第二种进路，被戈尔德和菲茨帕特里克称为"应用性"或"专用性"进路：

> 力图在法律的批判研究中运用福柯式的概念和方法……那些有关福柯是否以及在何种程度上对法律予以理论化的注释性争论，并没有对法律的批判研究产生影响……在此过程中，他们发展出了一种碎片化的福柯式法理学，用来表述广泛的法律论题……这种进路完全符合福柯对方法论所做的、有关自己的作品应当如何使用的反复声明——作为社会行动者、学者和作家的一个工具箱。⑥

我的研究采用了第二种进路，即对福柯式的概念和方法论进行"应用性"或"专用性"运用。已有的研究向我提供了一个"概念工具箱"，我本着同样的精神来评价、采用这个工具箱。因此，我将在一个宽泛的、日常的意义上使用"霸权"（它意味着支配性），但我不会涉足有关"严格的、葛兰西意义上的霸权"的争论。⑦ 这好比我使用了公共
61 领域的概念，但并未涉足福柯与哈贝马斯的争论。相反，我关注的是

---

③ Strydom，前注 12，第 50 页。

④ Golder & Fitzpatrick，前注 21，第 5 页。

⑤ 同上注。

⑥ 同上注。

⑦ 不过，我应提到 Castell 的说法：虽然新加坡明显是威权式的，但它不只是专政，而是葛兰西意义上的霸权国家，因为它既基于合意又基于强制（consensus as well as coersion）；Manuel Castell，"The Developmental City-State in an Open World Economy：The Singapore Experience"（Berkeley：University of California，1988），访问路径：<http://brie.berkeley.edu/ publications/working_papers.html>.

福柯式的研究进路,因为福柯对那些可能被支配性话语所役使、伪装或掩盖了的知识和权力形态的警惕,特别适合用来研究新加坡极为强势的政府霸权。㊳

　　为与福柯对话语的理解保持一致,我也采用了福柯提出的谱系学、可能性条件、规训权力和治理术等概念。鉴于本书重点关注政府如何重建"法治",因此治理术——"通过全身心的教育活动,塑造、引导和控制他人行为"㊴——这一概念显得格外有用。"治理术"一词是"治理和心智的合成词"㊵,认为"法律不仅是另一种治理手段,还代表了另一种治理立场。法律不是一种特殊的'外部'力量"。㊶ 相反,法律是"现代各种理性政治形式"㊷中的一种,它能够引导个体"在制度范围之外实现自我管理"。㊸ 在解说治理术时,福柯将权力描述为一种动态三角关系:"我们处于一个三角关系之中,即主权、规训和管理。在其中,公民是主要的被管理对象,区安全保卫装置是基本机制。"㊹总之,治理术代表了一种复杂且弥散的后君主制式权力,通过它,人民施行对自我和他人的管理。㊺ 事实上,亨特(Hunt)和韦翰(Wickham)认为,"所有的法律运作,都是治理"。㊻

62

　　治理术包含了一系列方法,政府通过这些方法将一国民众设定为目标对象㊼,并承认"在任何活动中,各方势力都会对特定个体的行

㊳　关于新加坡政府霸权的范围和覆盖面,除了 Castell 的著述(同上注),请参见第一章在讨论新加坡作为一种政体类型时所引用的文献。

㊴　Alan Hunt & Gary Wickham, *Foucault and Law*: *Towards a Sociology of Law as Governance* (London: Pluto Press, 1994) at 26.

㊵　Wickam, 前注 1,第 261 页。

㊶　同上注,第 263 页。

㊷　Golder & Fitzpatrick, 前注 21,第 12 页。

㊸　同上注,第 30 页。

㊹　同上注,第 219-220 页。

㊺　Michel Foucault, "Governmentality", in *Michel Foucault*: *Power*, *Essential Works of Foucault*, 1954—1984, ed. by James D. Faubion (London: Penguin, 2002) vol. 3 at 201.

㊻　Hunt & Wickham, 前注 39,第 99 页。

㊼　同上注。

为产生影响"。⁴⁸ "制度、程序、分析和反思……慎思和策略"⁴⁹造就了治理性权力的复合性，并且（随着知识的复合式发展）建构了"各种具体的治理措施，它们都被用来实现政府控制和民众管理"。⁵⁰ 与"法律"和话语研究相关的，是治理术的这一重要特点，即治理术支持

> 个人的自我管理（通过对各种控制措施和个人话语规则的内心认同——即通过对行为的引导），以及为了统治民众而使用各种合理的官方措施。⁵¹

治理术的表现之一，是政府对"牧首式权力（pastoral power）的技术性政治运用"。⁵² 这种运用内在于"现代行政国家对物质性救助的牧首式承诺"之中。⁵³ 因此，福柯的治理术概念特别适合用于研究新加坡的"法律"和话语，因为就像个案研究所表明的那样，新加坡政府从话语上将民众孩童化，并公然对民众摆出一副教师的姿态。

为了强化自我授予的统治权，政府不断重申"国家的脆弱性"这一说辞。伴随"领土永久脆弱"这个说法的，通常是官方的这一话语性承诺："法制"的各种措施将确保脆弱"国家"的持续繁荣。"国家"处于（无论是在领土、道德还是经济方面的）危险之中的官方话语，在政府制定"法律"的过程中变成了正当化修辞。换句话说，作为牧羊人的政府，自认为其是唯一胜任的社会主体，可以带领脆弱的"国家"走向一个被保卫起来的，安全、自由且秩序井然的牧场。

不过，我要指出福柯式学者登特（Dent）的警告：新加坡的历史以及李光耀个人的持续性政治支配地位，可能协同创建出了一种治理术。这种治理术在两个方面不同于典型的治理术分析："第一，在大

---

⑱ Chris Dent, "Copyright, Governmentality and Problematisation: An Exploration" (2009) 18:1 *Griffith Law Review* 134 at 135.

⑲ Foucault, 前注 45, 第 219 页。

⑳ 同上注, 第 208 页。

㉑ Dent, 前注 48。

㉒ Golder & Fitzpatrick, 前注 21, 第 30 页。

㉓ 同上注, 第 31 页。

多数治理术分析中,不存在一个有意识地影响民众的、政府意义上的实体"[54];"第二,所谓的行政国家,是奉行治理术的国家的前身,行政国家的各种'鲜明'特征,都出现在了新加坡的治理实践中"。[55] 登特警告说,福柯提出治理术概念的背景,是不同于新加坡的社会、历史和地缘政治环境的,并且他提出,尽管治理术这一观念一般不以政府为中心,但鉴于新加坡的具体情况,有可能将政府或至少是政府的特定机关视为一个行动主体;该主体进行了一些治理术实践(例如鼓励经济人在经济事务中进行自治),但在一些限定性的特别领域,该主体保留了一定程度的封闭性以便于对民众施加影响。[56]

我们应该牢记登特的警告,因为殖民地时期行政主导式政府的手段、意识形态和做法在当代新加坡仍然存在[57],而且为了与我对[58]福柯式工具箱的"运用"方式保持一致,我将在本书的分析中保留治理术一词。

64

---

[54] Chris Dent, "The Administrativist State and Questions of Governmentality" (2009) (未出版).

[55] 同上注。

[56] 同上注。

[57] Kanishka Jayasuriya, "The Exception Becomes the Norm: Law and Regimes of Exception in East Asia" (2001) 2:1 *Asian Pac. L. & Pol'y J.* 108 at 118; and "Corporatism and Judicial Independence Within Statist Legal Institutions in East Asia", in Kanishka Jayasuriya, ed., *Law, Capitalism and Power in Asia* (London: Routledge, 1999) 173.

[58] Golder & Fitzpatrick, 前注 21,第 5 页。

第三章
惩戒肉体、保卫国家：
1966 年《破坏性行为法》

64   《破坏性行为法》[①]是新加坡颁布的第一部旨在规定强制性肉刑的法律。为了使肉刑正当化，当时官方话语的重点就是提出一种特别解释，以说明在脆弱的新加坡国家，合法的暴力性刑罚发挥着什么作用。鉴于制定法律时的背景和潜台词，政府借由《破坏性行为法》认定政治反对派的某些言行是有罪的、反国家的，由此在话语层面实质性地巩固了政府在"国家"范围内的权力。但是，《破坏性行为法》在 1994 年的适用情况表明（本章后半部分将展开讨论），该法案不仅是实施各种镇压措施（肉刑、监禁和高度监控）的工具，也是政府开展教育的工具：指示"公民"如何依据"好的"公民品格、有德行的行为以及"亚洲价值观"，来陶冶自身。

在 1966 年制定该法以及 1994 年施行该法之时，政府话语的基调都是一致的。政府坚持认为新加坡是一个极为脆弱的国家，由于各种特殊情况，新加坡不得不实施以暴力惩罚为特征的严刑峻法。

[①] Cap. 341, 1985 Rev. Ed. Sing.

只有这样,脆弱的新加坡国家才能逐渐强大。内含于国家主义说辞 65
的这一基调,遮蔽了令法律服务于教育的做法。这样一来,即使鞭刑
发生在监狱的高墙背后,它也具有教育公众的意义。通过高强度的
暴力以及政府将之合法化的能力,所谓的作为旁观者的公民受到了
约束。本章研究了一些广泛适用的、可塑性强的方式,通过这些方
式,《破坏性行为法》证明了作为治理术的法律,能够将"法治"理想重
置为维护政府暴力之正当性的"法制"。

《破坏性行为法》最初被命名为《惩罚破坏性行为法》,正如其序
言指出的那样,该法旨在"设置破坏性行为的示范性惩戒"。这部法
令规定了强制性鞭刑这一刑罚,它明显不同于针对类似行为的既有
处罚,即罚款50新币。② 在当时,该法在某种意义上明显违背了刑法
实践,因为它对财产犯罪规定了暴力惩罚。③ 显然,该法的原名更注
重处罚所具有的教育意义。在该法1970年的修正案中,法律名称得到
了修正,被缩略为《破坏性行为法》。我在讨论1966年的法令时用的是
它的原名,而在讨论1994年的法令时,我用的是修改后的名称。这么
做主要是为了保留这层意义——该法案最初就是为了强调惩罚。

1966年的政局和破坏性行为

1966年8月,国防部长——而非律政部长(Minister for Law)——
将《惩罚破坏性行为法草案》提交给了国会。④ 破坏性行为何以成为
国防部职权范围内的管辖事项? 新加坡面临身处政治动荡局势的小 66

---

② *Minor Offences Ordinance*(Cap. 117, 1936 Rev. Ed. Sing.) s. 11(1).

③ Sing., Parliamentary Debates, vol. 25, col. 298 (26 August 1966)(Mr. E. W. Barker). 可见 Mark Lim Fung Chian, "An Appeal to Use the Rod Sparingly: A Dispassionate Analysis of the Use of Caning in Singapore" (1994) 15:3 *Singapore Law Review* 20.

④ Sing., *Parliamentary Debates*, vol. 25, cols. 291-293 (26 August 1966)(Wee Toon Boon).

型第三世界国家的所有困扰，但为什么这个仅成立一年的民族国家，却打算优先整治破坏性行为？1966 年发生的诸多事件、国会论辩法律草案⑤时的潜台词以及早期的控诉⑥均表明，政府一开始并不是针对破坏性行为而制定该法令的，而是针对反对派政党（即亲越共的、反美的左翼政党）在公共领域发表的公开言论。

1966 年 8 月 17 日，《惩罚破坏性行为法草案》在国会进行第一次审议，而几乎就在一年前，即 1965 年 8 月 9 日，新加坡出人意料地被迫独立。⑦ 在向国会提交草案之时，新加坡的领导人极为担心作为民族国家的新加坡的生存和发展。相关问题包括：新加坡的经济，新加坡从马来亚联邦中独立出来的突发性，新加坡与印度尼西亚的对抗⑧、新加坡的地理位置接近印度支那发生战争的地方，以及新加坡一直抵制成为英国、澳大利亚和新西兰的附属国。⑨ 基于当时的冷战背景以及东南亚地区共产党高层的活动（新加坡和马来西亚也置身其中）⑩，新加坡这一新成立国家公开所做的反共产主义声明就有了

67

---

⑤　Sing., *Parliamentary Debates*, vol. 25, cols. 291-305 (26 August 1966).

⑥　参见下文"有关破坏性行为的零散判决"的讨论。

⑦　李光耀在国际新闻协会上简单介绍了新加坡的历史，他认为新加坡的独立是一个关键时刻。马来亚联邦有两个决定性时刻，一是 1963 年 9 月新加坡成为联邦的一个州，二是 1965 年 8 月新加坡被逐出联邦。这两个时刻通常被称为"合并"和"分离"。在这方面，有两本书是面向大众读者的，*Singapore：Journey into Nationhood* (Singapore：National Heritage Board & Landmark, 1998) and 10 *Years That Shaped a Nation* (Singapore：National Archives of Singapore, 2008). 1965 年 8 月新加坡从马来西亚联邦分离（新加坡并不想独立，这是马来西亚中央政府决定的），此即新加坡的国家说辞中所指的创伤，该境遇说明了"国家层面的困境，以及国家脆弱性的说辞"；Michael Leiffer, *Singapore's Foreign Policy：Coping with Vulnerability* (London：Routledge, 2000) at 14. 有关分离的支配性说法，参见 Lee Kuan Yew, *From Third World to First：The Singapore Story*, 1965—2000 (Singapore：Times Editions, 2000) 19-25.

⑧　参见第一章脚注 98。

⑨　国家元首杨堤—佩尔图安在新加坡共和国首届国会开幕时所作的演讲，也许最好地表达了这一焦虑；Sing., *Parliamentary Debates*, vol. 24, cols. 5-14 (8 December 1965). 该演讲在第一章进行了讨论。

⑩　例如，参见"Troops for Border", *Straits Times* (11 August 1966) 1（报道了马来西亚军队和警察增援泰国边界"以对抗共产党恐怖主义的回潮"）或者 Chan Beng Soon, "10 Die in Thai Border Ambush", *Straits Times* (9 August 1966) 1.

国际层面的地缘政治意义。⑪

对新加坡的历史存在一种批评性的解说：新加坡独立于冷战时期，那时候共产主义被诠释成了一个边缘化和妖魔化的类别。在此种情形下，人民行动党与英国进行了联盟，将大量左翼人士逐出政治和公共领域。⑫ 如果人民行动党是亲西方的、资本主义的右翼政党，那么左翼社阵⑬（指社会主义阵线，以下简称为"社阵"）就是公开反殖民主义的、社会主义的政治行动者，它是人民行动党的主要反对者。社阵基本上是由从人民行动党分裂出去的一个派别所组成的⑭，它受到了 1963 年臭名昭著的冷藏行动（Operation Coldstore）的严重迫害。新加坡在 1963 年 9 月举行了选举，但在 8 个月前，至少有 107 名左翼工会成员和反对派活动分子未经审判即被剥夺人身自由，这使得他们无法参选。⑮ 社阵仍然成功赢得国会的 13 个席位，但三名获胜的社阵候选人被逮捕了，另外两名为了躲避逮捕而离开了新加坡，于是国会只剩下了八名社阵成员。⑯ 社阵下属的七个贸易工会还

68

---

⑪　在后二战时期，英国认为"有一个国际阴谋，它旨在破坏该地区"，而新加坡是该阴谋的要害之处；T. N. Harper, "Lim Chin Siong and the 'Singapore Story'", in Tan Jin Quee & Jomo, K. S. eds. , *Comet in Our Sky*: *Lim Chin Siong in History* (Kuala Lumpur: Insan, 2001) 3 at 12. 另参见 Geoff Wade, "Suppression of the Left in Singapore, 1945—1963: Domestic and Regional Contexts in the Southeast Asian Cold War", 该文提交于 5th European Association of Southeast Asian Studies (EUROSEAS) Conference, University of Naples 'L'Orientale', Italy, 12-15 September 2007) （未出版）.

⑫　Hong Lysa & Huang Jianli, *The Scripting of a National History*: *Singapore and Its Pasts* (Singapore: NUS Press, 2008); Christopher Tremewan, *The Political Economy of Social Control in Singapore*(New York: St. Martin's Press, 1994); Harper, 前注 11. 通过冷藏行动，Said Zahari 被限制人身自由长达 17 年，他分析了人民行动党与英国的同谋，参见 *The Long Nightmare*: *My 17 Years as a Political Prisoner* (Kuala Lumpur: Utusan, 2007) 3-16.

⑬　社阵成立于 1961 年 8 月，它是由于人民行动党的左翼和右翼成员出现分裂而产生的；Hussin Mutalib, Parties and Politics: A Study of Opposition Parties and the PAP in Singapore (Singapore: Marshall Cavendish International, 2005) at 75.

⑭　同上注。

⑮　参见前注 11、12 和 13 的引用文献。

⑯　Hong & Huang, 前注 12, 第 xiii 页。

被威胁将被取消登记。[17] 由于社阵反对无须审判即可剥夺人身自由的做法[18]，并反感政府利用法律来实施镇压的做法，其抵制国会、宣称新加坡的独立是个假象[19]，还声称自己会将理由公之于众。[20]

1966 年，尽管社阵缺席了国会，并且一系列反共措施也让社阵逐渐衰弱，但人民行动党似乎已将社阵视为对自身权力的一个重大威胁。[21] 至少，社阵对一系列事件作出了有别于甚至是反对人民行动党之说辞的解释，这对人民行动党日益趋严的公共领域管理造成了冲击。在此背景下，我认为《惩罚破坏性行为法》是政府对一起具体事件的回应，而在该事件中，社阵表达了异议：社阵领导了一项运动，反对美国在越南的军事驻扎行为。

"援助越南"运动

1966 年 4 月，在南越服役的美军首次抵达新加坡进行休整和休闲度假。[22] 对此，社阵和左翼工会发起了一场反对美军出现在新加坡[23]、反对美国在越南采取军事行动的运动。[24] 作为这场运动中的重

---

⑰　Mutalib，前注 13，第 102 页。

⑱　Harper，前注 11，第 47 页。

⑲　Hong & Huang，前注 12，第 xiii 页。

⑳　Mutalib，前注 13，第 106-107 页。

㉑　一位学者认为，在 1961 年至 1963 年 2 月期间，社阵已"成为除人民行动党之外的另一潜在候选政府"（Harper，前注 11，第 25 页），而让人民行动党感到束手无策的另外一点是，社阵是一个能独立生存和发展的左翼党派（C. C. Chin, "The United Front Strategy of the Malayan Communist Party in Singapore, 1950s—1960s", in Michael D. Barr & Carl A. Trocki, eds., *Paths Not Taken: Political Pluralism in Post-War Singapore* [Singapore: NUS Press, 2008] 58 at 72）。Mutalib 总结道，至少在最初，社阵是一个强大的政敌，参见前注 13，第 82-84 页。

㉒　"100 US Troops in S'pore for Rest", *Straits Times*（6 April 1966）5.

㉓　"Anti-US Slogans Daubed on Bus Shelters", *Straits Times*（14 April 1966）9.

㉔　"Society illegal, Dr Lee is Warned", *Straits Times* （10 April 1966）2；"'Aid Vietnam' Display by Barisan", *Straits Times* （11 April 1966）4；"Anti-US Name Campaign", *Straits Times*（19 May 1966）11；"Barisan to Hold Meetings Against Police", *Straits Times*（22 May 1966）3.

要一员,社阵集中展现了"一些照片和简报,以例证美军在越南的暴行"。㉕ 社阵提出的观点,明显和人民行动党关于美军参战的观点针锋相对。㉖

在回应社阵上述行动的过程中,人民行动党政府并没有保持被动。社阵那时已被排除在公共领域之外,《海峡时报》只对社阵运动作了少许报道,而政府打压社阵的各种报道,通常占据了大量篇幅。㉗ 政府也改变了治理策略,并用一系列手段来规范反对派的活动。政府禁止他们在公共场所集会,并认定社阵的活动是非法的。㉘ 因此,毫无意外,大部分"援助越南"的活动,都转变成了在半夜偷偷喷绘或者张贴标语和海报。㉙

70

最近的研究指出,至少从1962年起,人民行动党政府就采取策略以挫败社阵,使后者无法合法地参与政治:"一份安全情报局内刊……提出了一个两阶段行动进程。在第一阶段,社阵将被警方和政府侵扰。这么做是为了诱发其做出违反宪法的行动。"㉚在1966年,政府很可能仍在实施这一策略。1966年4月13日,市民醒来后发现,当大多数人在沉睡之时,巴士站和墙壁上都被涂绘上了红色的

㉕　"'Aid Vietnam' Display by Barisan",前注24,第4页。

㉖　《海峡时报》突出报道了美国在印度支那的军事参与。越共被描述为残忍无情的,而美国则被认为是为自由和民主而战的无私战士。例如,参见"Mobs Out for US Blood",*Straits Times*(9 April 1966)1;"Worst Week in Air War for US",*Straits Times*(15 August 1966)1.

㉗　例如,有一篇文章用三个段落,对新加坡大学社会主义俱乐部和新加坡理工学院政治学会所发布的声明进行了报道:针对反对重组南洋大学的本校学生,政府应该取消他们身上的禁令。而这篇文章只在最后三行表明政府已宣布"援助越南抗美"委员会是非法的,"Reinstate Expelled Students",*Straits Times*(19 April 1966)5. 有关谨慎地做出报道的另一个例子是"Aid-Vietnam Posters Hint of May Day Violence",*Straits Times*(24 April 1966)1(其中指出在所有公共场所都禁止集会)。

㉘　"Society Illegal, Dr Lee warned",*Straits Times*(10 April 1966)2;"Reinstate Expelled Students" at 5;"May Day:Police on Emergency Alert",*Straits Times*(2 May 1966)9;May Day "Putting up Posters:23 Charged",*Straits Times*(4 May 1966)4.

㉙　"Anti-US Slogans Daubed on Bus Shelters",前注23,第9页;"Aid-Vietnam Posters Hint of May Day Violence",前注27,第1页。

㉚　Harper,前注11,第37页。

反美口号。㉛ 两天后，社阵的两位最高领导人因五个月前发表的一篇文章而被指控犯有煽动罪并被逮捕㉜，但政府无法解释为什么这么长时间后才起诉如此严重的罪行。㉝ 逮捕日期是 4 月 16 日，这对于 5 月 1 日劳动节来说也是意味深长的。

在五一劳动节的一周前，政府预测左翼开展的劳动节活动将造成暴力和混乱。㉞ 在劳动节当天，到处能见到警察。左翼工会被置于警察的监管之下，警察队伍守卫在十字路口，美国大使馆戒备森严。政府遏制左翼利用劳动节来提高其影响力。具体而言，政府关闭了罢工场所附近的道路及新加坡酒店，以防止左翼工会成员与那里的 22 位罢工工人进行联系；此外，每隔 30 分钟政府就警告公众不得参加集会或游行示威。㉟ 然而，尽管有这些措施，在通往美国大使馆的街道以及左翼工会外的街道上，贴满了"美国佬，滚回去！"的海报。㊱ 劳动节过后的两天里，一共有 23 名成年男子和男孩，被指控在 4 月 30 日和 5 月 1 日期间张贴标语、通告和横幅。㊲

在最后关头，即五一劳动节前夕，警方才批准左翼工会在劳动节举行集会的申请。㊳ 这样一来，左翼成员对集会的策划、组织及宣传，势必会受到影响。与压制社阵形成鲜明对比的是，人民行动党下属的全国职工总会所举办的集会，却是一场由政府赞助的铺张活动：

> 副总理杜进才博士，将正式宣布启用国家大剧院中价值 14 万美元的喷泉，作为 5 月 1 日劳动节庆祝活动的一部分。

㉛ "Anti-US Slogans Daubed on Bus Shelters"，前注 23，第 9 页。

㉜ "Two Barisan Leaders Arrested on Sedition Charge"，*Straits Times*（16 April 1966）1.

㉝ "The Barisan Sedition Case Takes New Turn"，*Straits Times*（26 April 1966）1.

㉞ "Aid-Vietnam Posters Hint of May Day Violence"，前注 27，第 1 页。

㉟ 前注 33；"May Day"，前注 28。

㊱ "May Day：Police on Emergency Alert"，前注 28，第 9 页。

㊲ "Putting up Posters：23 Charged"，前注 28，第 4 页；"Reasons Behind the Vandalism Bill ..."，*Straits Times*（25 August 1966）4.

㊳ "May Day Rally Approved"，*Straits Times*（30 April 1966）1.

在此宣布，由全国职工总会组织共和国的劳动节庆祝活动。开幕式将与大型狂欢节和盛大集会在同一场地举行，而国家大剧院非常适合当天的活动。开幕式将于下午 6:30 开始，届时有分列式以及人民协会乐团的表演。大约在同一时间，数百名工会领导人在劳动节集会后，将离开剧院并围绕着喷泉聚会。㉟

该报告在措辞上将国家与人民行动党混为一谈：举行活动的地点是一个新的国家标志，即国家大剧院；组织活动的全国职工总会并未宣布自己在政治上隶属于人民行动党，而是把自己描述为一个国家工会；它所组织的庆典是共和国的庆典。

72

在劳动节上，国家与人民行动党合二为一；并且政府公然动用了警力，这意味着左翼在某种程度上被视为有罪的。不久之后，动态的政治竞争从公共领域中消失了。在新加坡首个国庆节（1966 年 8 月9 日）的前三天，国内安全部的官员突击搜查了社阵总部，查获了所谓的"反新加坡海报"：

> 今天，在维多利亚街，国内安全部的官员对社阵总部进行了突袭式搜查，他们扣押了大量文件以及反新加坡的海报。临近下午 4 点时，国内安全部的人员突然冲进房屋，此时里面的人正在开会。不久后，警方宣布将采取行动来对抗那些在公共场所张贴非法海报或涂写标语的人。
>
> 警察局长切利亚（Chelliah）先生在声明中说道："警方了解到，社阵和新加坡平民联㊵企图在未来三天里，在公共场所张贴海报并涂写标语。根据法律规定，这是一种犯罪行为。如果市民看到有人犯下这种罪行，他们就应当拨打 999 电话与警方

㉟　"A \$140,000 Fountain to Be Opened by Toh on May Day", *Straits Times*（20 April 1966）6.

㊵　Said Zahari 论述了社阵、Partai Rakyat Singapura（新加坡人民党）和 Partai Pekerja Singapura（新加坡工人党）之间的联盟，如何惊动了人民行动党和英国，前注 12，第 6 页。

合作。"

社阵与平民联盟一起，计划国庆节在芳林（Hong Lim）举办一场"反对伪独立"的集会。[41]

官方不承认社阵是爱国的合法社团。鉴于社阵准备的海报很可能反对人民行动党，它被定性为是"反新加坡"的。"突袭""扣押"以及"冲进"等词语表现出了采取行动的紧迫性和必要性，并使警方行动具有了正当理由，即便是警方激化了社阵的行为。警方"扣押"的并不是武器或非法毒品，而是文件和海报。警方和媒体的报道认为，社阵准备的海报和口号的非法性程度，令人感到恐惧。因此，如果公民目击了破坏性行为，他们应当拨打紧急号码999。在报道"突袭"行动的十天后，《惩罚破坏性行为法草案》在国会通过了一审程序。

73

示范性惩戒和脆弱的国家

当政府向国会呈送《惩罚破坏性行为法草案》时，其并没有明确承认该草案是为了回应"援助越南抗击美国侵略"运动，或是为了回应策划"反对伪独立"的集会。相反，政府在该草案中举例说明了何谓破坏性行为。政府的这种做法，表明了前述联系。李光耀总理将破坏性行为描述为"一种特别恶劣的社会不端行为，例如有人拿着一个油漆罐，然后前往每一个巴士站，涂写反美、反英或亲越共的口号"。[42] 向国会呈送该草案的部长说：

大家都知道起草该草案的缘由，因为我们目击了这一令人遗憾的场面，即怀有恶意的人玷污、丑化我们美丽的城市。他们涂写各种口号和图画，他们还在公共和私人财产上涂鸦、标记或

---

[41] "Security Men Raid Barisan Office", *Sunday Times*(7 August 1966).

[42] Sing., *Parliamentary Debates*, vol. 25, col. 295 (26 August 1966) (Lee Kuan Yew).

刻写，这些行为非常猖獗。事实上，反社会和反国家分子甚至以民主的名义在下水管道上乱涂乱画。㊸

通过这些例子，"援助越南"运动中的破坏性行为得到了定义。这些例子表明，破坏性行为暗指政治反对派的行为，至少是未获得警方许可的政治反对派的行为。1963年2月，冷藏行动剥夺了一些人的人身自由，这表明民族国家已从两个方面采纳了殖民地政府的做法：第一，将政治反对派的行为，定性为扰乱公共秩序㊹；第二，通过法律例外主义，未经审判就限制异议人士的人身自由。㊺但是，将破坏性行为等同于左翼异议者的政治言行的做法，使得民族国家的法律例外主义尤甚于殖民地政府时期。也就是说，当政治反对派开展活动时，旨在镇压合法异议者的政府机构将异议者的不服从行为定性为犯罪。

民族国家增加了对异议者的刑事定罪并对他们施行肉刑，这照搬了殖民地政府的做法。在殖民地政府的统治之下，血腥的处罚（我指的是针对身体的处罚，如肉刑和死刑）似乎是对暴力犯罪的正当刑事处罚。㊻民族国家对财产轻罪适用暴力刑罚，它也知道自己过分了。㊼因此，李光耀总理对强制性肉刑的明确辩护，再次说明政府试

74

㊸ Sing. , *Parliamentary Debates*, vol. 25, col. 291 (26 August 1966) (Wee Toon Boon).

㊹ Peter Fitzpatrick, *Law and State in Papua New Guinea* (London: Academic Press, 1980).

㊺ 在第一章有关人民行动党与英国联盟的讨论中，新加坡法律制度中的无须审判即可限制人身自由的做法已融入了背景。

㊻ Mark Brown, "Ethnology and Colonial Administration in Nineteenth-Century British India: The Question of Native Crime and Criminality" (2003) 36:2 *British Journal for the History of Science* 201-219; Anand A. Yang, "Indian Convict Workers in Southeast Asia in the Late Eighteenth and Early Nineteenth Centuries" (2003) 14:2 *Journal of World History* 179-208. JOrg Fisch, *Cheap Lives and Dear Limbs: The British Transformation of the Bengal Criminal Law*, 1769—1817 (Wiesbaden: Franz Steiner Verlag, 1983).

㊼ Sing. , *Parliamentary Debates*, vol. 25, col. 298 (26 August 1966) (E. W. Barker).

图控制的行为并非以往的破坏性行为：

> 罚款并不能遏制我们眼前的这种犯罪。当他用红色涂料污损公共建筑时，他已做好了被监禁的准备。当他炫耀自己的意识形态价值时，他已做好了成为烈士并被监禁的准备。他不会缴纳罚款，而是表明了要以身殉道。

> 但是，如果他知道自己至少将面临三下鞭刑，我认为他的热情将大幅削减，因为受到鞭打这一极具羞辱性的经历，并不怎么光彩。[48]

这么说来，破坏者的动机是政治意识形态方面的。因此，破坏者是罪犯，而不是政治参与人或政治主体。如果承认破坏者是政治主体，那么就应当承认他们有持不同政见的权利，或者政府必须通过事先的人身限制令来制止他们。被施行人身限制的破坏者，将获得烈士的道德称号。但是，政府并不希望授予破坏者烈士的名分。因此，法律文本建构了"破坏者"这一类别，并歪曲了"破坏性行为"的本意。法律还规定了鞭刑，这么做是为了羞辱破坏者，对这些有着不同意识形态的人施加刻骨铭心的痛苦折磨。[49]

1966年颁布的这部实施鞭刑的法律，意味着一种倒退，即使这部法律得到了政府认可。[50] 因此，暴力性刑罚需要一种独特的正当化理由。另外，由于压制反对派是该法的隐藏目的，《惩罚破坏性行为法草案》必须以其他方式得到正当化。政府选定的公开理由是：鞭刑是一种妥当的刑罚措施，用以保护人民出资设立的公共财产。[51] 在陈述这一理由时，部长不仅正当化了惩罚性暴力，也论证了政府可以抛开定罪处刑所必需的基本要件的做法：

---

[48] Sing., *Parliamentary Debates*, vol. 25, cols. 296-297 (26 August 1966) (Lee Kuan Yew).

[49] Robert Cover, "Violence and the Word" (1985) 95 *Yale L. J.* 1601.

[50] Sing., *Parliamentary Debates*, vol. 25, cols. 295-298 (26 August 1966).

[51] Sing., *Parliamentary Debates*, vol. 25, col. 291 (26 August 1966) (Wee Toon Boon).

　　《草案》的一个重要特点是：不但实际行动者将受到惩罚，而且引发这些行为的人也要受到惩罚。反国家分子指使儿童和其他未成年人涂抹和损坏公私财产，人民都是知道的。这些年轻人可能并不理解自己的行为，而长辈猛揍他们一顿就能给他们教训。但是，实际上该对这些行为负责的人，至今仍逍遥法外。现在，《草案》授权对破坏性行为的幕后真凶施以有效的棍棒教育。诚然，受到这种惩罚的通常是孩子，但现在也可以用它惩罚那些应该对破坏性行为负责的成年罪犯。[52]

　　部长并不认为《草案》偏离了以下基本原则，即刑事定罪要求行为和意图都违反了刑法。根据一种未经证实的、犹如真理般绝对的论断，即"反国家分子指使儿童和其他未成年人，人民都是知道的"，其中包含的两个惩罚对象就被竖立起来了。"反国家"的修辞，论证了抛开法律原则的做法。这仿佛暗示着，若国家危在旦夕，就必须对基本原则作出例外性规定：保护国家先于保护个人。

　　以"反国家"的描述为基础，部长认为教唆者犯有双重罪行：第一，他们隐匿于自身的罪行背后；第二，他们的隐匿伤害了无辜的"儿童及其他未成年人"。但事实是，尽管这些未成年行动者没有恶意，但他们并不能因此而免于刑罚。[53]通过类似社会机构的家庭甚至学校（"长者猛揍他们一顿就能给他们教训"），对那些并不具有恶意的行为人施加肉体性暴力惩罚是正当的、常规性的做法。通过这个主张，即成年人实施暴力能够很好地规制孩子的行为，部长做出了一种似乎是词汇联想般的论述，将国家的做法——从肉体上惩罚那些隐匿的破坏性行为的成年教唆犯——比作长者对儿童的管教。

76

---

　　[52]　同上注，col. 293.
　　[53]　在 *Ang Chin Sang v. Public Prosecutor*，[1970] 2 M. L. J. 6 [*Ang Chin Sang*]中，新加坡高等法院维持了推事庭的判决：因犯有破坏性行为，判处一名15岁的罪犯监禁3个月以及鞭刑3下。辩护律师认为推事庭判决实施鞭刑的做法违反了《儿童和青少年条例》第55(3)条的规定："只有高等法院可以判处未满16岁的人接受肉刑。"但高等法院驳回了律师的观点。

现在，《草案》授权，可以对破坏性行为的幕后真凶施以有效
的棍棒教育。事实上，孩子经常受到的这种惩罚，现在也可以用
来惩罚那些应对破坏性行为负责的成年罪犯。[54]

77 "幕后真凶""惩罚""经常受到"这些词语引出了一种公正、合理
的刑罚，构建了一种正当的暴力主张。"猛揍他们一顿""用棍棒"，以
及在后来讲话中所提到的"干净和整洁"这些类似于课堂纪律的表
述，强化了"成年人与儿童"——"政府与破坏者"——的类比。在论
述强制性鞭刑时，政府成功地将人民孩童化了。由此，在国家法律体
系中召回并再次登录了殖民地政府对非我族类（非公民）的矮化。国
家主义的修辞，掩盖了殖民地政府的刑罚实践[55]仍在民族国家存续的
事实，而这些实践植根于对非理性的他者进行去人性化建构的做法
之中：只有通过暴力带来的恐惧，才能管理这些非理性的他者。[56]

虽然"人民"的表述适用于包容性国家主义（inclusive
nationalism），但它是"反社会、反国家的要素"（即认为一些"人民"并
不属于国家的一部分）的对立面。这就意味着政府可以在字面意义
和比喻意义上对一部分特定的公民进行训斥。政府否认他们的个体
性，坚持认为他们作为一个整体犯下了一桩罪行。这些"人民"的掉
队程度，取决于"人民"和"反国家、反社会分子"等成员资格是如何确
定的。通过让某些公民依法受到暴力性惩罚，新加坡国家也许在另
一方面变成了二元化国家：

> 现代的"二元化国家"……可能拥有一套完全公平的、原则
> 性的司法制度，同时也是一套苛刻的、不稳定的犯罪控制体系。
> 之所以称它是一个"二元化国家"，是因为一些人被宣称为是次
> 等人，是会带来公共危险的，因此（必须）将他们排除于整个法律

54　前注 51，col. 293.

55　Brown，前注 46；Yang，前注 46；Fisch，前注 46.

56　同上注。

秩序之外。(57)

《惩罚破坏性行为法》的潜台词表明,那些被宣告为“次等人,且会带来公共危险的”人群,他们的显著特点就是在意识形态上持有异议。因此,问题变为:在意识形态上服从执政党,是否是成为人民的 78
必要条件?由此,这是否也是人们受到国家保护的必要条件?观察破坏性行为的特征,能够发现政府并不认可将口号、图片和标记作为表达不同政见的方式。既然某些政治模式因被视为非法的而被排除于公共领域的正当活动范围之外,那么涂写口号、张贴反美海报也许就属于挑战国家的容忍限度的反抗性做法。但在那些拒不服从政府霸权的人看来,国家作为一种反对集权的、去中心化的空间,难道能够将这种做法——将公民在公共领域表达异议的不服从行为上升为违法行为——正当化?

1966年的《惩罚破坏性行为法》修订了1906年殖民地政府《轻罪条例》(Minor Offences Ordinance)中有关妨害行为(nuisance)的一个附属条款。(58)《轻罪条例》和《惩罚破坏性行为法》之间的重要区别在于,《惩罚破坏性行为法》将微小的妨害行为命名为“破坏性行为”,由此创造了一种新的犯罪行为。新法以三种重要的方式重新规定了破坏性行为。

首先,与犯有可被判处死刑和终身监禁的罪行一样,犯有破坏性行为的罪犯是不可保释的。(59) 其次,政府坚决主张要用严厉的刑罚来对付这种“严重的”罪行,因而支持《惩罚破坏性行为法》。《轻罪条例》的最高刑罚是罚款50新币和拘禁一周,但《惩罚破坏性行为法》

---

(57) Judith N. Shklar, “Political Theory and the Rule of Law”, in Allan C. Hutchinson & Patrick Monahan, eds., *The Rule of Law: Ideal or Ideology* (Toronto: Carswell, 1987) 1. 根据商法和个人权利对“二元论政府”行为进行的分析,参见 Kanishka Jayasuriya, “The Exception Becomes the Norm: Law and Regimes of Exception in East Asia” (2001) 2 *Asian Pac. L. & Pol'y J.* 108.

(58) *Minor Offences Ordinance* (Cap. 117, 1936 Rev. Ed. Sing.) s. 11 (1).

(59) *Criminal Procedure Code* (Cap. 68, 1985 Rev. Ed. Sing.) sch. A, cols. 3, 5.

将罚款提高至 2000 新币,将刑期延长至三年,而最关键的是,罪犯将
受鞭刑三至八下。[60] 政府将"惩罚"一词纳入了法案的名称,此举反映
79 了政府对刑罚的关注。第三,《惩罚破坏性行为法》重点关注的是那
些含有实质内容的可视化符号,并由此来详述罪行特征。根据《轻罪
条例》,在物体表面做记号或张贴传单、海报,可构成妨害行为。《轻
罪条例》并未涉及传单或海报的文字内容或物体表面留下的记号所
传达的讯息,但《惩罚破坏性行为法案》对这些内容规定得非常具体:

> 任何文字、口号、漫画、图画、标记、符号;张贴或展示任何海
> 报、标语牌、广告、传单、通告、文章或其他文件;安装、悬挂、升
> 吊、张贴或展示任何旗帜、彩旗、标志、标语等。[61]

这些列举式的规定针对的是可视化的信息,关注的是它们的内
容和传播方式,并以此来管理国家。文字、口号和符号变成了必须被
消除的危险,只有这样才能确保国家内部不存在意识形态竞争。《惩
罚破坏性行为法》的政治意图是使一切可视的内容同质化
(homogenise)并以此塑造国家空间。法治所期待的是一种多元政治
空间,公民可以拥有意识形态和政党选择的自由,但"破坏性行为"的
法制化定义则重塑了法治的期待。鉴于《惩罚破坏性行为法》是在新
加坡独立一年后通过的,它显然是一个关键性的早期标志,呈现了人
民行动党之统治方式的一贯特征:把国家和人民行动党混为一谈,据
此将人民行动党的反对者定性为反国家人士。

有关破坏性行为的零散判决

有关早期实施《惩罚破坏性行为法》的实例记录是相当零散的,

---

60 *Vandalism Act* (Cap. 341, 1985 Rev. Ed. Sing.) s. 3.
61 同上注,s. 2.

因为直到 20 世纪 70 年代末，新加坡各法院才开始收集各自的判决。[62] 因此，我主要基于《海峡时报》的报道，来讨论该法的早期适用。

80

如前所述，1966 年 4 月的"援助越南"运动和意识形态争论这两起事件，使得 1966 年 5 月 1 日的劳动节和 1966 年 8 月 9 日的第一个国庆节备受关注。这两起事件触发了在公共场所涂写口号及张贴海报的行为。在接下来的 1967 年和 1968 年，似乎因为 1967 年 8 月新加坡的第二个国庆节以及 1968 年《就业法》（Employment Act）的颁布[63]，使有关破坏性行为的各类法案也随之被提出。在 1967 年的 7 月和 8 月，年轻人实施的破坏性行为多次受到指控。例如，他们在公共场所用红色涂料粉刷口号[64]；又如某个案件中，他们在国庆庆典拱门上涂了"两个黑色污点"。[65] 有些报道并没有详细介绍破坏性行为的性质[66]，但人们注意到，报道总是会提及被指控的年轻人，将他们描述为"女孩""男孩"或"青年"。[67]

红色涂绘[68]以及将国庆节标志物（如装饰性拱门）作为涂绘对象[69]，展现了反对人民行动党的潜在政治立场。社阵活跃分子对于将政府和政党混为一谈感到极其沮丧，这也体现在对某些青年人行为的指控之中——两个分别为 17 岁和 18 岁的人，因破坏了两张法庭木质长椅，而被指控实施破坏性行为。[70] 报道并没有解释这两名青年

---

[62]　我非常感谢新加坡国立大学法学院 C. J. Koh 法律图书馆的 Carolyn Wee 向我提供了这一信息。

[63]　Cap. 91, 2009 Rev. Ed. Sing.

[64]　"Two Remanded on Vandalism Charge", *Straits Times*（8 July 1967）5；"Two Girls Remanded", *Straits Times*（11 July 1967）6；"Girl Fined ＄200", *Straits Times*（2 August 1967）11；"Jail, Rotan for Act of Vandalism", *Straits Times*（23 March 1968）22. 虽然只在 1968 年 3 月作出了报道，但该刑罚涉及 1967 年 4 月 20 日，也就是五一劳动节前的十几天，一名 21 岁的人在公共汽车候车亭上用红色涂料粉刷口号。

[65]　"Vandal Charge：Bail Refused to Girl, 18", *Straits Times*（11 August 1967）11.

[66]　"Freed, Then Re-arrested", *Straits Times*（1 August 1967）8.

[67]　参见前注 64-66 的引用。

[68]　前注 64。

[69]　前注 65。

[70]　"Damaging Court Benches：2 Charged", *Straits Times*（2 August 1967）8.

为什么破坏长椅。但一天前在同一个法庭，法官撤销了对一位涂写
红色口号的人实施破坏性行为的指控；随后在隔壁法庭，他因实施另
一项破坏性行为而被指控，并再次被逮捕。[71] 根据新闻报道，该名年
轻人并没有获得保释。[72] 这些年轻人一直被警方限制人身自由，因此
在法院审判之前，这些年轻人很可能已经受到了审讯。

由意识形态激发的最后一轮破坏性行为，缘由似乎是政府削弱
了工会力量并通过就业立法来加强对工人阶层的控制。[73] 1968 年 5
月 15 日，也就是 1968 年 5 月 13 日大选后不到一个月的时间里，《就
业法》草案在国会进行了一读。[74] 6 月 20 日清晨，一名 20 岁的失业
人员因试图在路灯杆上张贴抵制《就业法》草案的海报而被逮捕。[75]
此外，另有六人张贴海报、悬挂横幅以及涂写口号，但警方只成功逮
捕了该团伙中的一人。[76]

1968 年 10 月，"破坏性行为"又变成政府对抗社阵的武器。共有
262 名社阵成员及其支持者因不顾警方的驱散令，1968 年 6 月持续
在樟宜监狱外开展集会，从而遭到指控。[77] 9 月，他们因该项指控而
出庭。在法庭上，他们撕毁了各自的号码牌，他们因此被指控实施了
破坏性行为。这项指控最终被改为"轻微的蔑视法庭罪"。[78]

在零散的破坏性行为判决中，有两起案件值得特别注意。这两
起案件的相似之处在于被告人都是年轻男孩（一名 15 岁，一名 16

---

[71] 前注 66。

[72] 前注 64-66 以及前注 70。

[73] 通过法律，部分地削弱新加坡"左"倾性质的工会的自治性。这是非自由主义法律
的另一个早期实例，参见 Tremewan，前注 12。

[74] 《就业法》的立法史载于该法的附录，它分别列明了草案在国会进行一读、二读和
三读的日期。

[75] "Youth Gets Four Months for Vandalism", *Straits Times* (18 July 1968) 6.

[76] 同上注。

[77] "Counsel Fails in Bid to Have Case Heard by Another Court", *Straits Times* (25
October 1968).

[78] "96 Barisans Get 4 Months for Contempt", *Straits Times* (21 December 1967) 4.

岁）。正如我已指出的那样，在国会辩论之时，政府认为该法案授权政府惩戒那些指使"儿童和其他年轻人来涂抹和损坏公私财物"的"成年罪犯"。[79] 然而早期的案例表明，被逮捕并受到惩罚的都是"儿童和其他年轻人"，尽管政府声称这些年轻人不过充当了那些隐匿的成年煽动者的犯罪工具。[80] 事实上，促成该法案的事件不仅与社阵有关，还因为反对党的主要支持者似乎一直都是年轻人：

> 大约 1000 名支持者于今早聚集在社阵分部的镀锌木制小屋，"抗议"新加坡的"伪独立"。在闷热的三个小时中，支持者们（主要是十几岁的男孩和女孩）聆听了他们的领导人对新加坡政府、美国人、英国人以及原子弹和氢弹的谴责。[81]

国会将刑罚类比为对任性孩子的管教，说明政府认为主要的反对党——社阵——在整体上是有些险恶的。虽然《煽动法》并没有约束社阵领导[82]，但《惩罚破坏性行为法》所规定的不合比例的、暴力性的惩罚，破坏了社阵活跃分子的基层支持。无论是现任的还是继任的社阵领导者及支持者，都经由法律被"巧妙地"解散了。显然，起草和制定《惩罚破坏性行为法》，是为了确保执政党拥有更大的权力。刘同岖（Liu Tong Ban）案可以说明法院对促成这一结果所起的作用。

83

1966 年 8 月 24 日，检察官诉刘同岖案[83]开始审理。此时正值草案一读的一周后，但草案还未在国会进行辩论并予以通过。也就是说，当时《惩罚破坏性行为法》还没有成为"法律"。然而，本案之所以

---

[79]　Sing., *Parliamentary Debates*, vol. 25, col. 293 (26 August 1966) (Wee Toon Boon).

[80]　当时，中文学校的青少年都极度热衷于政治，并且他们都是反殖民运动的先锋。有鉴于此，政府最小化了被当作工具的年轻人的作用，这很有意思；Hong & Huang，前注12，第 138-139 页。

[81]　"Barisan Hits at 'Phoney Freedom'", *Straits Times* (10 August 1966) 5.

[82]　前注 32。

[83]　有关此案，我无法获取推事庭和高等法院的报道。因此，我以有关此案细节的新闻报道为基础："Reasons Behind the Vandalism Bill ……"，前注 37。

具有非常重要的意义，是因为它反映了司法部门对即将出台的“法律”的积极回应，而该法律宣示了司法机构和政府之间在意识形态上的一致性。换句话说，本案例证了早期的国家主义法院。

在该案中，政府作为上诉人向高等法院提起上诉，反对推事庭(Magistrate's Courts)无条件释放16岁的金匠学徒刘同岅。根据《轻罪条例》，刘被指控触犯了第11条妨害罪，因为他于4月27日在市中心要道的电线主控箱上张贴了中文反美海报。海报的内容与即将到来的五一劳动节有关，也包括了《海峡时报》暗指的“诉求”(84)，还包括反美口号“美国佬，滚回去！”(85)

高等法院审理此案时，《惩罚破坏性行为法》草案尚未在国会进行辩论。然而，该草案却是副总检察长的中心论据。他建议高等法院根据该草案的处罚条款背后的“充分理由”，来修改无条件释放的判决。(86) 副总检察长还提醒高等法院，对于无条件释放这种宽大处理方式，政府感到“不满意”；他告诉高等法院，让法院援引该草案的一个原因是“下级法院可能无法完全理解这些罪行的严重性，包括在公
84 共或私人建筑上擅自张贴海报”。(87)

副总检察长的论证包括两个层次：第一，必须根据国会规定的强制性刑罚(88)来运作、规训下级法院；第二，高等法院之所以是高等法院，是因为它能够更好地领悟复杂局势，并且“全面把握”下级法院所不能把握的内容，从而纠正下级法院的错误。

为了支持自己的主张，即该罪行是“严重的”，副总检察长告诉高等法院：草案规定了重刑，且草案规定的刑罚明显比《轻罪条例》的现

---

(84) 副总检察长有可能并未涉及海报的具体内容，而新闻媒体只是复述了他的话。

(85) 前注37。

(86) 同上注。

(87) 同上注。

(88) 虽然新闻报道中并未提及强制性刑罚，但由于草案规定了强制性刑罚条款，这似乎反映了(inform)副总检察长的论证。

行规定要重得多。[89] 副总检察长的论证所暗示的（而不是明示的）原则，是重刑即可代表重罪。但他未能阐明"擅自张贴海报"何以是一种"严重"的罪行。相反，他通过颠倒现代法律所秉持的罪刑相适应原则[90]，主张重刑证明了罪行的严重性。

副总检察长以一系列隐喻和别有所指为基础，建构了一种论证，以说明擅自张贴海报如何以及为何是一种"严重的"罪行。根据副总检察长的说法，推事庭的主审法官显然"没有注意到"时局性事件，法官更关注的是犯罪个体而非具体罪行，他完全忽视了"罪行背后那只看不见的手"。[91] 政府似乎也只能以隐喻的方式，提出"效忠于阴谋势力的那些看不到的、隐匿的行动者"这类激进的隐喻，因为政府证明不了他们的存在。根据《内部安全法》，擅自张贴海报并不构成限制人身自由的基本要件。因此，政府就"破坏性行为"这一"严重的"罪行制定了一部法律，该法重新诠释了《轻罪条例》的规定，且该法对副总检察长论证推事庭法官不应当宽恕这名 16 岁青年并将其无条件释放，起着至关重要的作用。

高等法院接受了副总检察长的量刑建议，判处刘同岰要么接受 25 元新币的罚款，要么被拘留一周。高等法院的这一回应似乎表明，法院完全理解了副总检察长别有所指的"看不见的手"和"时局性事件"。国家检察官和高等法院法官这两个法律主体，用同一种隐蔽的语言交流。他们沆瀣一气，欲根据刘所张贴的海报的内容，而非其擅自张贴海报的行为，对他施以刑罚。刘同岰的罪行并不属于破坏性行为，而属充当反美的"看不见的手"的工具。在起诉刘同岰并对其作出判决的整个过程中，《惩罚破坏性行为法》草案甚至还未成为正式法律，而该草案的潜台词就已经得到了引用和执行。

85

---

⑧⑨　前注 37。

⑨⓪　Brown，前注 46；Yang，前注 46. Fisch，前注 46.

⑨①　前注 37。

洪青山诉检察官案

1967 年，即《惩罚破坏性行为法》通过的一年后，某一推事庭认定一名 15 岁的人犯有破坏性行为，判处他监禁三个月及鞭刑三下。[52] 1967 年 8 月 14 日，洪青山（Ang Chin Sang）向装饰性拱门投掷装有绿色涂料的鸡蛋。[53] 鉴于起诉日期为国庆后几天，并且事实上警方已准备在晚上 11 点逮捕洪青山[54]，装饰性拱门很可能就是国庆节的标志。

高等法院的首席大法官审理了针对该判决的上诉案件。这名 15 岁犯罪嫌疑人的律师认为，推事庭并没有权力对 15 岁的人判处鞭刑，因为《儿童和青少年条例》（Children and Young Persons Ordinance）规定，只有高等法院可以对未满 16 岁的人判处肉刑。[55]《惩罚破坏性行为法》的鞭刑条款是受《刑事诉讼法》约束的，而《刑事诉讼法》规定，女性、被判处死刑的男性和超过 50 岁的男性都不得被判处鞭刑。[56]《惩罚破坏性行为法》和《儿童和青少年条例》的实质性条款，都作出了"不论其他成文法的规定"这一例外规定。《惩罚破坏性行为法》的规定如下：

> 不论其他成文法的规定，犯有任何破坏性行为或企图做此类行为或促成了此类行为，根据本法都属于犯罪……根据《刑事诉讼法》第 274 条的规定，应当判处鞭刑。[57]

87

---

[52] Ang Chin Sang，前注 53。

[53] "Father Denounces Son as 'Incorrigible'", *Straits Times* (15 August 1967) 6.

[54] 同上注。

[55] 当时所参照的是 *Children and Young Persons Ordinance*（Cap. 128，1955 Rev. Ed. Sing.）s. 55 (3). 现行的 *Children and Young Persons Act*（Cap. 68，1985 Rev. Ed. Sing.）并没有相应的条款。

[56] 当时所参照的是 *Criminal Procedure Code*（Cap. 231，1955Rev. Ed. Sing.）s. 231. 现行 *Criminal Procedure Code*（Cap. 68，1985 Rev. Ed. Sing.）第 231 条与本案所涉条款是相同的。

[57] *Punishment for Vandalism Act*（No. 38 of 1966，Sing.）s. 3. 现行 *Vandalism Act* 第 3 条是相同条款。

根据《儿童和青少年条例》的规定：

> 不论其他成文法的规定，不得由除高等法院以外的其他任
> 何法院，对儿童或青少年判处肉刑。[98]

针对这两个"不论"的规定，首席大法官认为，《刑事诉讼法》的条
款显然是普遍适用的，它规定不得对女性、超过 50 岁的男性以及被
判处死刑的男性判处肉刑。因此，任何法院都不得对女性、超过 50
岁的男性和被判处死刑的男性判处鞭刑。但他认为，《儿童和青少年
条例》并不具有同等的普适性，因为高等法院可以对未满 16 岁的青 **87**
年判处鞭刑。此外，法院必须落实立法意图，即"对破坏性行为规定
示范性惩戒"。[99] 因此，首席大法官驳回上诉，维持了原判的鞭刑。

该判决的令人震惊之处在于，法院拒绝将上诉人视为一名儿童。
将强制性刑罚条款（拘禁和鞭刑）适用于这名 15 岁的孩子，这就好像
他已被定罪、已经成年了一样。[100] 首席大法官在 1967 年审理了这起
上诉案件，当时正值李光耀总理在国会命令司法机关"秉持社会是能
够实现自我保护的这种精神来适用法律条文"的几个月之后。首席
大法官完全遵循了政府的说法，即什么样的行为构成了破坏性行为。
政府的告诫，即重刑是对此种重罪的必要回应，也通过首席大法官得
以发挥出了实际效果。

新加坡关于破坏性行为的判例表明，就破坏性行为而言，司法判
决和政府话语实现了话语一致；此外，这也说明了为什么该法案的条
款和要件都未受到司法质疑。司法机关通过对十五六岁的人施加
"法制化"的暴力刑罚，来遵从政府针对国家和公民的说法。《惩罚破
坏性行为法》的法律文本连同法院作出的司法解释，使法律沦为了政
府限制国家意识形态的工具。破坏性行为的判例印证了贾亚苏里亚

---

[98] *Children and Young Persons Ordinance*(Cap. 128, 1955 Rev. Ed. Sing.) s. 55
(3).

[99] Ang Chin Sang，前注 53。

[100] 同上注。

(Jayasuriya)的犀利描述，即新加坡法院是国家主义法院。早在 1966 年，新加坡的国家主义法院就表现为司法人员积极响应非自由主义法律背后的政治考量。

在 1968 年之后的几年里，含有政治动机的破坏性行为似乎从国家的公共空间内消失了。相反，盗窃和损坏公共财产等行为触发了对破坏性行为的指控。在 1963 年年初的冷藏行动中，社阵的力量被削弱；之后，通过先行适用《惩罚破坏性行为法》，社阵似乎已被彻底消灭了。

后冷战时期的破坏性行为和鞭刑

自 1966 年颁布《惩罚破坏性行为法》近三十年后，在后冷战时期，新加坡取得了引人瞩目的经济成就。⑩ 但美国人迈克·费伊（Michael Fay）因犯有破坏性行为而遭受刑罚，这使得为破坏性行为而规定的肉刑又一次出现并得以正当化。在 1966 年和 1994 年，政府利用公共话语来重构法治——若个人权利与法律产生冲突，就剥夺个人权利。在 1966 年和 1994 年，政府都以国家脆弱性的说辞来正当化暴力性刑罚。政府表示自己是在用刑事暴力为国家服务。1994 年，18 岁的费伊和 16 岁的中国香港居民肖志浩（Shiu Chi Ho）因对着汽车喷漆而被判处监禁及鞭刑。但肖志浩和费伊的同伙——15 岁的马来西亚公民哈伦（Harun Sharudin bin Sufian）——则被按照未成年人来对待。鉴于他是未成年人，媒体并没有对他作出公开报道，他也没有被判处鞭刑。他在少年管教所被拘留了 2 个月。在后冷战时期的 1994 年，这名 15 岁的男孩只是对着汽车喷漆而已，他并没有张贴反美标语，也许这就是他被视为"儿童"的原因。他们在

---

⑩ "1990 年新加坡的人均收入为 14637 美元，接近于或甚至超过很多经济合作与发展组织（OECD）的国家"；Manu Bhaskaran, "Transforming the Engines of Growth", in Bridget Welsh et al. , eds. , *Impressions of the Goh Chok Tong Years in Singapore* (Singapore：NUS Press，2009) 201.

年龄上只相差几个月,但这对费伊和肖志浩来说是不幸的,因为从
《惩罚破坏性行为法》的目的分析,他们已是成年人。 89

对于对着汽车喷漆等两项破坏性行为的罪名,费伊表示认罪。[⑫]
他被判处鞭刑六下。[⑬] 费伊案开启了一种政府思维。在政府看来,破
坏性行为象征着西方世界的衰落,而肉刑作为一种保护性的、规训性
的机制,能够代表国家来纠正西方世界的道德衰败。在后冷战时期,
政府摒弃了对反对派行动持有的老观念,但政府仍坚持认为肉刑能
够克服国家的脆弱性。

由于费伊是美国人,因此对他的定罪和量刑引发了美国和国际
媒体的巨大关注。大部分人批判鞭刑,认为这是一种残酷的、不合理
的刑罚。换句话说,西方世界的批判包含了"法治化"的话语。虽然
《海峡时报》详述了政府对主权自治的声明——政府捍卫新加坡的法
律机制和新加坡法律的合法性,但费伊案不可避免地让新加坡公众
开始关注其他国家是如何看待肉刑的。

政府重新解读了费伊案,以此回应各界对判处鞭刑的高度关注。
首先,政府利用法治的修辞方式,来主张新加坡法律的正当性;第二,
政府运用亚洲价值观,重申了法律例外主义的正当性。可以说,运用
亚洲价值观将费伊案解释为西方世界道德和社会的崩盘,能够转移 90
公众对暴力刑罚之正当性问题的关注。在这个过程中,《破坏性行为
法》的"法制性"历史(前面已详述)被遮蔽了。

16 岁的中国香港居民肖志浩被指控与费伊一同犯有破坏性行

---

⑫　*Michael Peter Fay v. Public Prosecutor*（3 March 1994）M/A No. 48/94/01
（Sing. Subordinate Cts.）［*Fay v. PP*］. 费伊因犯有恶作剧行为而造成了破坏结果,并且
因犯有盗窃罪而产生不诚信记录(dishonest retention),他被判监禁四个月;此外,他还因向
一辆汽车扔鸡蛋并调换其车牌,以及向另一辆汽车扔鸡蛋并破坏其右前门,被罚款 3500 新
币。另参见"Teen Vandal Gets Jail and Cane", *Straits Times*（4 March 1994）1; and *Fay
v. Public Prosecutor*,［1994］2 Sing. L. R. 154（H. C.）.

⑬　考虑到克林顿总统提出的赦免请求,鞭刑后来被减少为 4 下。"Caning Sentence
on Fay to Stay", *Straits Times*（5 May 1994）.

为和恶作剧行为（mischief）[104]，肖志浩在政府重新阐述费伊案时起到了关键作用。肖志浩是亚洲人，费伊是白种人，而在种族身份上亚洲人是白种人的他者。以此为开端，费伊案成了一个有关亚洲价值观的故事。1994年有关《破坏性行为法》的政府话语所采用的修辞手法，似乎非常不同于1966年有关该法的原初规定和早期执行状况的话语。尽管如此，政府采用亚洲价值观来重新阐述费伊案，仍可能会产生与1966年国会证立肉刑的同样结果——将公民孩童化。1994年对《破坏性行为法》的实施，仍延续了公民相对于政府的从属地位，在我对此作出解释之前，我将阐述围绕费伊案和肖志浩案的公共话语。

1994年有关破坏性行为的公共话语

围绕费伊案的公共话语有三个固有特点：首先，媒体和警方所运用的语言是"夸张的"[105]；第二，警方被认为是高效的、有效的法律实施者；第三，涉案男孩中有一名是种族上的他者（othering）。

在费伊案中，政府话语的特点是夸张，这与1966年将破坏性行为定性为"极其严重的"和"反国家的"政府话语是一致的。[106]在1966年和1994年，破坏性行为一直被明确认为是犯罪行为，这种观念也渗入了有关肉刑之正当性的公共话语中（如后文所示）。除了将破坏

91

---

[104] 肖志浩没有认罪，但审判结束后，他被定罪并被判处鞭刑12下以及监禁8个月。鉴于王鼎昌的赦免请求，肖志浩的量刑后来被减轻为鞭刑6下和监禁6个月；*Shiu Chi Ho v. Public Prosecutor*（25 April 1994）M/A 93/94/01（Sing. Subordinate Cts.）[*Shiu v. PP*]；"Hongkonger Convicted of Vandalism to Get 6 Strokes", *Straits Times*（19 June 1994）1.

[105] Yao明确认为，新加坡政府将"过度性"作与参与或应对一系列问题的战略，以此来维护其霸权；Souchou Yao, *Singapore：The State and the Culture of Excess*（Oxford：Routledge, 2007）.

[106] Sing., *Parliamentary Debates*, vol. 25 col. 291（26 August 1966）（Mr. Wee Toon Boon）.

性行为建构为一种"严重的犯罪"，公共话语还非常强调警方的角色。警方始终被认为是执行法律之有效的、高效的机构，这种说法响应了克莱因菲尔德（Kleinfeld）所定义的法治的机制特征（institutional attributes）。[107] 为了体现警方的效率，新加坡政府也许会主张警方拥有执行法律和命令的能力，并且主张新加坡警方的效率是与作为法治典范的西方世界的效率标准相一致的，甚至还可能超过西方世界的标准。

　　破坏汽车的新闻报道在某种程度上建构了警方的效率。一篇有关破坏汽车的新闻报道，让破坏性行为重新出现在新加坡的公共领域。[108] 早在 9 月 18 日，警方已收到若干关于汽车被喷漆或被扔鸡蛋的报案[109]，但这些破坏汽车的行为[110]并没有被新闻转播。大约三个星期后，10 月 6 日的《海峡时报》报道，新加坡美裔学校附近的众多破坏汽车案的犯罪嫌疑人是"几个白人青少年"。[111] 第二天，即 10 月 7 日，新闻报道说警方已成功破案。[112] 两名 16 岁的男孩被警方暗中逮捕。[113] 在警方的审问下，这两名男孩供出了其他七人的名字。

　　《海峡时报》的报道特点是"夸张化"[114]，这是此案媒体话语的典型：警方逐条记载他们所发现的物品，共有"50 件被盗物品"[115]可入罪，九户人家遭到了"抢劫"而不是搜罗。[116] 费伊首先因持有赃物而被

92

---

⑩⑦　Rachel Kleinfeld，"Competing Definitions of the Rule of Law"，in Thomas Carothers，ed.，*Promoting the Rule of Law Abroad*（Washington，DC：Carnegie Endowment for International Peace，2006）31 at 47.

⑩⑧　"At Pine Grove：Vandalism on Cars"，*Straits Times*（6 October 1993）22.

⑩⑨　"9 Foreign Students Held for Vandalism"，*Straits Times*（7 October 1993）25.

⑩　同上注。

⑪　前注 106。

⑫　前注 107。

⑬　"Vandal Case：HK Boy Gave Names of Others"，*Straits Times*（16 March 1994）2.

⑭　Yao，前注 105。

⑮　前注 106。

⑯　同上注。

控犯有两项罪名⑩；一周后，他又因破坏性行为和恶作剧行为而被控犯有 51 项罪名。⑱ 费伊因持有赃物而被控犯有两项罪名时，他已被拘留并详尽审问了 48 小时之久。⑲ 为了查明被盗财产的所有者并帮助调查破坏性行为，警方和检方认为有必要进一步调查和审问费伊，因此法院拒绝保释费伊，他又被警方拘留了一周。

在公共领域，警方的行为并未被认为是过度的。没有人质疑，为什么这些 16 岁的男孩被拘留了 48 小时？⑳ 他们的父母或律师能否联系到他们？这些年轻人迫于政府威权的恐吓，但他们的脆弱性并未得到改善。男孩们被困于一个覆盖儿童、未成年人（minor）、青少年（juvenile）和成年人等概念的不确定法律空间。媒体变换着使用"少年""学生""男孩"等描述性词汇，这就反映了这种不确定性。这些男孩被限制人身自由达 48 小时，接受警方的初步审讯，之后他们被认为是具有危险性的、有罪的成年人。

新加坡当时的法律规定 21 岁为成年年龄㉑；18 岁可以结婚㉒并

<hr/>

⑰ 在这些"战利品"上（包括新加坡的旗帜、灭火器和其他标志，如"火灾时请不要使用电梯"），青少年们标记了他们的姓名首字母，"9 Foreign Students Held for Vandalism"，前注 109，第 25 页；"American Teenager Charged with Keeping Stolen Goods"，*Straits Times*（9 October 1993）1.

⑱ "Vandalism Case：American Teen Faces More Than 40 Charges"，*Straits Times*（15 October 1993）3.

⑲ "American Teenager Charged with Keeping Stolen Goods"，*Straits Times*（9 October 1993）1.

⑳ 在没有逮捕证的情况下，警方最多可剥夺某人人身自由 48 小时：*Criminal Procedure Code*（Cap. 68，1985 Rev. Ed. Sing.）s. 36(1).

㉑ Bahadur Singh & Anor v. Bank of India [1993] 1 Sing. L. R. 634 (H. C.)；Bank of India v. Bahadur Singh & Anor. [1994] Sing. L. R. 328 (C. A.). 另参见 Leong Wai Kum，*Principles of Family Law in Singapore*（Singapore：Butterworths，1997）at 485-526. 然而，2009 年 3 月，法律修正案生效，具有完全缔约能力的年龄以及可以起诉和应诉的年龄降低至 18 岁（有一些例外）。法律的表述是"已满 18 岁的未成年人"：*Civil Law Act*（Cap. 43，1999 Rev. Ed. Sing.）s. 35，s. 36.

㉒ *Women's Charter*（Cap. 353，1997 Rev. Ed. Sing.）s. 9.

可被判处死刑⑫；16 岁能够与异性发生性关系。⑬ 正如我们所了解到的，虽然鞭刑并不适用于女性和超过 50 岁的男性，但 15 岁的孩子却被认为已能够承受鞭刑。⑭ 虽然从诸多方面来看，这些男孩仍然是孩子（他们作为被抚养者，与父母住在一起；他们是还未从高中或初中毕业的全日制学生），但媒体所建构的公共话语反馈中并没有提到这些，警方对这些男孩的处理方式也没有受到批评性置疑。法制的策略，要求处理男孩时以警方效率为首，最小化那些有关权利以及免受政府权力干涉的法治主张。没人提出质疑的现象，反映了新加坡公共领域缺乏权利意识的状态。

新闻报道对警方效率的描述，得到了以下事实的佐证，即警方从最初调查中发现了大量细节：

94

> 至少有 67 辆汽车被喷漆和被扔鸡蛋。他们砸碎了汽车挡风玻璃，偷了若干块路牌、若干面旗帜以及若干个灭火器，他们还盗窃了一个公共电话亭的内部设施。9 名外国青少年（其中大多是白人）的破坏性行为，以他们昨天被侦缉人员逮捕而告终。⑮

第二天，即 10 月 8 日，《海峡时报》刊登了一篇报道。这篇报道主要包括两个主题：第一，种族/民族上的他者；第二，支持重刑。这篇报道详述了公众的愤慨：

> 市民昨日打电话给警方和《海峡时报》，就九名外国学生涉嫌犯有多项破坏性行为，表达他们的愤怒……

> 38 岁的商人 Joseph Wang 告诉《海峡时报》新闻纵横版的记者，这些学生应当得到从重处罚。"不应将此类社会行为输入

---

⑫　*Criminal Procedure Code*(Cap. 68，1985 Rev. Ed. Sing.) s. 213.

⑬　*Women's Charter* (Cap. 353，1997 Rev. Ed. Sing.) s. 140(1)(i)．根据 *Penal Code*(Cap. 224，2008 Rev. Ed. Sing.) s. 377A,同性恋是违法的。

⑭　*Criminal Procedure Code*(Cap. 68，1985 Rev. Ed. Sing.) s. 213.

⑮　前注 109。

我们国家"，他说。19 岁的学生 Tan Geok Mui 说："作为住在新
加坡的客人，他们应该遵守法律，而不是毁坏他们祖国的形象。"

他们都是 16～19 岁的学生，包括三名美国人，两名马来西
亚人，一名比利时人，一名澳大利亚人，一名泰国人和一名中国
香港居民……东陵警方指挥官 Lum Hon Fye 主任表示，有市民
曾就破坏性行为报警。

他说："我们希望他们明白，警方将非常严肃地处理此事。"
警方表示他们将提出多项指控……卢主管说："犯罪嫌疑人可能
来自于外国的富裕家庭，但他们不会因此得到任何优待。他们
和新加坡罪犯没有差别，警方将一视同仁。"⑰

编辑在未来几周收到的公众来信，都对警方的决定表示了支持，
来信者尤其赞成判处"外国的学生破坏者"以"鞭刑和监禁，然后将他
们驱逐出境"。⑱ 在《海峡时报》刊登的公众回应中，绝大部分都赞成
惩罚这些男孩。公众普遍关心的，或者更准确地说是媒体所建构的
公众顾虑是⑲：虽然这些学生在种族、国籍和阶层地位方面有所不同，
但他们不应当得到法律的豁免。警方迅速地回应了这一顾虑，他们保
证这些外国学生与新加坡罪犯并无二致。这样一来，话语构建了公众
对正义的需求——这些外国人将受到重刑。政府在话语上将这种需
求呈现为是国内那些愤怒的爱国人士所提出的，由此，由政府运作的媒
体话语⑳，在国内建构了对暴力刑罚之正当性的普遍同意。当然，普

---

⑰　Tan Ooi Boon, "Vandalism Spree Provokes Outraged Reaction from Public",
Straits Times (8 October 1993).

⑱　Leong Hong Chiew, Letter to the editor, *Straits Times* (8 October 1993)；另参见
Derek Ee Ming Chong "Be Strict, Not Harsh, on Vandals-Local or Foreign", *Straits
Times* (9 October 1993).

⑲　另参见 1994 年 12 月 3 日的《海峡时报》，编辑称，在费伊被判刑后，他收到了有关
费伊案的 40 封信；他选登了一些信件，其中大部分来信都赞成处罚，并支持新加坡适用其
法律的权利。此后不久，《海峡时报》转载了一些国际媒体的评论，他们也都赞成处罚；
"Lesson on Crime from S'pore", *Straits Times* (18 March 1994).

⑳　Cherian George, *Contentious Journalism and the Internet*：*Towards Democratic
Discourse in Malaysia and Singapore* (Singapore：Singapore University Press，2006).

遍同意必然意味着新加坡公民也应受制于暴力和报复性的刑罚。

媒体呈现的公众要求，是判处这些学生以鞭刑、监禁并将他们驱逐出境，而这呼应了政府的主张，即重刑是对破坏性行为的恰当回应。[131] 重刑以及媒体所筛选的公众意见（例如，这些"客人……应该遵守法律"就是一个典型的例子），为内务部在大约5个月后费伊被判刑的当晚所做的以下声明做了铺垫：

> 在新加坡，新加坡人和外国人都遵守同样的法律。我们拥有对抗反社会罪行的严厉法律，这样国家才能井然有序且杜绝犯罪……虽然有些社会可以容忍破坏性行为，但正如我们的法律所体现的那样，新加坡拥有自己的社会秩序标准。
>
> ……在过去的五年中，14名18岁至21岁的、犯有破坏性行为的人被判处了鞭刑，其中有12名是新加坡人。法律规定了一系列刑罚，法院依据罪刑相适应原则作出判决……
>
> 在费伊案中，费伊承认犯有五项罪行，由此法院决定对其处以鞭刑、监禁及罚款……外交部已……通知美国大使馆，表示新加坡的法律必须按一般程序发挥实效，费伊完全可以选择律师作为代表为自己辩护。这些都毋庸置疑。我们告知了美国大使馆，在新加坡，新加坡人和外国人都受同一法律的管辖。[132]

内务部的声明提出了一种新加坡的正当性模式，它与权力分立的威斯敏斯特模式是一致的。新加坡政府曾多次表示，威斯敏斯特模式是新加坡的基石。作为政府的政治及行政部门，内务部一直避

96

---

[131] 2010年，一名瑞士公民闯进了一间仓库，对着一辆大众捷运列车的两侧喷漆。因犯有破坏性行为，他被提起诉讼。该案表明意识形态和修辞是难以动摇的。奥利弗·弗里克（Oliver Fricker）被判监禁5个月和鞭刑3下。法院认为，"我们的法律对所有人具有同等效力，法院的量刑政策就反映了这点"，而检察官认为，"如此严重、公然地触犯法律的行为，是不能掉以轻心的，我们也不能将其视为一起纯粹的恶作剧行为"；Elena Chong, "Accused Had No 'Noble Aim' in Exposing Lapses", *Straits Times*（26 June 2010）; *Public Prosecutor v. Oliver Fricker*, Singapore Subordinate Courts DAC0024677/2010.

[132] "The Law Must Run Its Course", *Straits Times*（4 March 1993）25.

免对此案发表评论,直到该案已经审判且已判处刑罚。政府在判处刑罚前保持沉默,这与三权分立制度是一致的。与独立的司法机构这一设想相一致的是,内务部认为法律是高度自治的、不受影响的,由此才能实现"法院判处"刑罚,并且"新加坡的法律必须按一般程序发挥实效"。内务部的说法掩盖了这一事实,即国家主义的法院在执行"法律"时几乎没有裁量权,因为国会事先在其中设置了极端的刑罚。当内务部说,所有人在新加坡都适用同样的法律时,它援引了关于"法律"公正性和廉洁性的人道主义法治理念。

内务部的说法,昭示了价值内涵的讽刺性反转。因为法律包含着不同的类别,所以内务部才能实现这种反转。就普通法体系的人道主义法律而言,法律是由戴雪式的、自由主义的法治理念所描绘的,其力求公正性和廉洁性,而且还试图顾及法律面前的个体情况,了解每种情况的特殊性,并力图使法律对公众而言,即对必须遵守法律的人而言,是透明的。⑬ 但是(如后所示),在费伊案中,法院、警方和政府拒绝考虑个体情况。被执行的法律从来都不是透明的,从来都不是公众可以全面了解的,因为法律文本一方面隐藏于潜在含义(coded meanings)之中,一方面隐藏于历史上对抗社阵的政治动机之中。法治原则要求刑罚应是合理的,而不是残忍的、有辱人格的,但《破坏性行为法》某种程度上旨在"羞辱"那些通过涂绘口号来挑战政府的人⑭,这就违反了法治原则。

严肃处理的重要性

由于费伊认罪了,他的案件并没有进行审判。但是,在量刑听证

---

⑬　Kleinfeld,前注 107,第 69 页脚注 46。

⑭　Sing., *Parliamentary Debates*, vol. 25, col. 297 (26 August 1966) (Lee Kuan Yew).

会(a sentencing hearing)上，费伊的律师提出了缓刑的请求。律师认为费伊一直配合警方，是一名悔过的初犯，并且费伊已支付了足额赔付，还协助警方开展调查。法院承认一条一般规则，即少年犯通常适用缓刑，但法院转而适用了例外主义的逻辑。法院驳回了律师的减轻请求并拒绝考虑实施缓刑，因为这个案件罪行严重。在这类案件中，法院认为自己不能忽视公众的要求，并且必须采取一切必要措施来保护公众。因此，若一名少年犯犯有某项罪行，而公众中那些思维正确的人认为，除非判处其监禁，否则并不能实现正义，那么，除了判处其监禁之外，其他刑罚都不是正确的。

> 我们认为，在 10 天之内蓄意、故意破坏 18 辆汽车，这是非常严重的罪行，唯一适当的刑罚是判处监禁。[135]

法院的用语是夸张的，其多次描述喷涂汽车是"严重的"和"非常严重的罪行"，它还提及法院的义务是保护公众并回应"公众中那些思维正确的人"对"正义"的期待。所有这些，都与新闻报道所用的词汇有着惊人的一致性。[136] 法院自觉应当把喷涂汽车的行为归为"非常严重的罪行"，并且费伊进一步被描述为危害公众的人物。这些事实表明了两点：第一，在新加坡，费伊案的话语建构与主流媒体是极其一致的。警方和法院只不过是在重复地描述以下内容：案情是极严重的，应当施以极端的惩罚。

第二，司法机关采用的解释，来自政府的政治—行政机构。司法机关采纳并重复了政府对该案所做的特征描述和分类。在此过程中，法院采用了政府修辞策略中非常重要的例外主义。对于年轻的、已悔过的初犯，一般规则通常将其视为适用通过缓刑改造的合适人选，而不会让其承受刑罚性监禁和鞭刑等惩罚性后果，但法院拒绝对费伊适用一般规则。

---

[135] *Fay v. PP*，前注 102，第 8-9 页。
[136] Tan，前注 127。

98

针对量刑，费伊提出了上诉。⑬ 高等法院的首席大法官驳回了费
伊的上诉，他拒绝对费伊适用缓刑。实质上，高等法院和初级法庭一
样，在潜台词中认为费伊会危害公众：

> 所有这些破坏性行为都是前后持续的、蓄意的……它们足
> 以构成一项有预谋的犯罪行为……针对每一项破坏性行为的指
> 控，地方法官都会判处监禁并强制处以至少三下鞭刑。鉴于维
> 护公共利益的必要性，这是完全正当的。⑱

公共话语和司法国家主义之间的融贯性和连续性模式，一开始
就显现在了初审听证会中。高等法院驳回了费伊的上诉，又再次凸
显了该模式。在肖志浩案的审判过程中，类似的话语模式也表现得
非常明显。

会审：有关刑讯逼供的叙事

检方申请对肖志浩、费伊和 15 岁的马来西亚男孩哈伦进行会
审，法院同意了检方的申请。但是费伊和肖志浩的律师反对会审，他
们认为被告人的证据可能会互相影响。法院仍同意了检方的申请，
并表示在辩护过程中，所有被告人都不会遭受歧视。⑲

费伊被控犯有 53 项罪名，肖志浩被控犯有 45 项罪名。起初，这
三名男孩都辩称自己无罪。⑳ 但这场"辩诉交易"让涉案男孩互相揭
发。费伊和哈伦的罪名减少了，他们对余下的罪名表示认罪。副总
检察长告诉法庭，鉴于肖志浩仍拒绝认罪，在政府起诉肖志浩的案件

---

⑬　*Fay v. Public Prosecutor* [1994] 2 Sing. L. R. 154（H. C. ）.

⑱　同上注，第 159 页。

⑲　"Youths on Vandalism Charges: Judge Orders Joint Trial", *Straits Times*（3 February 1994）24.

⑳　"Teens Vandalism Trial Postponed", *Straits Times*（24 February 1994）17.

中，其他两名男孩将作为控方证人。[141]

　　肖志浩案开庭时，他被控犯有四项破坏性行为。[142] 就肖志浩向警方所做的陈述，肖志浩的律师提出了证据可采性的质疑。律师声称，在被警方拘留期间，肖志浩因受警方的殴打而被迫承认自己犯有破坏性行为。[143] 但警方否认了这些指控。依据肖志浩的陈述，当其否认自己犯有破坏性行为时，警察就殴打他的胸口、掌掴他的脸，并用尺子打他的小腿。[144] 肖志浩还表示，警方告诉他，如果他认罪，他就能够尽早回国，他犯有破坏性行为的指控将被修改为犯有恶作剧行为的指控。否则，警察会"让他的父亲丢掉工作"。[145] 肖志浩的父亲作证说，他的儿子告诉他，自己曾被一名警察殴打[146]，并且在被警方拘留后，儿子的"左腿上有红色斑点"。肖志浩的父亲说，有一名警察曾要求他劝其儿子认罪。[147] 至于说到肖志浩的父亲为什么不起诉警方，他引用了一句中国谚语，暗示自己希望息事宁人，不想招惹警方。[148]

　　在审判过程中，肖志浩否认自己参与了费伊和其他人所做的破坏性行为。而哈伦作证说，当他们准备去破坏汽车时，他们三人是在

---

[141] "Two Teenagers 'to Plead Guilty'", *Straits Times* (26 February 1994) 30; "Two Foreign Students Admit Vandalism, Mischief", *Straits Times* (1 March 1994) 3.

[142] *Shiu v. PP*, 前注 104; "Police Officers Hit Me, Says Hongkong Student", *Straits Times* (17 March 1994) 25.

[143] *Shiu v. PP*, 前注 104, 第 7、10-16 页; "HK Boy 'Gave Names of Others'", 前注 113, 第 2 页。

[144] *Shiu v. PP*, 前注 104, 第 13 页; "Police Officers Hit Me", 前注 142.

[145] *Shiu v. PP*, 前注 104, 第 12-14 页; "Police Officers Hit Me", 前注 142, 第 25 页。肖志浩的父亲就职于一个法定机构 (statutory board)——新加坡广播公司，他是戏剧科的负责人。从本质上讲，他是一名政府雇员。

[146] *Shiu v. PP*, 前注 104, 第 13 页。

[147] 同上注, 第 15 页; "Police Asked Me to Persuade Son to Plead Guilty: Witness", *Straits Times* (18 March 1994) 31.

[148] 新闻对此做了报道，但这并没有体现在判决中。判决书表明，法院曾询问肖志浩的父亲，他是否带他的儿子去看过病。父亲回答说没有，因为他的儿子不想看病，于是他就给儿子配了一些中药；*Shiu v. PP*, 前注 104, 第 15 页。

101　　一起的。⑭ 肖志浩的律师认为，哈伦是为了避免自己被判处鞭刑才把肖志浩拉下水的，但哈伦予以否认。

　　肖志浩提供了不在场证明。有人作证，在案发时间里，肖志浩一直待在另一家公司。肖志浩还表示，虽然他一度与费伊是好朋友，但后来他们产生了争执。此后，他再没有去过费伊的公司。然而，为期九天的审判结果是：法院指出了书面陈述和口头证词的矛盾之处，并指出肖志浩的父母所提供的证据中有一些细节是不可信的，因此法院认定被告方"没有对检方提出的案件事实以及对被指控的罪名提出任何怀疑"，并且法院认为检方成功证明了的案件事实已超越了合理怀疑。⑭

　　肖志浩案反映了新加坡的法院也是在"以法统治"。法院谨慎地遵循法治程序，通过就事论事的审理来判定肖志浩在被警方拘留时所做的书面陈述的可接受性。肖志浩声称，他作出这些陈述是因为自己受到了殴打、威胁和诱导。⑮ 肖志浩和他的证人——他的朋友和父母——提供了证据，这些证据已经过质证和交叉询问。警方的证词和肖志浩的证词（包括他新提出的不在场证明，及其父母的陈述）相抵触，其表现是警方的证词能推论性地得出一个判断，这个判断可以用来识别非公职人员所提供的证据中的缺陷、矛盾和低概率性。然而在评估证据时，法庭并不认为这些矛盾和缺陷可以构成合理的怀疑。

　　"法制"能够给检方带来优势，这主要是因为程序性的规则规定：无须与律师沟通，警方即可拘留和审问嫌疑人至48小时。⑯ 但法院并不承认存在这种优势。法院拥有法治能力，通过识别情形真实与

---

⑭　同上注，第28页；"HK Youth Denies Charges and Claims He Was Elsewhere"，*Straits Times*（23 March 1994）24.

⑭　*Shiu v. PP*，前注104，第47页。

⑮　同上注，第12页。

⑯　*Criminal Procedure Code*（Cap. 68，1985 Rev. Ed. Sing.）s. 36（2）.

否，法院能够对抗权力的不平衡状态。如果法院能够识别肖志浩作　　103
出书面陈述时及证人出庭作证时所说的刑讯逼供是真实的，那么像
这名16岁的男孩一样的其他个体，就会得到更多人的关注，他们的
意义并不局限于个人层面。比如，现在他们与警方产生了分歧。对
肖志浩的朋友和父母而言，出庭作证是令人忧心的。但法院并不认
为肖志浩是一名特别容易受到伤害的被告人，也没有对此作出回应。

　　法院仍然重复了政府话语，认为破坏性行为是"严重的罪行"。[⑬]
法院驳回了辩护律师提出的适用缓刑而不是监禁的减轻请求。法院
认为，尽管在一般情况下法院会考虑对少年犯适用缓刑，但本案是一
个例外：

> 然而，必须权衡少年犯的利益与社会利益，法院必须采取一
> 切必要措施来保护公众。因此，当涉及严重的罪行时，尤其是在
> 本案中，他们是蓄意地、故意地犯罪，我认为唯一适当的惩罚就
> 是监禁。[⑭]

　　法院驳回了辩护理由，作出了严格遵守普通法预期的判决，即法
院必须参与论证和抗辩过程，评估、评价由控方和辩方提出的情况。
鉴于法院拒绝认定肖志浩在作出书面陈述时受到了压迫，所以法院
是国家主义式的，而不是自由主义的。[⑮]　总之，肖志浩案反映了国家
主义法院的话语实践——在行使"法治"程序时，采用"法制"的策略。
由此，肖志浩的立场、显示度以及个体情况都被消除了，而"破坏性行
为"的"严重性"则得到了重申。　　　　　　　　　　　　　　　　103

　　除了这些司法话语之外，在政府主导下的费伊案和肖志浩案定罪
过程中，新加坡政府通过对案件一些相关特征的选用，将基于"亚洲价
值观"的"法律"和刑罚观念注入了一贯脆弱的新加坡"国家"之中。

---

　　⑬　*Shiu v. PP*，前注104，第46页。

　　⑭　同上注，第47页。

　　⑮　首席大法官驳回了费伊提出的上诉，这也体现了法院与政府之间的一致性和连续
性；*Fay v. Public Prosecutor*［1994］2 Sing. L. R. 154（H. C.）.

东西方差异：社会秩序与刑罚

李光耀颇具深意地提出用亚洲价值观来重新讲述费伊案。李光耀出任新加坡总理共 31 年，而后，他在内阁中成为继任者吴作栋的资政。在 1966 年《破坏性行为法》的制定过程中，李光耀发挥了核心作用。在近 30 年之后，至 1994 年，作为通过亚洲价值观复兴《破坏性行为法》的始作俑者，李光耀向世人展示了在将新加坡的"法治"重置为"法制"的过程中，自己又是如何继续起到中坚作用的。

李光耀在新加坡拥有持久的、有力的、变革型的领导力[⑭]，并且他拥有极高的个人魅力[⑮]，因此在新加坡的公共领域，他所说的任何话都举足轻重。在驳回费伊的上诉的两周后，李光耀在一个时事电视节目中发表了讲话。以下摘录自《海峡时报》对这一节目的报道：

> 国务资政指出，美国政府、参议院以及媒体都用费伊案来奚落新加坡，他们都认为刑罚过于严重。"美国不敢约束或惩罚公民，不论他们做了什么都会得到原谅……这就是整个美国一片混乱的原因。毒品、暴力、失业和无家可归者，表明那个社会出现了各种问题。"因此，虽然美国是世界上最富裕、最繁荣的国家，"但它并不安全，并不和平"……他说，新加坡的立场是，政府必须保护社会。如果不这么做的话，就会出现混乱……绝大部分新加坡人也认为共同体利益应当优先。他说，这是正确的，如果他们听从美国人，那么他们就会走下坡路……至于如何评论

104

---

⑭　Ho Khai Leong, Shared Responsibilities, Unshared Power: *The Politics of Policy-Making in Singapore* (Singapore: Marshall Cavendish, 2003) at 92-128.

⑮　Ho 称，李光耀的魅力"使他成为新加坡的文化偶像"；同上注，第 96 页。

西方和东方有关人权问题的差异，李先生说，前者认为社会应当
服务于个人利益，而后者更重视共同体利益。⑱

李光耀并不认为美国的批评是正确的，他将其定性为"奚落"。
他不赞成美国的刑罚（"美国不敢约束或惩罚公民"），而这恰是李光
耀所强调的，这暗示着美国是一个只懂得"原谅"的软弱、无用之国，
由此出现了"毒品、暴力、失业和无家可归者"。鉴于新加坡将惩罚性
的国家暴力进行了法典化，李光耀认为，新加坡所体现的力量和决
心，与美国的弱点形成了鲜明对比。李光耀提出的主张，将政府和公
民合二为一（"新加坡的立场是，政府必须保护社会。如果不这么做
的话，就会出现混乱……绝大部分新加坡人也认为共同体利益应当
优先。"）。他认为公众会普遍赞成作为强制手段的法律，也会普遍同
意暴力性刑罚。人权的问题只是粗略地一笔带过：东方世界更注重
群体，而西方世界更注重个人。

李光耀在四月做出了这番有关美国社会衰落的分析。4 个月后，
政府在八月又重复了李光耀关于亚洲价值观和惩戒的论述。费伊和肖
志浩的判刑变成了一个有关东方和西方的警世故事。政府对两名男孩
的本质特点进行了描述，以突出这一主题：利用羞耻感来规训公民，这
种权力行为是可取的。鉴于新加坡在 8 月 9 日成为一个独立的主权共
和国，因此八月对新加坡而言有着高度的爱国主义教育意义。

1994 年 8 月 1 日，新闻报道了李资政写给肖志浩父母的一封信：

李资政向男孩的父母保证，政府和新加坡广播公司⑲并不会
因为其儿子被定罪而看不起他们……听说因为事件被公开，这
对夫妻陷入了"艰难、尴尬的境地"，他对此深表遗憾。资政办公
室的一份声明表示，肖先生对自己儿子的困境保持沉默，"这是

105

---

⑱　"US Reaction to Fay Case Shows It Dare Not Punish Criminals", *Straits Times*
(13 April 1994) 3.

⑲　"SBC"意指新加坡广播公司；另参见脚注145。

儒家文化的体现,他为儿子卷入这样的事件而感到羞耻"。⑩

李光耀的信及其办公室的声明,都援引并重申了"中间形态的知识"。⑯ 他结合亚洲话语(更狭义地说是"儒学"),对肖志浩父亲的羞耻感表示赞赏。李光耀的描述,并没有提及作为青少年的肖志浩提出的无罪请求,也没有提及众所周知的事实——在该审判中,肖志浩指控警方使用暴力,并讲述了警方威胁他说他们有权让其父亲丢掉工作。肖志浩的父亲在审判时出庭作证,以证明他儿子曾被警方拘留,以及他儿子大腿上确有伤痕。⑯ 该审判所呈现的场景,并不符合李光耀简单刻画的令人赞赏的儒家式沉默,那种因羞耻感而产生的沉默。李光耀直接忽略了此次审判,以此化解现实与其论述的不相符之处。

李光耀写给肖志浩父母的信被公开的六天后,在 8 月 7 日,即国庆节前两天,《星期日泰晤士报》对保持沉默的肖志浩父母进行了长篇采访,题为"极端的困境,把家人拉得更近"。⑯ 我要说明的是,迈克·费伊的父母离婚了,他与母亲和继父住在新加坡;但肖志浩的父母没有离婚。8 月 21 日,继吴作栋总理发表了国庆群众大会演讲⑭——"道德价值:活力国家的基石"⑮——后,两名男孩的家庭区别被逐渐放大。在演讲中,吴作栋重申了李光耀提出的亚洲价值观,以此说明暴力性刑罚是如何保护国家的。吴作栋不但重申了李光耀

106

---

⑩ "SM Urges SBC Drama Head to Stay Despite Son's Vandal Conviction", *Business Times* [*of Singapore*] (1 August 1994).

⑯ Colin Gordon, "Introduction", in James D. Faubion, ed., *Michel Foucault: Power* (London: Penguin, 1994) xviii.

⑱ *Shiu v. PP*, 前注 104; "Police Officers Hit Me", 前注 142, 第 25 页; "HK Boy 'Gave Names of Others'", 前注 113, 第 2 页.

⑯ Leong Weng Kam, "Biggest Crisis Has Brought Family Even Closer", *Straits Times* (7 August 1994) 4.

⑭ 新加坡总理的国庆群众大会演讲相当于美国总统的国情咨文演说。另参见 Kenneth Paul Tan, "Singapore's National Day Rally Speech: A Site of Ideological Negotiation" (2007) 37:3 *Journal of Contemporary Asia* 292.

⑯ "National Day Rally Address by Prime Minister Goh Chok Tong, Speech in English, August", 访问路径: Speech-Text Archival and Retrieval System <http://stars. nhb. gov. sg/ stars/public>.

的主旨,他也将当代新加坡视为一个处于危险中的国家。在1994年,"共产党人和种族主义者"不再对新加坡产生威胁[166];相反,"破碎的家庭"、放任纵容以及缺乏规训却成了危险的源头,家长式的强制性肉刑可以阻止和防止道德衰败。

在演讲中,吴作栋首先提出了一系列经济政策,表示政府将通过这些政策来确保并维护国民的财富。然后他提醒道,虽然新加坡的经济前景是充满希望的,但只有在下述情形之中,新加坡才可能实现持续的经济繁荣:

> 拥有正确的价值观……有着团结感和民族感,公民有纪律且勤奋,拥有坚定的道德价值和牢固的家庭关系……新加坡的公民有着催人进步的正确价值观。我们的亚洲文化认为共同体利益优于个体利益。[167]

吴作栋将经济繁荣与道德联系在了一起:

> 你可能会认为社会衰退是不可思议的。但是,社会变糟是很快的。美国和英国社会在过去的30年中发生了深刻变化。在20世纪60年代初之前,那里的人们遵守纪律、谨慎保守,并且家庭就是社会的支柱。

107

> 在那之后,美国和英国见证了破碎的家庭、未成年母亲、私生子、少年犯罪、破坏性行为和暴力犯罪等现象的急剧增长。[168]

吴作栋颇有深意地向大家呈现了这一衰败过程——始于破碎的家庭,终于暴力犯罪。在他的演讲中,他一遍又一遍地重申,这种多米诺骨牌效应几乎是必然的。值得注意的是,他认为美国和英国从20世纪60年代初开始衰退,这似乎意味着独立于1965年的新加坡,其国家结构中的西方元素来自于实力和社会活力都处于鼎盛时期的

---

[166] Sing., *Parliamentary Debates*, vol. 24, col. 5 (8 December 1965);在第一章中已有讨论。

[167] Goh,前注165。

[168] Goh,前注165。

西方世界，因而这些西方元素具有道德正当性。美国和英国在20世纪60年代后的衰退，成了新加坡的一个警世故事。他提醒道，新加坡社会正在经历诸多变化，这表明新加坡也有衰退的风险：

> 新加坡社会也在改变。新加坡公民更注重物质生活和个人回报。离婚率小幅上升，还出现了一些单亲家庭，并且吸毒和少年犯罪的数量也有所增长。
>
> 近日，《海峡时报》刊登了一则广告，广告中的男孩说："这样吧，爸爸。如果你每周可以打五次高尔夫球，那我每天就可以喝一次适体健（Sustagen）。"我觉得广告里的用语和这名男孩的说话方式令人反感。为什么要把美国男孩对父亲说话的方式，用到新加坡男孩身上呢？……这些广告会让孩子们不尊重父母。许多美国孩子直呼他们父亲的名字，并与父亲们随意相处。我们不能未经思考，就染上那些会破坏亚洲孩子尊重父母和长辈之传统礼仪的态度和举止。这会对我们孩子的成长环境——对长辈谦恭有礼——带来不利影响。
>
> 首要的教训是：不要放纵自己和家人，尤其是儿童和青少年。⑩

108

吴作栋的推论、修辞和教导性姿态充分体现了福柯提出的、与新经济自由主义相结合的治理术——"一种教师式的支配地位、一种对领导权的主张……让公民面对现实和市场纪律，教导他们有关经济事务的职分"。⑯

吴作栋将家长式的强制性肉刑，视为社会腐败的解药：

> 在美国，放纵孩子造成了令人遗憾的后果。如果你因孩子不守规矩而打他，你就有可能被送进监狱。在佐治亚州的一家杂货店，有一名9岁的男孩欺负他的姐姐，并粗鲁地对待自己的母亲。于是他母亲打了他。一名警官看到了男孩脸上的红印，

---

⑩　Goh，前注165。
⑯　Gordon，前注161，第 xxiii 页。

就问他之前是否挨打了。"当我不乖时，我就会被打"，男孩说。于是，这名母亲被戴上了手铐，她因虐待儿童而被扭送监狱。在她交了 33000 新币的保释金后，她才被释放。警方后来撤销了指控，不过这并非因为警方认为指控是错误的，而是因为他们担心在法庭上无法证明因母亲掌掴其子而给孩子带来了极端痛苦。

> 英国的司法似乎也是自由的、柔性的……美国人和英国人已经受够了不断上升的犯罪率，他们希望严厉打击犯罪。这就是为什么迈克·费伊的破坏性行为会引起如此广泛的关注。[70]

总而言之，吴作栋的论证是：家长对不良行为的放纵，会对富裕社会造成不良影响……允许父母通过体罚的方式来管教孩子，是消除这种影响的最佳方式。亚洲价值观认为，个人利益必须服从共同体利益。吴作栋利用排比和反复的修辞方法，而非条理清晰的逻辑，将亚洲价值观视为实现经济繁荣和维持社会秩序所必不可少的要素。为实现经济繁荣并维持社会秩序，所有家庭必须是严格管教、长幼有序且完整和谐，而父母用暴力惩罚孩子是妥当的。吴作栋的讲话认为，就佐治亚州那名掌掴年幼儿子的母亲而言，她的行为是妥当的；但警察不当地贬损了这位母亲。

吴作栋突然又将人们对其论证的关注点，转向了亚洲价值观。他继续说道：

> 比较一下迈克·费伊父母和肖志浩父母的态度。费伊的父母感到非常愤怒，而没有感到羞愧。他们继续上电视参加脱口秀，他们责备除了他俩之外的所有人。肖志浩的父母则表现出了痛苦，他们避免公开亮相并想离开新加坡，因为他们感到羞耻。但是，迈克·费伊回到美国后喝醉了，他的父亲表示不满，他竟然揪住其父亲并将他按倒在地。我无法想象中国人的儿子或任何其他亚洲人的儿子，会与父亲格斗。但是，若儿子可以直

———————————

[70]　Goh，前注 165。

呼其父的名字并将其视为同辈，就有可能发生这类行为……在儒家社会，犯错的孩子意识到他给整个家庭带来了耻辱。而在美国，犯错的孩子可能会一炮走红。[12]

吴作栋的演讲包含着两个信息：第一，维持家庭和社会的控制力的机制，必然是体罚（肉刑）；第二，公民之于政府即孩子之于父亲。如果政府没有规定体罚，公民也不服从权威等级，那么可以预见到，新加坡的经济繁荣和社会秩序必然会衰退至美国和英国社会的局面。国家暴力和强硬的法律必须联合起来，只有这样，一个无所不晓的政府才能够拯救不稳定的新加坡。

奉行国家主义的法院

2007 年有关破坏性行为的一份判决，即王珊珊诉检察官（Wong Shan Shan）[13]案的判决，表明政府话语在新加坡有着重要的主导性地位，并且这种公共话语对法律运作有重要影响。在本案中，一名 19 岁的女性对两项破坏性行为的罪名表示认罪。她对着公寓门和公共通道喷漆，并在公寓的外墙上涂写标记。因此，她被判处监禁两个月。在《破坏性行为法》施行了 41 年之后，地方法庭的判决仍与当年国防部长的用语和态度相一致。国防部长在 1966 年指出：

破坏、损毁那些为人民利益而设置的公共财产的行为，必须被视为极其恶劣的。因为这些由政府提供的服务和设施，最终是人民自己出钱支付的。不过令人遗憾的是，社群中某些不负责任的人，觉得损毁和破坏公共财产能够给他们带来快感。但是，这种快感给他人带来了痛苦。为了国家利益，有必要严肃惩

110

---

⑫　Goh，前注 165。

⑬　*Wong Shan Shan v. Public Prosecutor* [2007] SGDC 314（Sing. Dist. Ct.）[*Wong*].

处那些造成损害的少数人。[174]

2007 年,审理王珊珊案的地区法庭在判决中解说道:

> 她用彩色喷漆和记号笔,故意破坏公共财产……无须多言
> 这些行为所造成的危害以及消除这些污渍的困难。为了强调这
> 种罪行的恶劣性,国会规定,对于涉及使用油漆、焦油等其他不
> 可擦除的物质所犯的破坏性行为,最少将强制性处罚鞭刑三下。
> 然而在本案中,由于被告人是女性而没有对她实施鞭刑。[175]

与 1966 年政府在检察官诉刘同岻一案[176]中的论证一致,法院
也认为重刑象征着重罪。在王珊珊案中,法院指出,被告已被诊断出
患有早期偏执性精神病,但法院认为她在犯罪时"并非精神不健全"。
因此,法院行使裁量权,根据王珊珊受到的两项破坏性行为指控,分
别判处其监禁两个月。

111

2007 年,地方法庭认为王珊珊所涂写的标记是一种"威胁",其
作为是一种被国会确认为"恶劣的"罪行。地方法庭的这些描述,让
人想到了费伊和肖志浩案中法院的国家主义话语。由于法律文本并
不能直接体现历史,并且在国家主义主导的、秉持法条主义的政体
内,法律容易受到一些不予明辨的解释的影响,再加上新加坡政府支
配了公众领域,这三者意味着在后冷战世界中,尽管亲越共的口号不
再是一个公共议题,但破坏性行为仍属于恶劣的罪行。事实上,在 21
世纪,破坏性行为的"恶劣性"得到了重申。不仅王珊珊案的判决体
现了这点,《腐败,贩毒和其他严重犯罪(没收所得)法》[177]以及东南亚
国家联盟(东盟)2002 年刑事案件法律互助条约也反映了这点。在
该东盟条约中,新加坡将破坏性行为、贩毒和拐卖妇女儿童归为"恶

---

[174] Sing. *Parliamentary Debates*, vol. 25, col. 291 (26 August 1966) (Wee Toon Boon).

[175] *Wong*,前注 173,第 18-19 段。

[176] "Reasons Behind the Vandalism Bill ……",前注 37。

[177] Cap. 65A, 2000 Rev. Ed. Sing.

劣"的犯罪行为。

法院极少质疑法律文本的内容，这在破坏性行为的判决中显露无遗。由此产生的问题是：为什么新加坡法院能够在商法领域做出先进的、复杂的论证⑩，但在破坏性行为的判决中，却出现了这种实质性的不合理状况？我认为要寻求答案，就得将《破坏性行为法》视为官方的权力运作，就要意识到政府拥有话语支配权。1966 年《惩罚破坏性行为法》出台后，政府创建了一种有关破坏性行为的话语，规定非公职人员（也许除了司法机关之外）不得提出质疑。1966 年，总理在国会对司法机关提出了批评，因为司法机关只根据法律原则作出判决，而不考虑新加坡的现实状况。之后，司法机关都俯首听命于国会的主张，并将政府指示给它们的潜台词解读进了法律文本之中。

破坏性行为的判决和政府话语之间保持着连续性，并且法律文本所做的定义和分类方式也未曾受到司法机关的质疑，这两者结合在一起，导致了对法律文本的简化理解。这种限制性消除了潜在的对抗机制。否则，通过对抗性机制可能出现其他说辞，它们可能反对政府对破坏性行为所做的同一性论述。破坏性行为之所以是一种"恶劣"的罪行，是因为政府认为如此。⑩ 或许正是政府的威权性宣告，终结了理性的推理。

---

⑩　例如，参见 Yong C. J. 做出的有关阻塞或阻碍原则（doctrine of clogs, or impediments)的判决，以及有关赎回权的判决，这些判决除了对原则做出审查和评估之外，还评估了新制度对金融工具产生的影响；*Citicorp Investment Bank（Singapore）Ltd v. Wee Ah Kee*[1997] 2 Sing. L. R. 759. 对该判决的复杂性所做的讨论，参见 Kelvin Low & Tang Hung Wu, eds. , *Principles of Singapore Land Law*(LexisNexis, 2009) at 530.

⑩　有趣的是，相比较而言，英国是根据 2003 年《反社会行为法》（*Anti-Social Behaviour Act*（UK）, 2003)C. 38, S. 43 来处理破坏性行为的。需要说明的是，英国法并没有使用"破坏性行为"的表述。具体而言，处理破坏性行为的依据，是由当地政府官员或受警方支持的社区官员发布的"罚款通知"中的具体罚款制度。英国内政部的网站表明，乱涂乱画并不被视为严重的罪行；访问路径：＜http://www. homeof ce. gov. uk/anti-social-behaviour/penalties/penalty-notices/＞.《反社会行为法》似乎并没有废除 1971 年的《刑事损害法》(*Criminal Damage Act* 1971（UK）, 1971)C. 48. 根据该条款，犯有故意破坏性行为的最高刑罚为监禁十年，但法院几乎不会作出监禁的判决；Allen Cross, "Vandalism: An Anglo-American Perspective" (1979) 2 *Police Studies* 31.

圆形监狱式国家

1994 年，随着冷战的结束，新加坡政府不再将"反共"视为正当化 1966 年所设鞭刑的潜在理由。

虽然政府在 1994 年已不再全面推行 1966 年有关共产主义的潜台词，但国家脆弱性的主题仍得以延续并重申，这就要求强大的政府依据强硬的法律行事。1994 年的官方话语提出，国家的威胁不是共产主义的意识形态力量和军事实力，而是西方价值观的衰退。由于当代西方国家没有肉刑，曾经无敌的西方世界，现在变得缺乏纪律且道德衰败。1994 年费伊案的话语表明，严厉的肉刑能够击退国家所面临的新的道德威胁。肉刑是一种理想的、威慑性的刑罚。因此，即使冷战结束了，仍需要法律规定暴力性刑罚来保卫脆弱的国家。即使在今日，国家的边界是抽象的、道德意义上的，它们仍要受制于国家对价值观作出的规训。

法律文本很容易因解释而发生变化，这就使得 1966 年以反共产主义为潜台词的破坏性行为，在 1994 年变成实现另外一些潜台词的工具，这些潜台词包括：面临道德败坏和社会腐败的国家脆弱性，主权独立，以及亚洲价值观。在 1966 年和 1994 年，破坏性行为的潜台词都与国家的政权建设相关。一旦与强权政府的有效统治条件相结合⑱，破坏性行为就会变得难以捉摸。当然，正是出于这些有效统治条件的要求，才有了这样一部旨在实现潜在目的的法律——该法是为了将左派政治分子定罪。所有政府机关都对法律作出了一致的解释。由此，在对迈克·费伊适用鞭刑时，政府实现了另一个潜在目的——将法律用作一种教育方式，以此来展现主权独立。

我将通过最后一个问题来结束本案例研究：为什么新加坡政府要在如此长的时间跨度内，并且在国内和国际层面上，反复地、过度

113

⑱　Cover，前注 49，第 1616 页。

地强调其法律的有效性？为什么在解释费伊案的处理决定时,要强调政府的合法、理性的身份？我认为,新加坡国家是类似于圆形监狱的。边沁在设计圆形监狱时,利用了光线和空间。所有牢房都围绕着一座中心监控塔,从该塔可以看见所有的牢房。正如福柯指出的那样,"这么做是为了让犯人意识到,自己一直在他人的视线中,这就可以确保权力的自动运行"。⑱ 犯人们不知道是否有人在使用中心塔,但犯人们知道自己在他人的视线中:

114

> 边沁规定了这一原则,即权力应该是无所不在又深不可测的。"无所不在"是指:犯人们经常可以看到发挥监视作用的中心塔的高大轮廓。"深不可测"是指:犯人们永远不知道他在某一时刻是否被注视,但他确定自己一直在他人的视线中。⑲

因为新加坡特别小、政府极为强势,并且人们被持续提醒说政府会广泛地监控公共领域,所以它就像是一个圆形监狱。如果新加坡是圆形监狱,那么中央塔的监督区就必须保持黑暗。由于政府不确定其正当性在多大程度上源于公民的同意,它不能冒险公开接受质疑。具体而言,政府不允许人们质疑其用来管理国家的监管性、惩戒性的法律治理术。美国人认为对迈克·费伊适用鞭刑是暴力的、不合理的、侵犯人权的,美国人的这种批评也质疑了新加坡政府的合法性、现代性和理性,而这些正是新加坡政府主张自身正当性的至关重要的身份特点。⑳ 新加坡政府重新叙述了费伊案,它认为该案反映了东西方文化的差异。这样一来,政府就可以免受人权方面的批评,这也让那些源自西方世界的质疑都趋于无效。通过重新叙述费伊案,政府再次主张自己是道德领域的主导者,并(以一种未曾遭受国内公

115 共领域质疑的方式)再次申明为了保卫国家而实施肉刑。

---

⑱ Michel Foucault, Discipline and Punish: The Birth of the Prison, 2nd ed., trans. by Alan Sheridan (New York: Vintage, 1995) 201.

⑲ 同上注。

⑳ 第一章讨论了理性和现代性在构建政府的正当性中发挥了怎样的作用。

第四章

管理新闻：
《报业与印刷新闻业法》

本章将开展第二个案例研究，即 1974 年的《报业与印刷新闻业116法》（或《新闻法》）。① 此案例研究表明，该法令破坏并重塑了与言论自由和政治多元自由主义密切相关的新闻自由。如果说《破坏性行为法》让国内的共享公共空间在意识形态上趋于一致，那么《新闻法》就使得国内的话语空间趋于一致。《新闻法》所确立的管理新闻的技术，将国内的话语空间置于高度监管之中。因而在法律和话语层面，国家和人民行动党政府呈现出日益混同的趋势。

1974 年《新闻法》的颁布，与 1971 年的事件密不可分。当时，有三家新加坡报业受到了官方一系列压制措施的影响。之后，两家报

① *Newspaper and Printing Presses Act* (Cap. 206, 2002 Rev. Ed.) [*Press Act*].

117 业倒闭，另一家报业的所有权和控制权发生变更。② 政府指控这三家报业破坏了国家安全。根据政府的说法，这些报纸拥护分裂性的地方自治企图，它们要么秘密地推动了共产主义事业，要么代表着外国利益破坏国家。1974 年，即在这些事件发生的三年后，《新闻法》应运而生。③ 在继续分析《新闻法》之前，本章将回顾一些文本和事件，它们被认为是该法案的原型。1971 年，李光耀在国际新闻协会上发表了演讲，以阐明未经审判即限制四名报业高管人员的人身自由是合法的。④ 剥夺人身自由的做法以及当时的政府话语，向我们展示了政府在 1971 年是如何"巧妙"地将公共领域运作成为自己的表演空间。具体而言，政府将突发性的紧急状态整合进了国家脆弱性的说辞之中，从而证明"以法统治"的话语正当性。

《新闻法》授权政府监督和控制报业的所有权、运作和资金。⑤ 政府在 1971 年提出的"遭到破坏的国家安全"的话语，在 15 年后又得到了主张。1986 年，政府试图利用该话语来正当化控制外国新闻媒体的措施。⑥ 本章将探究 1971 年的事件、1974 年颁布的《新闻法》和1986 年的外国新闻媒体修正案在话语和法律上的一致性。这也是

---

② Francis Seow, *The Media Enthralled*：*Singapore Revisited*（Boulder：Lynne Rienner，1998）38-105；Sing.，*Parliamentary Debates*，vol. 31，cols. 5-10 at 9（21 July 1971）（Dr Benjamin Henry Sheares）；Lee Kuan Yew，*From Third World to First*：*The Singapore Story*：1965—2000（Singapore：Singapore Times Editions，2000）212-218［*From Third World to First*］；Simon Cassady，"Lee Kuan Yew & the Singapore Media：Purging the Press"（1975）4：3 *Index on Censorship* 3-6；Cherian George，"History Spiked：Hegemony and the Denial of Media Diversity"，in Michael D. Barr & Carl A. Trocki，eds.，*Paths Not Taken*：*Political Pluralism in Post-War Singapore*（Singapore：NUS Press，2008）264-280［*History Spiked*］.

③ 1974 年 3 月进行了《新闻法草案》二读程序的辩论；Sing.，*Parliamentary Debates*，vol. 33，cols. 913-932（27 March 1974）.

④ Lee Kuan Yew，"The Mass Media and New Countries"，该文发表于 1971 年 6 月 9 日的国际新闻协会大会（General Assembly of the International Press Institute），［*Mass Media*］.

⑤ *Press Act*，s. 7 to s. 16.

⑥ Sing.，*Parliamentary Debates*，vol. 48，cols. 369-374（31 July 1986）（Mr Wong Kan Seng）.

本书关注的主题内容——法律如何策略性地运作"法治"与"法制"之间的矛盾来建构政府的正当性话语——的一部分。

118

《新闻法》的重要意义

《新闻法》是一部重要的法律,这主要有三个原因。首先,它标志着在早期的民族国家,政府将紧急状态时期(1948 年至 1960 年)的法律例外主义,延用于后紧急状态时期的民间社会。对紧急状态时期的例外主义的扩展适用,一目了然地呈现在以下几个方面:将权力集中于行政机关之手;剥夺法院的职权;以国内安全为理由来证立破坏新闻自由的做法,即由政府来控制和监督报业的运作、所有权和资金。

第二,《新闻法》标志着作为治理术的法律的发展。《新闻法》将殖民地时期的许可办法⑦——对所有印刷新闻业和报业都进行登记并发放许可证——与统合性技术相结合,看上去是以殖民地时期《海峡时报》的备忘录和结社报道为蓝本的。⑧ 作为治理术的法律的另一个特点是,法律利用统合性技术来作出统一规定,即所有报业必须具有双层股权结构:管理股和普通股。⑨ 这种结构意味着,在人员任免事项方面,普通股每股持有 1 份表决票,管理股每股持有 200 份表决票。⑩ 此外,管理股只能由政府批准的个人和公司持有。⑪ 实际上,

---

⑦ 《新闻法》保留了 1920 年殖民地时期的《印刷新闻条例》(*Printing Presses Ordinance*)的内容,后者可以追溯至一部适用于海峡殖民地的印度法,即 1835 年的第十一法案,《印刷商和出版商》(*Printers and Publishers*)。

⑧ Sing., "Report of the Select Committee on the Newspaper and Printing Presses Bill", Parliament 3 of 1974 (17 August 1974) [*Report on the Press Bill*] B12 at col. 24.

⑨ *Press Act*, s. 8 and s. 10.

⑩ *Press Act*, s. 10(11).

⑪ *Press Act*, s. 10(1)(c).

若政府不是报业的代理人，那么报业将由政府任命者来负责运作。⑫
119 因此在公共领域内，报业无法接触到与政府的意识形态不一致的
内容。⑬

第三，如果说《破坏性行为法》旨在限制政治反对派在公共领域
发出一些声音，那么可以说，《新闻法》曾经（包括现在）也旨在限制报
纸公开刊登各种批评和不同意见。具体来说，政府起初似乎是希望
通过《新闻法》来压制报纸公开刊登的批评意见，这些意见通常是为
120 新加坡境内那些接受中文教育的人说话。⑭《南洋商报》成了反对人

---

⑫　在新加坡，只有一份日报是由新加坡报业控股有限公司（Singapore Press
Holdings）发行的，该公司是一家与政府挂钩的公司。另一份《今日报》（Today）则是由新
传媒（MediaCorp）发行的，这家公司也是一家与政府挂钩的公司。以"与政府挂钩的公司，
以及与政府有着密切关系的私人控股公司"为基础，政府"几乎垄断了媒体"：Dianne K.
Mauzy & Robert Stephen Milne, *Singapore Politics Under the People's Action Party*
(London：Routledge，2002) at 137.

⑬　除了前注 2 的参考文献之外，更多关于新加坡政府运作媒体的研究，参见 Cherian
George, *Singapore the Air-Conditioned Nation：Essays on the Politics of Comfort and
Control*，1990—2000(Singapore：Landmark，2000)；Cherian George, "Singapore：Media
at the Mainstream and the Margins", in Russel Heng, ed.，*Media Fortunes，Changing
Times：ASEAN States in Transition*(Singapore：Institute of South East Asian Studies，
2002)［*Media at the Mainstream*］；Cherian George, "Consolidating Authoritarian Rule：
Calibrated Coercion in Singapore" (2007) 20：2 *Pacific Review* 127［*Consolidating
Authoritarian Rule*］；Wendy Borkhorst-Heng, "Newspapers in Singapore：A Mass
Ceremony in the Imagining of the Nation" (2002) 24 *Media，Culture & Society* 559；Soek-
Fang Sim, "Obliterating the Political：One-Party Ideological Dominance and the
Personalization of News in Singapore 21" (2006) 7：4 *Journalism Studies* 575；Jonathan
Woodier, "Securing Singapore/Managing Perceptions：From Shooting the Messenger to
Dodging the Question" (2006) 23 *Copenhagen Journal of Asian Studies* 57.

⑭　Seow，前注 2；Carl Trocki, "David Marshall and the Struggle for Civil Rights in
Singapore", in Michael D. Barr & Carl A. Trocki, eds.，*Paths Not Taken：Political
Pluralism in Post-War Singapore*(Singapore：NUS Press，2008) 124. Hong 和 Huang 撰
有关于新加坡政治中的"语言断层线"的专著；Hong Lysa & Huang Jianli, The Scripting of
a National History：Singapore and Its Pasts (Singapore：NUS Press，2008) at 109. 在论及
新加坡公民中的华裔时，政府会根据性质简单地使用"英文教育"和"中文教育"这两个类
别，这是第五章在讨论所谓的马克思主义者的阴谋时所强调的新加坡的话语特征。另参
见 Huang Jianli, "The Young Path nders：Portrayal of Student Activism", in Michael D.
Barr & Carl A. Trocki, eds.，*Paths Not Taken：Political Pluralism in Post-War
Singapore*(Singapore：NUS Press，2008) at 188.

士的平台，他们反对政府在中文、中国文化和中文教育等方面规定的政策。但政府否认它对《南洋商报》采取措施是因为《南洋商报》提出了批评意见。相反，政府表示其之所以会这么做，是为了打击"指控政府试图摧毁中国文化的渐进式运动"。[15]

　　在第三章对《破坏性行为法》的讨论中，我描述了1966年新加坡所处的格局。1966年社会和政治格局的主要特征，在20世纪70年代初仍有所体现。虽然人民行动党政府占据着主导地位，并且是国会中的唯一政党，但它当时尚未实现20世纪70年代末的那种高度霸权及人们普遍服从的状态。公众的不满和焦虑，主要围绕着以下三点：中文教育；如何评价中文、中国文化；如何评价接受中文教育的新加坡人的经济和社会地位。[16]

　　用中文授课的南洋大学（Nantah），成了一些话题的焦点。[17]南洋大学缺乏政府资助；并且如果学生想去政府行政部门工作，政府并不认可南洋大学的学位。[18]事实上，南洋大学和中文教育是1963年9月大选的热点问题。[19]具体而言，南洋大学的几个重要人物与社阵结成了联盟[20]，因为社阵的领导人都是接受中文教育的[21]，不像人民行动党的领导人是接受英文教育的。[22]身处新加坡的华人面临着"语言阻断线"[23]，这是一个高度紧张的、高度政治化的问题。

121

---

[15]　Leslie Fong, "Three Newsmen Held", *Straits Times* (3 May 1971) 1；Lee, *From Third World to First*，前注 2.

[16]　Hong & Huang，前注 14；Huang，前注 14.

[17]　Hong & Huang，前注 14，第 111 页。

[18]　同上注，第 109-162 页。

[19]　Sai Siew Min & Huang Jianli, "The 'Chinese-Educated' Political Vanguards：Ong Pang Boon, Lee Khoon Choy & Jek Yeun Thong", in Lam Peng Er & Kevin Y. L. Tan, eds., *Lee's Lieutenants：Singapore's Old Guard* (St Leonards：Allen & Unwin, 1999) 132 at 145-148.

[20]　同上注。

[21]　同上注。

[22]　同上注。

[23]　Hong & Huang，前注 14，第 109 页。

在早期历史上,南洋大学(包括作为其创办者的大学精英人士及南洋大学的学生)就与反对派社阵过往密切。㉔ 此外,人民行动党政府认为南洋大学学生的积极行动是"亲共的""受共产主义控制的"。㉕但是,学生却认为人民行动党政府试图摧毁中文教育。㉖ 1965 年 9月,南洋大学管理部(1964 年由人民行动党设置)㉗接受了审查委员会报告中的建议,这引发了大规模的学生抗议活动。南洋大学的学生认为,该报告企图消除南洋大学的自主性,并摧毁中文教育以支持英文教育。㉘

《南洋商报》是新加坡四家中文日报中规模最大的一家。㉙《南洋商报》非常同情中文教育的境遇。㉚ 它报道了学生的不满,其社论主张新成立的新加坡是与中文教育休戚与共的。㉛《南洋商报》指责人民行动党的领导人抵制并摧毁了中文教育。㉜ 鉴于国会成员全部来自人民行动党,并且《破坏性行为法》缩小了表达不同政见的公共空间,因而在日益受限的公共领域,一定程度上独立于政府的报业,必然成为重要的非政府发言人。除了自主的报业,国内几乎没有可以公开发言的非政府发言人。

122

㉔ 同上注 91,第 112 页;Sai & Huang,前注 19,第 147-148 页。

㉕ Yao Souchou, "All Quiet on the Jurong Road: Nanyang University and Radical Vision in Singapore", in Michael D. Barr & Carl A. Trocki, eds., *Paths Not Taken: Political Pluralism in Post-War Singapore*(Singapore: NUS Press, 2008) at 170.

㉖ Hong & Huang,前注 14,第 117 页。

㉗ Sai & Huang,前注 19。

㉘ 同上。

㉙ C. M. Turnbull, *Dateline Singapore: 150 Years of "The Straits Times"*(Singapore: Times Editions, 1995) 287, 226.

㉚ 政府竭力否认以下内容:限制《南洋商报》的高管人员的人身自由,是为了压制"《南洋商报》或新加坡的其他报纸对中文教育和中国文化所做的评论";Hong & Huang,前注 14,第 98 页。

㉛ Seow,前注 2,第 47 页,引用李欧生(Lee Eu Seng)(他是被限制人身自由的新闻工作人员之一的兄长,他也是《南洋商报》所有者的家庭成员之一)在新闻发布会上的发言:"作为一家中文报业,我们自然会鼓励学习中文。"

㉜ 前注 15。

1971 年萧添寿(Francis Seow)所著的《驯服媒体》(*The Media Enthralled*)一书中,详细记载了关于这三家报业的事件。[33] 我所描述的背景情况,大多引自他的著作。萧添寿认为,虽然政府采取措施来对抗三家报业,即中文《南洋商报》和英文《新加坡先驱报》(*The Singapore Herald*)及《东方太阳报》(*The Eastern Sun*),但其主要目标还是拥有广大读者群的《南洋商报》。[34] 在当时的政局下,受中文教育的群体对人民行动党怀有巨大敌意,他们不信任人民行动党,因此政府不能公然反对一家拥有广大读者群的中文报业,尽管该报曾经指责政府在民族国家新经济时期边缘化了那些接受中文教育的人。[35] 因此,政府仅认可两家英文报业属于政府规定的信得过企业。[36] 政府宣称,这三家报业都是想要破坏新加坡[37]的外国敌对势力的先锋。不过,政府的主张是以官方监控机构的说辞为依据的,而非以证据为依据。该问题被塑造为一个关乎国家安全的问题,为了与此保持一致,政府对报业采取的第一个重要公开措施,就是根据《内部安全法》限制《南洋商报》四位高管人员的人身自由[38],政府声称《南洋商报》发起了一场蓄意"煽动华人种族意识"的运动。[39]

《新加坡先驱报》和《东方太阳报》这两家相对年轻的报业,主要靠银行限额信贷来资助自己羽翼未丰的事业。[40] 政府特别指出,鉴于这两家报业都尚未盈利,对它们投资或者向它们提供贷款的外国个人、银行,可能心怀鬼胎。[41] 对政府而言,信贷是外国"黑箱操作"的证

123

---

[33] Seow,前注 2。

[34] George,*History Spiked*,前注 2,第 269 页。

[35] 同上注。

[36] Seow,前注 2。

[37] Lee Kuan Yew,"Address by the Prime Minister at the Seminar on Communism and Democracy",28 April 1971. 可在新加坡国立大学中央图书馆的新加坡—马来西亚合集中获取李光耀的演讲。另参见 Seow,前注 2,第 39 页。

[38] Seow,前注 2,第 40 页。

[39] 同上注,第 38-47 页;Turnbull,前注 29,第 291 页。

[40] Seow,前注 2,第 52-60 页。

[41] 同上注,第 56-102 页。

据，它们旨在将报纸用作传播不满和不忠的媒介，从而导致国家的不稳定。[42]

《新加坡先驱报》的社论曾对一些政府政策进行了批判。在政府看来，这些社论可以证明该报存在"反国家的政治规划"。[43] 尽管《东方太阳报》没有报道任何批判性内容，它却被政府视为一种伺机而动的阴险策略——隐蔽的共产党拥护者欲先巩固《东方太阳报》的地位，然后再将它用作颠覆国家的工具。[44] 向《新加坡先驱报》提供资金的大通曼哈顿银行，迫于压力取消了贷款。[45]《东方太阳报》也终止了运营，其核心成员（全都是外国人）集体辞职。[46] 辞职后，《东方太阳报》的工作人员发表了声明，表示报业的性质是反共产主义的。但由于不受政府信任，他们无法再继续从事新闻工作。[47]

历史更为悠久的《南洋商报》，是由一个富裕家族持有和经营的。与另外两家报业不同，它不容易受到资金压力的影响。这也许解释了为何《南洋商报》会受到政府的严加管理——该报业的四名高管人员未经审判就被剥夺了人身自由。随着《新闻法》的颁布，《南洋商报》被迫接受了所有权和管理权的变动，而这必然会改变报业的品性。[48]

关于政府对三家报业的处置，萧添寿重点描绘了政府实际如何规划并执行了自己的说法，使得非公职人员因为感到迷茫或受到胁迫而缄口默许[49]；如果非公职人员不默许配合，政府就会对其进行公然胁迫。[50] 萧添寿强调了李光耀在一些公开场合的主导性地位，还描

124

㊷ Seow，前注 2，第 52-88 页。

㊸ 同上注，第 40 页。

㊹ 同上注。

㊺ 同上注，第 56-100 页。

㊻ 同上注，第 52-54 页。

㊼ 同上注。

㊽ 另参见 George 对这些事件的评析，*History Spiked*，前注 2，第 270-273 页。

㊾ Seow，前注 2，第 66-71 页。

㊿ 同上注，第 51 页。

述了李光耀如何运作一场关于《新加坡先驱报》的重要新闻发布会:

> 李光耀几乎一直主导着新闻发布会。在此期间,他一直严
> 格控制着发布会的登场表演者。当表演者犹豫不决时,或当表
> 演者偏离事先议定好的剧本或脚本时,他就会予以打断。[51]

通过简单而有效的话语主导策略,政府在公共领域展现了自身
的正当性。政府一直如此回应法律争论。萧添寿详细描述的这场
1971 年的新闻发布会就是一个实例[52];李光耀在国际新闻协会赫尔
辛基大会上的演讲(稍后会讨论)是另一个实例。第五章介绍了当律
师处于此种情境时的政府话语;第七章提出,新的《公共秩序法》是为
了确保政府在独立后的新加坡也能拥有主导地位,至于政府眼里的
那些受骗者和丑角,政府不但要使他们边缘化,甚至还要消灭他们。

1971 年,新加坡政府开始打击这三家威胁国家的报业。但是,
这些报业如何以及为何是"反国家的"? 政府对这个问题做出了大量
说明,并一再进行了解释。至 1971 年的下半年,新加坡存在形形色
色的话语。政府提出的指控和官方所做的解释,受到了来自报业(特
别是《南洋商报》)的积极挑战。[53] 这些报纸的读者数量迅速上升。[54]
在新加坡全国新闻工作者协会的领导下,《新加坡先驱报》的支持者
发起了一场活动,以确保报业能够摆脱财政危机。[55] 三家报业均否认
自己是"反国家的""共产主义的"或是邪恶敌人的先锋。[56] 这些报业
指出,政府的指控缺乏证据;这些报业表示,若真有此事,它们欢迎政
府提起诉讼。[57]《南洋商报》的所有者发表个人声明道:政府在国会中
没有反对派,《南洋商报》正是为了填补这一关键性空缺,才向政府传

125

---

⑤ Seow,前注 2,第 66 页。
⑤ 同上注,第 66-70 页。
⑤ 同上注,第 42-48 页。
⑤ 同上注,第 46-59 页。
⑤ 同上注,第 74 页。
⑤ Seow,前注 2。
⑤ 同上注。

达公民的失落感和忧虑感。这位声明者表示，质疑政府才是忠诚和爱国主义的表现。⑤⑧

国际新闻组织也质疑了新加坡政府就此事件的说法，它们批评新加坡政府未经审判就限制《南洋商报》新闻工作者的人身自由，要求新加坡政府提供证据以证明相关事实和犯罪行为。⑤⑨ 国际层面的批评似乎非常重要，它们得到了李光耀总理的关注。这些批评的出现，表明新加坡政府不仅要让本国公民认可其正当性，还要让其他国家也认可其正当性。⑥⑩ 在《南洋商报》高管人员被限制人身自由的五周之后，李光耀在 1971 年 6 月召开的国际新闻协会赫尔辛基年度大会上，为新加坡政府的行动提供了强有力的辩护，他否认政府的动机是压迫、压制批评者。⑥①

展示正当性：赫尔辛基展台

李光耀在赫尔辛基所做的演讲，充分反映了新加坡政府是如何诠释新闻界、公民和政府的角色的。如果作为治理术的法律，能够涵盖政府对管理对象的选择以及政府对这些对象的解释⑥②，那么该演讲显然就是 1974 年《新闻法》的铺垫。这次演讲确立了如何通过法律来管理政府与新闻界的关系，而该模式一直沿用至今。

如上所述，李光耀在赫尔辛基大会上指出，新加坡的新闻界有时

---

⑤⑧　Seow，前注 2，第 44 页。

⑤⑨　同上注，第 50 页；"Transcript of the Question-and Answer Session Following the Address to the 20th General Assembly of the International Press Institute at Helsinki by the Prime Minister" (9 June 1971) 7-10.

⑥⑩　J. Borneman, "State: Anthropological Aspects", in Neil J. Smelser & Paul B. Baltes, eds. , *International Encyclopedia of the Social & Behavioural Sciences* (Amsterdam: Elsevier, 2004) 14968.

⑥①　Lee, *Mass Media*, 前注 4。

⑥②　Michel Foucault, "Governmentality", in James D. Faubion, ed. , *Michel Foucault*: *Power*, *Essential Works of Foucault*, 1954—1984 (London: Penguin, 2002) vol. 3 at 208-210.

会成为外国敌对势力的战线,而新加坡政府作为一个负责任的政府,必须采取行动以遏制这种反国家的颠覆性行为。李光耀在自己的论说中对西方世界提出了大量批评。他认为受种族、宗教问题的影响,尤其是容易受共产主义影响的特质,让新加坡变得特别脆弱。他还将西方文化解释为一种堪比共产主义和族群主义的安全威胁。[63]

在赫尔辛基大会上,李光耀指出,新闻界要么是反国家的、外国黑暗势力的代理人,要么在描述西方对"性、毒品和穿着的放任"时存在反国家的意图。有鉴于此,政府管理新闻界是正当的,且政府也是为了国家利益。李光耀在自己论述中,以不容置疑的口吻表达了他对新闻界、外国势力暗箱操作、新加坡人以及西方世界的看法。在他表明自己的看法之后,新闻界就被重新划分到了新的类别之中。具体而言,新闻界面临着比殖民地政府时期更为严厉的管理措施。职是之故,新闻界的作用发生了改变。新闻机构不再能够代表公民发出公开的声音,新闻界不再能够调查和批评政府行使权力的方式。他们变成了政府的合作伙伴,他们指导公民学习西方世界的科学技术,并吸收西方文化中美好的、鼓舞人心的一面;他们同时保护公民免于道德腐败。因此,新加坡的新闻界不会再监督政府如何行使权力,相反,政府需要保护国家免受新闻界的影响。[64]《新闻法》暗示,政府不会威胁国家。这种新的分类方式——新闻界必须受制于国家安全——表明,新加坡政府将紧急状态时期的法律例外主义扩展适用到了 1974 年《新闻法》的核心部分。

李光耀在此次演讲中提出了诸多臆断,他还建构了诸多二元关系。以此为基础,他指出,无论是来自西方世界还是亚洲其他地区的外国媒体报道,都是新加坡取得进步的威胁。西方媒体所描写的暴

127

---

[63] 第一章讨论了 1965 年 12 月国家元首在新加坡共和国第一届国会开幕之际的讲话;在这次讲话中,"共产主义"和"族群主义"被称为国家的双重危险。

[64] Lee, *Mass Media*, 前注 4。

力示威和自由恋爱内容会迷惑新加坡人,因此他们是一种威胁;亚洲媒体是意识形态分化的民族统一主义者,他们将原籍国的派系斗争和紧张局势输出至新加坡的移民社群,因此他们是一种威胁。这些威胁会让新加坡在以下几个方面变得岌岌可危:领土,公民道德,发展的经济动力。如果"政府的技艺在于以正确的方式来管理个体、善和财富"[65],那么李光耀的演讲就证明了政府管理新闻界是正当的,因为政府是在化解特别脆弱的新加坡所面临的威胁。

129

李光耀将"人民"和"西方"他者化,并以此开展论证。通过这次演讲,他代表国家对新闻界和公民的职分做出了指示。讨论了李光耀这一重要演讲的主题思想之后,我对其内容进行了结构性分析。一开场,李光耀的演讲就将新闻报道比作广告[66]:

> 各种大众传媒持续反复地进行"推销"……这无疑有助于塑造人们对于服装时尚、食品和耐用消费品的态度……因此,持续敲打这个行业,或许可以塑造有关政治问题和政策的公众意见。[67]

李光耀承认"重复、反复"对塑造信仰有着重要作用,这就意味着他承认媒体话语的作用,也意味着他承认公共领域的话语主导权有着巨大作用。他拿广告做比喻,这就暗示着被推销的商品是人民对国家规划的同意或服从,该规划将优先于发展经济。他并没有将国家的其他规划及目标纳入演讲的框架。他对"持续敲打这个行业"与公众意见之间的可能关系提出了猜想,而鉴于政府主导着受《新闻法》管制的公共领域,可以说李光耀的猜想是负面的。自《新闻法》出

---

⑥⑤　Foucault,前注 62,第 207 页。

⑥⑥　因为赫尔曼(Herman)和乔姆斯基(Chomsky)的开创性著作《制造共识》(*Manufacturing Consent*),新闻被公认是权力和商业精英用以控制读者并使读者商品化的工序。但李光耀的演讲发生于 1971 年,即《制造共识》出版的 17 年前;Edward S. Herman & Noam Chomsky, *Manufacturing Consent: The Political Economy of the Mass Media*(New York: Pantheon, 1988)。

⑥⑦　Lee, *Mass Media*,前注 4。

台后,新加坡媒体所处的环境是这样的:国内所有的报纸、广播和电 129
视,都是由受政府控制(之后被国有化了)的机构发行的。⑱

李光耀将"人民"他者化,这与殖民地政府将本土人解释为能力
低下者,是极相吻合的。在李光耀看来,人民(特别是年轻人)的智识
和批判性思维能力是有限的。通常,李光耀会说人民很容易受迷惑,
然后他会得出前述结论。在他的演讲中,他四次说到了人民易受迷
惑。例如:

> 新的国家要求人民勤奋工作,遵守戒规以取得进步,而一旦
> 他们了解到西方发生的事情,他们就会被迷惑。他们从报纸和
> 电视上了解到倡导和平的暴力示威、城市游击队、毒品、自由恋
> 爱和嬉皮士主义。许多人会不加批判地进行模仿。⑲

李光耀将其本人和听众,排除在不加批判地进行模仿的人民之
外。人民需要媒体简洁明了地反映新加坡的问题;人民需要在学校
讲授的价值观和态度,与媒体报道的内容之间建立连贯性。换句话
说,人民没有能力处理复杂事物,政府也无法信任他们能够独立做出
评价。李光耀将这种权力——决定何者对人民是有利的——握于己
手。他向人民发出指令:"勤奋工作,遵守戒规以取得进步。"⑳该指令
同时将人民视为孩童,而李光耀则是教育者。如此一来,政府的地位
就得到了提升。 130

虽然李光耀的精英主义类似于殖民地时期的种族和等级权力,
但他将公民建构为只能阅读简单的、具有连贯性及教育性内容的报
道的读者,是符合现代政府的规训式治理术的。结合他的教育者身
份与牧首式关切,他进一步发展了规训式治理术:

---

⑱　互联网引入了新兴的、较难控制的表演者。尽管如此,政府表明它既有能力也有
想法来管理互联网。参见 Cherian George, *Contentious Journalism and the Internet:
Towards Democratic Discourse in Malaysia and Singapore* (Singapore: Singapore
University Press, 2006)[*Contentious Journalism*]。

⑲　Lee, *Mass Media*, 前注 4。

⑳　同上注。

大众传媒可以简单明了地呈现新加坡的问题，并且他们接着要解释，如果媒体支持某些项目和政策的话，这些问题将如何解决。

更重要的是，我们希望大众传媒能够加强，而不是破坏学校讲授的文化价值观和社会态度。大众传媒可以塑造环境，使人们渴望掌握发达国家的知识、技术和纪律。若非如此，我们就永远无法提高我国公民的生活水平。

如果人们渴望社会进步，那么一个新国家的人民，就不得效仿当代西方的风气和偶像人物。⑦

李光耀演讲中所提及的"外国"和"本国"的二元状态，让政府化身为能够抚育一个脆弱国家的一股保护力量。各种危险都是来自外国的。李光耀用的修辞技巧，以及他替公民作出的牧首般的、教育性的考量，掩盖了这一事实：政府在威胁特定公民。政府对一些人采取了最具强制力的措施——未经审判即剥夺人身自由。对这些人下手的是政府，而不是外国人。"外国力量"依然处于阴暗之中，他们是隐匿的。政府无法给出有关他们的铁证，也无法惩罚他们。通过将拥有自主意识形态或对立意识形态的人群设为国家强制力的目标，官方策略延续了《惩罚破坏性行为法》的潜台词：反对人民行动党就是反对国家。

在李光耀对人民的贬低性描述中，包含着新殖民式精英主义，他131 还前后矛盾地将"西方"他者化：西方的不可取之处在于出现了社会衰败和道德衰败，例如"倡导和平的暴力示威、城市游击队、毒品、自由恋爱和嬉皮士主义"。然而，西方的可取之处在于它有着"先进的科学技术"。而新加坡面临的问题是

在吸收西方的科学、技术和工业之时，我们发现自己不能将当代西方的不良风气排除在外……所以，我们必须教育新加坡人不要模仿西方人更为随意化的行为。⑫

---

⑦　Lee，*Mass Media*，前注 4。
⑫　同上注。

　　李光耀拒绝认可西方社会和政制的弊病(暴力示威、城市游击队、自由恋爱);并且,他将这些行为描述为"随意的""奇怪的""不可取的";他还进一步使用隐喻,将西方比作患病人士("衰败","混乱","弊病",因此新加坡政府必须给人民"接种疫苗")。借此,李光耀提出西方世界是腐化的、退化的。李光耀认为这些社会弊病正是源于西方世界。李光耀将西方世界描绘为暴力的、纵欲的,以此暗示这些行为和现象是与新加坡格格不入的,并且新加坡也不存在这些行为和现象。鉴于殖民地时期的新加坡曾是鸦片贸易的中心⑦³,并且殖民地政府的法律认为"华人"是采取一夫多妻制的种族⑦⁴,所以李光耀的说法是颇具讽刺意味的。

　　针对西方世界的不可取之处,李光耀作出了两种解释:第一,忽视了"有关勤奋工作、节俭和规训的清教伦理";第二,这是科学技术造成的非人性化后果。他的说法暗示着,西方世界只会进一步衰退。在李光耀看来,西方世界必然会遭遇非理性的衰退。然而,针对新加坡的暴力事件,李光耀所做的解释都明确地分析了因果关系。1950年的"丛林女孩"(jungle girl)骚乱⑦⁵,起因是一份马来报纸刊登的一张照片;1964年的种族骚乱,起因是一份马来报纸发起的一场持续运动,该报纸谎称华人压迫了马来人的权利;"中国青年工人和学生的暴力行为的爆发",起因是由报业开展的"预谋运动"。因此,根据李光耀的说法,困扰新加坡的暴力问题通常有两个特征。首先,暴力

132

---

　　⑦³　Carl A. Trocki, *Opium and Empire*: *Chinese Society in Colonial Singapore*, 1800—1910 (Ithaca, NY: Cornell University Press, 1990).

　　⑦⁴　例如,参见 *Re Loh Toh Met*, *Decd Kong Lai Fong & Ors v. Loh Peng Heng* [1961] 1 M. L. J. 234,其中柔佛巴鲁上诉法庭(Johore Bahru Court of Appeal)实用性地总结了有关华人一夫多妻制的判决。1961年颁布的《妇女宪章》(Cap. 353, 1997 Rev. Ed. Sing.),将新加坡的"婚姻"普遍地定义为一夫一妻制。因此,该判例体系与新加坡是相关的。

　　⑦⁵　根据占主导地位的国家说辞,李光耀所言的各种骚乱的起因是:在一场监护权争夺战中,殖民法院作出了支持荷兰籍亲生父母、反对马来籍养母的判决; *In Re Maria Huberdina Hertogh*; *Inche Mansor Abadi v. Adrianus Petrus Hertogh and Anor.* [1951] 1 M. L. J. 164 (Sing. C. A.).

总是与种族、宗教或共产主义相关的；第二，暴力的发生，只是因为大众传媒误导了公民。针对新加坡的暴力和混乱事件，李光耀分析了它们的具体起因和实际结果。由此，李光耀证明，采取国家强制力来预先制止影响更广泛的公众暴力，是正当的做法。

需要注意的是，李光耀所做的此次演讲是面向世界各地的媒体代表的。在西方媒体看来，李光耀现身于赫尔辛基大会，表明了他授予人民行动党政府的重要地位。作为依赖于西方投资的新国家，人民行动党政府希望其正当性得到认可；它需要让自己区别于那些腐败的、权力专制的"新国家"。政府的正当性在于李光耀能够说服他的听众，包括那些让新闻成为具有影响力的、让李光耀感到警惕的舆论制造者的人。虽然各国的新闻记者能够正当地要求李光耀提供"外国颠覆"和"外国黑箱操作"的证据，但李光耀所提的有关新加坡的种族和宗教特殊性的说法，是不太容易受到挑战的。他所展现的由新闻界引发的暴力事件史，是他无须专业知识就可以向国际听众做出权威性的阐述的，因为他是这个多种族的、后殖民地时期的民族国家的总理。

李光耀提出的二元论认为美德源于东方而恶习来自西方，这在新加坡的公共话语中并不新奇。正如第三章对 1994 年费伊案的分析所表明的那样，在新加坡的政府话语中，二元论继续发挥着作用。但是，在李光耀对西方世界的弊端进行分类时，他开创性地、颇具深意地将公民的积极性行动（civil activism）——示威——与性道德观的衰败联系在了一起。此举是具有重要意义的，因为这使他能够在多个层面上规训新加坡人。鉴于李光耀于 1971 年提出"为倡导和平进行暴力示威"和"在富裕的美国出现的奇怪的示威行为，以及美国具有暴力倾向的青年男女"，几乎可以肯定他是指反对越南战争的美国公民运动。李光耀并没有提及当时盛行的非暴力性反战积极行动，他只是反复地将示威与暴力结合在一起，从而使对抗政府的集体性公民活动非正当化。

自人民行动党政府于 1959 年执政以来，消除一切公开表达的或由社团发出的不同意见，一直是管理公共领域的基调。[76] 通过图片与实例，媒体将美国的反战示威渲染得活灵活现——被动员的公民一起反对政府的政策。李光耀非常肯定地表示，此类新闻与新加坡无关。他的反应与国家的规训计划是一致的。李光耀认为，在经济发展这一首要规划中，人民是与政治无关的：

> 正如电视和报纸报道的那样，富裕的美国的那些奇怪的示威行为和有着暴力倾向的青年男女，与新兴的、欠发达国家的社会和经济环境扯不上任何关系。重视教育，社会稳定和工作纪律，技能和专业知识的获取，在科技领域有着大量功底扎实的人，并且他们有能力让这些知识和技术契合本国国情，以上才是国家进步的重要因素。[77]

李光耀所建构的公民，如此不关心政治也是如此无知。而媒体呈现的、出现在"富裕美国"的示威，会"迷惑"他们。人民不得因受到"迷惑"而在政治问题上持有立场或表达自己的观点。李光耀坚持认为这个"奇怪的行为"无关"新兴的、欠发达的国家"，但这并不符合新加坡靠近越南的地理位置，也不符合这段历史，即新加坡国内曾有人反对人民行动党政府支持美国的越南战争。[78] 有鉴于此，他的开场白道出了一种新加坡特有的心态：

> 最近发生的苦难，轻易地盖过了电视和报纸报道的越南战争。我不得不悲伤地坦承，即使在高度发达的国家，所谓客观事实，无外乎反对尼克松政府的大众传媒的所有者和评论家的主观意愿。[79]

---

[76]　有大量关于政府镇压并管理公共活动的作品。例如，参见第一章讨论法律、政治自由主义和权限适度的政府时所引用的参考文献。

[77]　Lee, *Mass Media*，前注 4。

[78]　第三章讨论的那些促使《破坏性行为法》颁布的事件，就反映了这一历史。

[79]　Lee, *Mass Media*，前注 4。

李光耀认为尼克松政府反映的是"客观事实",李光耀反对大众传媒的所有者和评论家。也许,因为媒体所报道的、在"富裕美国"发生的反战活动与新加坡有着共鸣和相关性,由此会威胁到人民行动党政府。显然,李光耀所述的特征,并未反映一些众所周知的大规模示威,例如"退出印度运动"。因此,暴力和混乱被认为是来自于西方这一外来空间的,它们存在着道德败坏的社会实践和价值观,它们既无关新加坡,也不可取。

李光耀:牧师式教育家

李光耀的演讲在许多方面都类似于授课。他分析了国家计划中的三个主体:人民、新闻界和政府。人民必须"勤奋工作,遵守戒规并取得进步";"渴望掌握发达国家的知识、技术和纪律……提高生活水平";认识到"教育的重要性,稳定性和工作纪律的必要性,技能和专业知识的获取";历练于"科技领域……有能力让这些知识和技术契合本国国情"。人们不能"效仿当代西方的风气和偶像人物"。新闻界必须——

> 简洁明了地呈现新加坡的问题,并且他们接着要解释,如果媒体支持某些项目和政策的话,这些问题将会如何得到解决。
>
> 更重要的是,我们希望大众传媒能够加强,而不是破坏学校传授的文化价值观和社会立场。大众传媒可以塑造环境,使人们渴望掌握发达国家的知识、技术和纪律……提高我国人民的生活水平。[80]

政府必须"教育新加坡人不要模仿西方人更为随意化的行为";给一些人接种抵御"西方弊病"的"疫苗";用审查制来消灭外国政权的影响;确保新加坡的国内媒体未曾"不当地被其代理人俘虏";使那些"想要利用本地代理人来开办或入股报纸……通过塑造意见和态

---

⑧⓪　Lee, *Mass Media*, 前注 4。

度来获取政治利益"的"外国势力的意图无法得逞"。

李光耀在结论中对政府角色做出了最有力的阐述。他指出,当
"外国势力"试图利用本地代理人来制造观点和态度时,　　　　　　　136

> 我和我的同僚有责任让他们无法得逞。在这种情况下,新
> 闻自由和新闻媒体必须服从于保卫新加坡的完整性这一压倒性
> 要求,它们还必须让位于民选政府的决定。虽然存在源自不同
> 文化价值和生活方式的分裂性势力,但政府已经采取并将不断
> 采取坚决措施,确保拥有一致性决定,能够带领新加坡向更高标
> 准的生活前进。若非如此,大众传媒不能兴旺发展。

李光耀声称"外国势力一直在"通过代理人进行颠覆,他的说法
与1971年冷战背景下的不信任氛围是一致的。但是,李光耀所下的
结论令人困惑之处在于,他认为来自于"外国力量"的威胁与当代西
方文化带来的威胁是同样危险的,但后者实际上无法与前者相提并
论。他将新加坡面临的两种明显不同的威胁,融入了同一个包含着
复合内容的、关于国内安全的论证框架。这个框架能够证明排除新
闻自由原则的做法是正当的。

李光耀将敌对外国势力与西方文化相提并论,并且他还不切实
际地期望"羞辱感(pill)以及亚洲家庭传统——父权几乎不被质疑"[30]
能够为新加坡提供道德依据。在他论证镇压三家报业的做法有正当
理由时,前述内容都具有深远意义。李光耀在论证时提出,道德是一
个非常重要的国内安全问题。国家岌岌可危,因此政府需要通过管
理道德来保卫国家。他将道德归为国内安全问题,这样一来,政府采
取预防行动就是合法的,因为预防行动能够警觉地先行制止国家的
敌人所试图发动的暴力和混乱。毕竟,紧急状态时期的法律例外主
义,就是为了利用政府权力来对抗那些尚未犯罪的人,这种权力之所
以是正当的,是因为它能够预防和预先制止社会混乱。　　　　　　137

---

[30]　Lee, *Mass Media*,前注4。

　　总而言之，李光耀煞费苦心地说服赫尔辛基大会的听众：政府在拘留《南洋商报》的高管人员以及关闭报业之时，它并非旨在通过镇压批评来实施专制。政府这么做，是出于一种无可指责的高尚情怀：负责地保卫国家免受阴险的外敌、思想和文化的侵蚀。李光耀通过间接地论及法治，重塑了政府正当性。具体而言，李光耀采用了与法治相关的现代性概念——国家，来证立他贬低另一个与法治相关的现代性概念——新闻自由——的做法。李光耀的结论并没有提到公民，而"民选政府之决定"是与人民有关的。换句话说，为了与国家的法治理想相一致，李光耀宣称他的正当性最终是来自人民的。但他的演讲却多次将人民孩童化并使他们失去了自主正当性，这是非常讽刺的。

　　李光耀在论及"民选政府"时暗示，除了人民行动党之外，公民还拥有其他选择。在 1963 年"冷藏行动"之前㉜，强大的社阵的确是公民的另一个选择。但由于社阵受制于政府的压制性行为，且社阵也未能巩固其地位以对抗人民行动党政府的巨大权力，由此，自 1963 年以来，新加坡选民在投票时并不拥有除人民行动党之外的其他选择。㉝ 政府通过实施管理、监督和未经审判即剥夺人身自由的措施，给反对派造成了系统的、无法挽回的重创。在这种情况下，公民可以向民选政府转授多少权威？

　　当《新闻法草案》递交至清一色由人民行动党组成的国会进行辩论时㉞，《草案》并没有受到实质性挑战，新闻界也没有对此做出报道。正如下面的讨论所示，在遴选委员会（Select Committee Hearings）的听证会上，只就《草案》展开了有限的辩论，但即便如此，辩论依然受

138

　　㉜　冷藏行动（为了表明人民行动党是如何当权的，我在第一章和第三章作了简要讨论）是保安行动，政府于 1963 年 2 月拘留了约 112 名左翼对手。

　　㉝　Garry Rodan, "Westminster in Singapore: Now You See It, Now You Don't", in Haig Patapan, John Wanna & Patrick Weller, eds., *Westminster Legacies: Democracy and Responsible Government in Asia and the Pacific* (Sydney: UNSW Press, 2005) 109.

　　㉞　Sing., *Parliamentary Debates*, vol. 33, cols. 913-932 (27 March 1974).

到了谨慎管理。总之,李光耀在赫尔辛基大会上提出的治理模式,其正当性最终化约为了《新闻法》。

展现正当性的遴选委员会

本书考察了四部法律,有三部法律在制定过程中都曾递交至遴选委员会。在威斯敏斯特式国会设置中,遴选委员会的职责是审查立法案。[35] 遴选委员会通常欢迎公众提交意见,以尽可能实现立法过程的周全性和信息完备性。[36]

新加坡政府对《报业与印刷新闻业法》草案的遴选委员会听证会进行了管理,这表明政府高度认识到,有必要让遴选委员会呈现出政府行为的合法性。政府最初规定的公众提交书面陈述的期限[37],仅为短短的 14 天。公众只能在短暂的期限内提交意见,这就意味着政府只想表明自己是遵从程序性要求的,而实质上,政府规定的期限要求阻碍了非公职人员提交书面陈述,而非起到促进作用。[38]

139

---

[35]　遴选委员会是根据新加坡《国会(特权,豁免和权力)法》(Cap. 217,2000 Rev. Ed. Sing.)[*Parliament Act*],以及为确保遴选委员会遵守《国会法》而制定的《议事规则》(Standing Orders)所设立的。《国会法》规定:特权,豁免,以及国会、议长、国会成员和各种下设委员会的权力,应与英国下议院相同,第 3 条。

[36]　《议事规则》第 78 条作出了一般性规定:提交遴选委员会的草案,应邀请公众提交书面意见,而撰写意见的人应向委员会说明他们提交意见的意愿。《议事规则》第 101(1)条将审查草案的遴选委员会排除于一般性规则之外,而一般性规则规定,国会在组建委员会时应当"尽可能地确保政府席位和反对党席位之间的平衡"。由于在 1982 年年初前,国会并没有反对派成员,而目前只有 2 名反对党成员,所以在任何事件中,新加坡遴选委员会必然会有所偏袒。

[37]　国会的《议事规则》要求给予公众"不少于十五天"的时间向遴选委员会提交书面意见,其中星期六、星期日、公众假期及事件发生之日并不计算在内。邀请公众提交意见的公告发布于 1974 年 3 月 30 日(星期六),而公告宣布的提交意见的截止日期为 4 月 20 日(星期六)。4 月 12 日是耶稣受难日,因此此为公众假期。我数了一下,它刚好留下了完整的 15 天;《国会议事规则》第 78 条(当草案递交给遴选委员会时发布公告),以及《议事规则》第 1(2)条(释义);*Report on the Press Bill*,前注 8,第 i 页。

[38]　在遴选委员会听证会期间,《海峡时报》社长指出,董事会难以在规定的短暂时间内将意见准备完毕;Sing.,"Report of the Select Committee on the Newspaper and Printing Presses Bill", August 1974,3rd Parliament at B2.

意味深长的是,随后,公众提交意见的截止日期延长了五个星期。政府并没有解释为什么延长期限,但唯一一家提交意见的中文报纸——《新明日报》——在其附信中做出了说明:在起初的14天内,没有一家中文报纸向遴选委员会提交了意见。如果中文新闻媒体确实认为政府于1971年实施的镇压行为,是普遍针对中文新闻媒体并专门针对《南洋商报》的,那么他们不提交意见就类似于表示抵制。1974年5月9日,即首个截止日期之后的大约18天,遴选委员会给《新明日报》的董事写了封信,要求他们对《草案》提交意见。⑧

《新明日报》提交的陈述,似乎是在捍卫美德、力证清白,该陈述表明,政府和这家在中文新闻媒体中算是相当明事理(apprehensive)的报业达成了合作⑩:

> 创立《新明日报》的协议……规定,《新明日报》将人民和新加坡共和国的利益作为最高政策,我们全力支持共和国政府的各项政策,维护社会秩序和良好传统,并绝不受任何外国政府、政党、组织或个人的任何影响……
>
> 1971年6月中旬,当这里发生了"黑报事件"(Black Newspaper incidents)后,国际新闻协会在芬兰首都赫尔辛基举行了会议。李光耀总理出席了会议并在会议上阐明了我们的社会境况,而且他与来自各国的持反对意见的与会者展开了激烈辩论。我也在会上表明,新加坡共和国有充分的新闻自由,《新明日报》从未受到政府的威胁或干扰。我在会上的讲话颇具说服力,英国的路透社也向全世界发布了电报,这有益于我国的良好声誉。
>
> 李光耀总理在赫尔辛基举行了一个新闻发布会,我在现场作证新加坡政府是以公平合理的方式来对待每家报业的。⑨

140

---

⑧　同上注,第A10版。
⑩　同上注,第A10-A12版。
⑨　同上注。

　　《新明日报》急于说明自己的宗旨,但此举略显滑稽,因为它的宗旨似乎就是反对政府于 1971 年针对三家报业提出的指控。为了"人民的利益",《新明日报》完全支持政府的政策,这意味着它将支持政府的政策等同于爱国主义。由此,《新明日报》采用了政府的定义:只有政府才可以确定国家的最佳利益,其他人都不得做出判断。《新明日报》强有力地宣告自己不受任何外来影响,并且它将维护"社会秩序和优良传统",它默认政府与国家的混同。《新明日报》的陈述,预先反驳了政府于 1971 年对三家报业提出的指控。

141

　　该陈述的作者查良镛(Louise Cha)是《新明日报》的领导人及董事会副主席。查良镛似乎特别担心永久居民(包括他自己)会被排除在获得董事职位或持有管理性股份的人选之外。他在赫尔辛基大会上证明新加坡存在新闻自由,并且他声明政府是公平合理地对待所有报业的,由此他证明自己是"良民"。查良镛的言行举止表明,政府意识到自己有必要将赫尔辛基大会以及遴选委员会,分别作为国际和国内层面的、展现政府合法性的公共平台。查良镛的言行举止也表明,他已被纳入了政府的阵线。

　　新加坡的法治是表面的,《遴选委员会报告》的片段就反映了"以法统治"断层线的存在。这一片段在某种程度上不仅表明了政府对这些事件的既定处理方式,而且在某种程度上表明了政府已经意识到自己合法性名声的脆弱性。由于新加坡政府渴望被视为正当的法治政权,因而对于政府正当性的呈现和运作,它都企图加以严密的控制和管理。《新闻法草案》的辩论是在一党制的国会进行的,并且相关报道是由"训练有素的"沉默的新闻媒体所公开的。鉴于中文媒体并不在意《新闻法草案》的生效过程,所以政府修改了时限,以确保法律的制定过程能吸纳中文媒体的意见。因此在某种程度上,遴选委员会听证会就是法律的公共剧场。政府敏锐地意识到,有必要将政府守法的表现予以公开并反复呈现,而这正是本书研究计划所关注的立法过程的一贯特点。

1974 年《新闻法》:治理、意识形态和投资

142　在《新闻法》对新闻界的管制措施中,最为突出的是双层股权结构(其中有一类是"管理性"股权)。[92] 有关公司董事、记者和工作人员的任免事项,每一管理股持有 200 张表决票,而每一普通股仅持有 1 张表决票。[93] 最重要的是,管理股只能由经政府书面批准的人持有。[94] 政府还可以撤回批准,并要求报业公司将管理股转让给另一方。[95] 由于管理股只能由那些经政府批准的人持有,所以这种看似官僚制的先决条件,对报业产生了一种无声且有力的政府控制。

政府有权撤回批准并要求转移管理股,这意味着管理股是公民开展自我审查的一种有力工具。毫无疑问,必须获得政府批准,就意味着与官方合作是和管理性股权挂钩的。鉴于他们的权力和商业效益来自于政府可随时撤回的批准,管理股股东只能以不得罪政府的方式来行使股权及投票权。[96] 因此,管理股股权的合同方并不只限于报业公司和股东,政府是看不见的第三方。

根据《新闻法》,虽然管理股股权看起来像赋权(rights-bearing)的商业合同,但实质上它更像是一个礼物,一项由政府授予的恩赐。政府有权决定是否给予这项恩赐,且不得诉诸司法来质疑或挑战该权力。[97] 若报业公司对哪些人可持有管理股的政府决定不服,报业公143　司的上诉途径仅限于诉诸政府[98],这就意味着政府自己当自己的法

---

[92]　*Press Act*,前注 1,s. 10.

[93]　同上注。

[94]　同上注。

[95]　同上注。

[96]　报业被要求从政府处获得年度许可证,这体现了垄断的利益。有关于此的论证,另参见 George, *Consolidating Authoritarian Rule*,前注 13,第 147 页。

[97]　*Press Act*,前注 1,s. 20.

[98]　*Press Act*,前注 1,s. 10, s. 13, s. 15, s. 16, s. 20.

官。根据《新闻法》的规定,政府享有权利、权力和特权,股东和报业公司都不享有。因此,通过《新闻法》,政府便有权控制报业的运行,因为拥有决定性票数的股东必须得到政府的批准。通过这种有效的治理术,即选择特定的公民或法人担任报业的权力职位[99],报业进一步服从和隶属于政府。《新闻法》施行后,只有那些意识形态上服从政府的报业,才可以在国内市场发行。通过这种方式,政府将审查制度和意识形态上的服从进行制度化、规范化和正当化;同时,它也维系了让市场资金注入报业公司的商业架构。

1974 年后的《新闻法》

1974 年的《新闻法》已经修正了 8 次。[100] 1977 年的修正案规定任何一方的持股限额为 3‰的普通股,这样一来,家庭和个人小团体都无法拥有所有权和控制权。[101] 1977 年的修正案可能针对的是两家主要的中文报业——《南洋商报》和《星洲日报》,它们都是由富裕家庭所有和经营的。[102] 但是,所有修正案中最重要的是 1986 年修正案,其授权政府限制"那些宣称参与新加坡国内政治的外国出版物"[103]的销售和流通。在讨论"外国新闻媒体"修正案之前,有必要论述 1986 年

144

---

[99] 作为治理术的《新闻法》的另一个特征是政府对报业的资金进行监督和控制。《新闻法》有助于提高政府效率,因为它迫使报业向政府报告财务信息(第 19 条)。特别是报业的"外国资金来源"要求获得部长的批准(第 19 条)。不披露是一种犯罪行为(第 17 条)。1974 年规定的刑罚是长达 3 年的监禁,或高达 1 万新币的罚款,或两者并开。根据目前的法案,罚款可以高达 5 万新币(第 17 条)。此外,仍然保留了长达 3 年的监禁。

[100] 总检察长室网站所刊登的《新闻法》版本列明了该法的立法史;访问路径:<http://statutes.agc.gov.sg/>.

[101] Sing., *Parliamentary Debates*, vol. 37, cols. 66-68 (29 June 1977) (Mr Jek Yeun Thong).

[102] 李光耀在回忆录中如此评价 1977 年的修正案:"我不认同西方的做法,即让富裕的出版巨头来决定选民应该每天阅读什么";Lee, *From Third World to First*, 前注 2,第 218 页。

[103] Sing., *Parliamentary Debates*, vol. 48, col. 369 (31 July 1986) (Mr Wong Kan Seng).

修正案的制定背景。这就要论及 20 世纪 80 年代最有意义的政治发展之一,即民族国家的国会成员中出现了首位反对派议员——约舒亚·本杰明·惹耶勒南。

惹耶勒南于 1981 年 11 月赢得了国会席位,他是在新加坡人的万众瞩目之下进入国会的首位反对党议员。[⑭] 惹耶勒南是一名律师,他通常用法治术语来阐述问题,他主张透明度、问责制、公正以及捍卫公民的权利。[⑮] 他"对提问时间的积极利用"[⑯],以及 1985 年 3 月开始的国会电视转播[⑰],这两者被认为提高了新加坡的政治素养。[⑱] 鉴于惹耶勒南已成为国会议员,政府认为"民主"可以造就高效廉洁的政府,改善生活条件并形成仁慈的家长式统治。[⑲] 惹耶勒南将标准

145

[⑭] 1965 年 8 月,即新加坡独立之时,国会的 8 名社阵成员既没有因冷藏行动而被限制人身自由,也没有因害怕被限制人身自由而逃离国家。他们拒绝参加国会,以此抗议新加坡政府与英国的同谋关系,并抗议冷藏行动所采取的未经审判即限制人身自由的做法。有关约舒亚·本杰明·惹耶勒南的政治生涯,参见 Chris Lydgate, *Lee's Law:How Singapore Crushes Dissent* (Melbourne:Scribe, 2003); Michael D. Barr, "J. B. Jeyaretnam:Three Decades as Lee Kuan Yew's Bete Noir" (2003) 33:3 *Journal of Contemporary Asia* 299. Ho 认为,1981 年惹耶勒南的选举胜利标志着民主进程的恢复; Ho Khai Leong, *Shared Responsibilities*, *Unshared Power* (Singapore:Times Media Private, 2003) 30-31. 可悲的是,2008 年 9 月惹耶勒南死于心脏病发作。

[⑮] 大体参见 1982 年 1 月和 1986 年 12 月的国会辩论。这里仅提供两个有关惹耶勒南的"法治"话语的例子:有关《刑法(暂行规定)(修正)草案》的辩论("长官,但该法有部分条款违反了法治。法治意味着任何人不得被剥夺自由或监禁,除非他已在法院或法庭受审并被判有罪")(Sing., *Parliamentary Debates*, vol. 44, col. 1885 [26 July 1984]);以及有关国会反对党的辩论("我们是否要有序推进宪法,并向议会民主制发展,成为这样的一个民主国家,其中每一位公民都知道自己的权利,每一位公民都知道他可以从哪里获得权利的补救措施……并且他被允许最大程度地参与这个国家的统治?")(Sing., *Parliamentary Debates*, vol. 46, col. 167 [15 May 1985])。另参见 Kevin Y. L. Tan, "Lawyers in Singapore Politics, 1945—1990",该文发表于 *Paths Not Taken:Political Pluralism in Postwar Singapore* (2005)(未出版)。Tan 评价惹耶勒南是"迄今为止国会最为活跃的发言人",并将他描述为"可能是新加坡独立后最重要的反对派领导者之一",他"认为律师是政府的监督人。他在国会的讲话,透露出对法律和宪法问题的明确关注"。

[⑯] Chan Heng Chee, "Internal Developments in Singapore", in Verinder Grover, ed., *Singapore:Government and Politics* (New Delhi:Deep & Deep, 2000) 128 at 129.

[⑰] 同上注,第 130 页。

[⑱] 同上注。

[⑲] 同上注,第 129 页。

化的"民主"理念传播开来,即民主还包括对绝对权力的审查。⑩除了应对新的话语挑战之外,新加坡独立后经历的首次大幅经济衰退,也削弱了政府的政治正当性。因为新加坡的政治正当性在很大程度上建立在物质财富之上⑪,经济衰退对执政党的公信力造成了极大的影响。

1981年11月,惹耶勒南赢得了国会席位。自1982年1月开始,政府发起的一系列事件表明,政府的法律—行政机构通过以下两种方式,向国会唯一的反对派议员(国会有74名人民行动党议员)⑫大幅施压,即法院诉讼程序以及违反国会特权的纪律听证会(disciplinary hearings)。⑬⑭新加坡媒体并不认为法院和国会的做法是毫无根据的、不公平的或出于政治动机的,但外国的新闻媒体却表明了相反意见⑮,这一差异可以充分解释为何出台《出版法》的1986

146

---

⑩ 同上注。

⑪ 参见第一章对经济繁荣的讨论,以及其中的参考文献。

⑫ Chan, 前注106,第129页。

⑬ 在1972年和1973年,工人党对国会中的执政党成员 Tay 和总检察长提起了诽谤诉讼:*Workers' Party v. Tay Boon Too & Anor* [1975—1977] 1 Sing. L. R. 124. 工人党败诉了,并于1975年被勒令支付17101新币,工人党无力支付这笔款项。此事从1975年7月延续到了1982年2月3日。在惹耶勒南获得选举胜利的差不多三个月后,Tay 向法院申请破产后再执行未付费用。Tay 的申请引发了一系列使得工人党破产的事件,并且在1983年,工人党主席 Wong Hong Toy 和工人党秘书长约舒亚·本杰明·惹耶勒南成了工人党该款项的诉讼对象。参见 *Public Prosecutor v. Wong Hong Toy & Anor* [1984—1985] I Sing. L. R. (H.C.), *Wong Hong Toy & Anor v. Public Prosecutor* [1986] I Sing. L. R. (H.C.) 469.

⑭ 有关1982年违反国会特权的诉讼,参见 Sing., *Parliamentary Debates*, vol. 41, cols. 1305-1312 (22 March 1982); vol. 42, cols. 119-125 (31 August 1982). 虽然惹耶勒南被认定违反了特权,但他最终被免于处罚。另参见 Christopher Tremewan, *The Political Economy of Social Control* (Hampshire: St Martin's Press, 1999) at 206-209. 1986年,惹耶勒南再次被认为违反了国会特权,他的国会成员资格被取消:*Jeyaretnam J B v. Attorney General* [1988] 1 Sing. L. R. 170 (CA). Sing., "Report of Commission of Inquiry into Allegations of Executive Interference in the Subordinate Courts" (July 1986) Paper Cmd. 12 of 1986; Sing., Committee of Privileges-First Report (Parl. Paper 3 of 1987); Second Report (Parl. Paper 4 of 1987); Third Report (Parl. Paper 6 of 1987); Fourth Report (Parl. Paper 7 of 1987); Fifth Report (Parl. Paper 9 of 1987).

⑮ 例如,参见 M. Kirkpatrick, "Jeyaretnam's Challenge", *Asian Wall Street Journal*, 17 October 1985.

年"外国新闻媒体"修正案。

在 1984 年的大选中,惹耶勒南的支持者以更为显著的得票优势让他留在了国会,并且他们还票选出了第二名反对派议员。执政党的支持率比上一次大选下降了 12.6%。[116] 由此,政府的态度趋于严酷[117],它着手处理"处于稳定和富裕时代的那些重拾政治热情的、善于表达的、受过良好教育的人"。[118] 1986 年 5 月,政府出台了《报业和印刷新闻业(修正案)法》(1986 年修正)。

147

新的威胁:外国出版物

1986 年的修正案授权政府限制那些"参与新加坡国内政治的"[119]外国出版物的销售或流通。此后,政府又颁布了其他修正案以巩固效果。通过这些修正案,政府对国内新闻自由的控制[120]延伸到了新加坡境外的外国新闻媒体。一位东南亚学者认为,1986 年的修正案"不限于通过对记者和编辑直接施加压力,而且支持依据出版物对出版商和其他团体施加更宽泛的法律和财政处罚"。[121]

《新闻法草案》公布之后,《远东经济评论》和《亚洲华尔街日报》刊登了一系列批评新加坡政府的文章。[122] 1985 年 10 月,因为一篇有

---

[116] Jon S. T. Quah, "The 1980s: A Review of Significant Political Developments", in Ernest Chew & Edwin Lee, eds., *A History of Singapore* (Singapore: Oxford University Press, 1991) 385-400 at 386. Chan 认为,大多数人投票支持教育水平低下的、鲜有人知的候选人,这是人们在普遍抗议不受欢迎的政策;前注 106,第 129 页。

[117] Gary Rodan, "Asia and the International Press: The Political Significance of Expanding Markets" (1998) 5:2 *Democratization* 125 [*International Press*].

[118] Chan, 前注 106,第 130 页。

[119] *Press Act*, 前注 1,s. 24.

[120] 政府对国内新闻工作者直接施加压力的做法,参见 1974 年《新闻法》的遴选委员会听证会(前注 8,B9, col. 17)以及新闻人员的语录:George, *Consolidating Authoritarian Rule*, 前注 13。

[121] Rodan, *International Press*, 前注 116.

[122] Seow, 前注 2,第 142-145 页。

关政府采取行动反对惹耶勒南的文章,政府对《亚洲华尔街日报》提起了诉讼。[⑬] 这篇文章暗示新加坡的司法机关是"顺从政府的",因此《亚洲华尔街日报》被认为触犯了蔑视法庭罪而被总检察长传讯。[⑭]《亚洲华尔街日报》表示认罪并做出了道歉。

148

起诉《亚洲华尔街日报》的 9 个月后,1986 年修正案被提交至国会。[⑮] 在讨论《草案》时,部长王根成(Wong Kan Seng)的演讲框架几乎复制了李光耀于 1971 年在赫尔辛基所做的演讲。正如李总理于 1971 年所做的演讲以及文化部长易润堂(Jek Yeun Thong)于 1974 年所做的演讲那样,王根成也主张新闻界会大幅影响公众意见;他认为国内新闻界已认识到,在国家建设期间,新闻界有必要成为政府的合作伙伴;他认为种族、宗教和地缘政治这些因素,使得新加坡成为特别脆弱的国家:

> 报纸和新闻杂志是塑造公众意见的一种有影响力的工具……负责任的新闻媒体对国家建设而言非常关键。我们的本土报纸知道新加坡这一有着多元种族、宗教的社会是小而脆弱的。他们非常小心,不对任何种族、宗教或语言群体造成任何冒犯。对我国在东南亚和全球的安全和经济局势,他们必须保持敏锐。他们知道何者会破坏新加坡的繁荣和长期生存。因此,他们的所有权、管理方式和内容编辑,必须掌握在新加坡人手上。[⑯]

---

⑬ Kirkpatrick,前注 114.

⑭ *Attorney General v. Zimmerman & Ors*[1984—1985] 1 Sing. L. R. 814. 政府成功赢得了针对新加坡记者以及《亚洲华尔街日报》的编辑、出版商、经营者、印刷商和分销商的蔑视决议(orders of contempt)。他们受到了惩罚,是因为该报刊登了一篇文章。该文认为将反对派议员约舒亚·本杰明·惹耶勒南定罪激怒了众多新加坡人,他们认为政府意欲消灭反对派领导人及其党派;而支持这些民众的一名地方法官在一审中认为惹耶勒南无罪,该法官最后被降级。法院认为,该文旨在蔑视新加坡的司法机关并削弱其权威。

⑮ Sing. , *Parliamentary Debates*, vol. 48, col. 396 (31 July 1986) (Mr Wong Kan Seng).

⑯ 同上注。

　　这一段落表明了李光耀于 1971 年所做的论证是如何被复述和复制的，它在新加坡成了不变的真理。政府在 1971 年、1974 年、1986 年及其后的时间里[127]所提出的论证一直都是：因为报纸具有影响公众意见的能力，所以政府有责任管理新闻界，以保护新加坡免受阴险的、隐蔽的外国敌对势力的影响。政府还坚持认为"新闻自由"必须服从于"新加坡的完整性这一压倒性需求"。[128] 虽然李光耀于 1971 年提出的论证在当时受到了反对和质疑，但它已成为一个正当理由，能够证立通过立法来限制新闻界的做法，并能够证立政府对新闻媒体加强管理和控制新闻内容的做法，所有这些做法都以"国家的脆弱性"这一政府话语为基础。通过法律和政府在公共领域发布的命令，法治理念下的新闻界与政府关系，被改造成了以法统治的观念。

149　　正如 1971 年和 1974 年有关"新闻"的话语，1986 年的话语也认为，鉴于新加坡的生存状态，有必要对信息自由原则作出例外规定。法律例外主义的适用基础是将外国新闻媒体建构为一种安全威胁。政府对权利话语的适用强化了法律例外主义，这就表明政府的话语策略有了显著发展。1971 年，李光耀并没有摒弃或者漠视"新闻自由"，他只不过让"新闻自由"服从于至高无上的国家安全。当时，李光耀煞费苦心地说服他的听众——政府这么做是为了国家利益，即保护脆弱的新加坡免受阴险的外国敌人的影响。然而在 1986 年，政府不再明确承认它侵害了基本法律自由；相反，政府为"信息自由"的含义散漫地设置了新的要件。1986 年，政府已开始适用权利话语：

---

　　[127] 2010 年的论证，实质上也复制了李光耀在赫尔辛基的论证，参见"Political Context Important When Considering Media's Role：Shanmugam"，*Channel News Asia*（5 November 2010），法务部长在纽约哥伦比亚大学首届"全球社会新闻自由论坛"（Free Press for a Global Society forum）所做的演讲。部长演讲的全文，参见 http://app2. mlaw. gov. sg/ News/tabid/204/Default. aspx？ ItemId＝515.

　　[128] Lee，*Mass Media*，前注 4。

　　这里的问题并非信息自由或思想交流的自由。我们并没有意图通过颁布有关出版物的禁令,来遏制信息或思想的交流。那些出版物和机会主义者会误传禁令,因此他们唯恐我们的人民会揭发他们的报道。我们并没有这样的顾虑……我们知道不可能完全封闭新加坡……所以,问题并非信息自由或思想交流的自由……摆在我们面前的问题是:我们如何阻止此类出版物顶着新闻自由的幌子,通过持续操纵当地公众意见、干扰我们的国内政治,进而在经济上获利。《草案》就是我们的答案……如果外国新闻媒体在新加坡拥有绝对自由,如果允许它们干扰我们国内的政治进程,允许它们通过有偏见的、分裂性的报道来操纵当地公众意见,那么我们就会面临混乱和惶恐,社会将变得不稳定并发生冲突,再不会有投资者向新加坡投资。[12]

　　政府坚持认为,对出售和流通的控制,并不构成一项禁令。这就让人想起了李光耀在 1966 年作出的决定:不追封"援助越南"中的积极行动者为烈士。1966 年,政府通过"破坏性行为"这一犯罪类别,认定公民不服从行为是刑事犯罪。借此,政府削弱了海报及横幅中所折现的政治竞争。政府将那些反美口号重新定义为反国家的破坏性行为,这么做就证立了旨在羞辱他人的强制性鞭刑。实施鞭刑以及将特定行为类型化,都是为了否认积极行动者拥有作为政治犯的道德地位。

　　同样,在 1986 年,政府动用权力限制了那些"干扰国内政治"的外国出版物的销售和流通,它否认外国新闻媒体在道德地位上是富有良知的自由新闻媒体。与此同时,政府通过一些机制限制了外国新闻媒体的盈利能力和市场份额,以此来强迫、惩罚或联结外国新闻媒体。事实上,1986 年《新闻法》修正案,以及新加坡法院以诽谤、蔑视法庭罪为由判给政府大量损害赔偿费,这两者大体上促使外国新

----

　　⑫　Sing., *Parliamentary Debates*, vol. 48, cols. 372-373 (31 July 1986) (Mr Wong Kan Seng).

闻媒体被迫服从于政府，从而使政府能够进一步在公共话语中运作

151 自身的正当性。[130]

易受影响的新加坡人

在 1971 年和 1974 年，政府将公民建构为迷茫的、幼儿般的；在
1986 年，政府认为公民是易受影响的。政府所展开的论证认为，作
为管理方的知识渊博的政府与易受影响的、沉默的公民，两者是差距
悬殊的。在政府看来，新加坡人能力欠缺，因此他们需要根据政府权
威来行事并获得相应的保障。政府提到了"那些试图……激发新加
坡人民之情绪的报道"[131]和"试图影响新加坡人民"[132]的外国出版物，
政府还提到了这些不轨企图是如何"开展活动，以影响当地的公众意
见的"。[133] 就政府而言，它并不期望新加坡人有能力在多元意识形态
的公共领域作出评价，也不期望新加坡人有能力辨别可疑的动机或
意识到一些报道是有偏见的。政府的作用是管理外国出版物并揭穿

---

[130]　Seow 研究了这段历史，即 1986 年修正案出台后的三年内，以下外国出版物如何削
减了自己的发行量：*Time*，*Asian Wall Street Journal*，*Asia week and Far East Economic
Review*. 在 20 世纪 90 年代初，《经济学人》和《国际先驱论坛报》限制了自己的发行量，Seow，
前注 2，第 148-178 页。鉴于 1986 年外国新闻媒体修正案的出台，以及政府公然使用这种权
力，因此"国际媒体在报道新加坡时，须开展普遍的自我审查"，Rodan, *International Press*, 前
注 116。近年来，外国新闻媒体采取了安抚新加坡政府的做法。例如，彭博社（Bloomberg LP）
于 2002 年进行道歉（Terrence Lee, "Internet Use in Singapore: Politics and Policy Implications"
[2003] 107 *Media International Australian incorporating Culture and Policy* 75, 81）；《经济学
人》于 2006 年进行道歉（"The Economist Apologises to Lee Kuan Yew", *Bangkok Post* [21
January 2006]）；《金融时报》于 2007 年进行道歉（"Malaysia Applauds Lee Kuan Yew's
Defamation Win: Report", Malaysiakini (19 October 2007)）。通过"施压、恐吓和起诉"，自我
审查从国内媒体扩展到了国际媒体，也可参见 Shanthi Kalathil & Taylor C. Boas, *Open
Networks; Closed Regimes: The Impact of the Internet on Authoritarian Regimes*(Washington,
DC: Carnegie Endowment for International Peace, 2003) at 76.

[131]　前注 123。

[132]　Sing., *Parliamentary Debates*, vol. 48, cols. 372-373 (31 July 1986) (Mr Wong
Kan Seng).

[133]　同上注。

他们的恶意,这对脆弱的公民而言是必要的。由此,政府用以破坏外
国出版物之营利动机的惩罚措施,被证明是正当的。

152

第一章对"法治"与"法制"的讨论表明,法治的重要特征之一,就
是具有防止权力集中于极少数人手中的保障机制。具体而言,从理
论上讲,那些旨在确保透明度、问责制和审查的机制,会削弱政府的
权力。但《新闻法草案》规定的程序,明确将权力置于行政机构之手,
这就违反了法治原则。部长是如此解释《新闻法草案》之运作的:

> 根据《公报》刊登的规定,部长有权向外界宣告某外国出版
> 物干预了新加坡的国内政治。部长将合理地、善意地根据适当
> 的理由来行使这项权力。做出有关某外国出版物的宣告并不是
> 秘密进行的。因此,无须为部长拥有采取行动的自由裁量权而
> 感到担忧。[34]

显然,"合理地、善意地根据适当的理由来行使这项权力"是与法
治思想一致的。"法治"通常会以某些方式来确保行政权力的行使是
善意的,但1986年修正案却未包含这些方式——没有规定行政裁量
权的审查,没有规定可诉性,且被行政决定侵犯的一方也不得求助于
非政府机构。政府认为它只需要向公众宣告自己是善意的。法律制
度或治理结构并不能保护人民,但人民还被要求必须信任掌权者。
政府通过话语和立法两个方面,将法律实质性地重塑为削弱人民权
利、巩固政府权力的机制。

报纸影响公共领域的方式,在许多方面都类似于政府。1971
年,前述三家报业振振有词地反驳政府的指控和主张,它们甚至寻求
国内和国际的支持。这样一来,政府针对报业采取行动的事件,就在
国际和国内公共领域受到了关注。李光耀在国际新闻协会的演讲表
明,政府认为非常有必要向他人证明自己对新闻媒体的处理方式是
正当的。如何评价新加坡政府于1971年对三家报业开展的为期5

153

---

[34] 同上注,col. 374.

个月的处理？⑯ 对此，并没有形成统一的意见，并且该议题引发了广泛争议。这就证明了《新闻法》的功效——若非迫不得已，政府绝不会镇压国内的报业。

至于说到国内的报业，自从《新闻法》正式施行后，政府与新闻界的关系，就不再如 1971 年那样有着一致的相反说辞（counter-narrative）。新闻界的管理措施得以制度化，这些措施让作为非政府公众发言人的新闻媒体不再能够参与政治。《新闻法》规定了许可、股权和行政审批等技术措施，这样一来，政府对新闻媒体的监管，就从国内和国际公共领域的审查之中"消失"了。有了这些技术措施后，对新闻界的管理变成了一些无关新闻价值的规制和程序性障碍——当事人是否申请或收到了政府对管理股股权的批准，这并非透明事项。在公共领域，政府再也没有打击过国内报业机构或社团，可能是因为它认为没有必要这么做了。而当政府惩戒新闻媒体时，154 它的目标是记者个人，批评的是具体文章。⑯ 通常情况下，报纸会长

---

⑮　Seow，前注 2。

⑯　有一些值得注意的事例，首先是政府对专栏作家林宝音（Catherine Lim）的批评（Catherine Lim，"The PAP and the People：A Great Affective Divide"，*Straits Times*（10 September 1994）；Catherine Lim，"One Government，Two Styles"，*Straits Times*［20 November 1994］））；Chan Heng Weng，"PM Goh Remains Committed to Consultation and Consensus Politics"，*Straits Times*（4 December 1994）；Chan Heng Weng，"There Are Limits to Openness"，*Straits Times*（29 December 1994）；Chua Mui Hong，"PM：No Erosion of My Authority Allowed"，*Straits Times*（5 December 1994）．另参见 Kenneth Paul Tan，"Who's Afraid of Catherine Lim？The State in Patriarchal Singapore"（2009）33 *Asian Studies Review* 43；K. S. Rajah，"Negotiating Boundaries：OB Markers and the Law"，in Bridget Welsh et al.，eds.，*Impressions of the Goh Chok Tong Years in Singapore*（Singapore：NUS Press，2009）107；Kevin Y. L. Tan，"Understanding and Harnessing Ground Energies in Civil Society"，in Gillian Koh & Ooi Giok Ling，eds.，*State-Society Relations in Singapore*（Singapore：Oxford University Press，2000）98；其次是政府对专栏作家"布朗先生"的批评；"S'poreans Are Fed，Up with Progress！"*Today*（30 June 2006）；K. Bhavani，"Distorting the Truth，Mr Brown？" Today（3 July 2006）．"*Today* Paper Suspends Blogger's Column"，*Straits Times*（7 July 2006）；Tang Hsiang-yi，"Surviving on the Edge in Singapore：Mr Brown's Satirical Podcasting Finds a Way Out"，该文发表于 *Convergence，Citizen Journalism & Social Change：Building Capacity*，University of Queensland，March 2008.

篇报道政府如何惩罚新闻媒体，其版面远多于受惩罚的原文。[137] 刊登该文章的报纸并没有联合记者个人来主张他们的集体身份或责任。在这场有关权力和资源的不公平竞赛中，个人并不能获得机构的支持，个人在公共领域也无法对抗政府对他提出的恶意指控和毁谤：他就是恶意的。[138]

　　政府惩罚的是记者个人，并且报业也不能以集体的、机构的身份来做出回应，这就证明作为规训企划的《新闻法》是成功的，因为公众和国内报业都不再为新闻自由的理想而抗争。新闻界不再如 1971 年那般认为自己是不可或缺的第四类主体。[139] 因此，鉴于机构中的个人受到了矫正性的公众教育，政府就无须再采取行动来管理报业公司了。

　　新加坡的整个社会都记得政府曾压制记者[140]，这种社会记忆巩固了 1974 年《新闻法》的"以法统治"式规定。长期以来，《新闻法》一直以法统治，以至于法治化的修辞、联结策略和统合技术，都为政府管理新闻界提供了"法制化"的正当性。政府甚至削减个人和机构所享有的自由，并令他们服从有关国家安全的政府决定。政府利用立法

155

---

[137]　前注 135 所列的事例证实了这点。

[138]　前注 135。

[139]　Tey Tsun Hung, "Confining the Freedom of the Press in Singapore：A 'Pragmatic' Press for 'Nation-Building'?" (2008) 30 *Human Rights Quarterly* 876；Birch 讨论了如何改造新加坡的第四类主体的概念，David Birch, *Singapore Media：Communication Strategies and Practices*(Melbourne：Longman, 1993) at 25-27.

[140]　除了在 1971 年未经审判即限制《南洋商报》高管人员的人身自由之外，1977 年年初，作为外国出版物的记者的新加坡公民，也受到了政府实施的强制措施。《远东经济评论》记者何光平(Ho Kwong Ping)被限制人身自由，他被指控散布了受保护的信息；Seow，前注 2，第 112 页；Derek Davies, "The Press", in Michael Haas, ed., *The Singapore Puzzle*(Westport, CT：Praeger, 1999) 77 at 91-94.《金融时报》和《经济学人》的记者 Arun Senkuttuvan 未经审判即被限制人身自由(Seow，前注 2，第 113 页)。英国报纸报道了这些限制人身自由的做法，这导致新加坡国会辩论的主题为外国记者的角色；Sing., *Parliamentary Debates*, vol. 36, cols. 1521-1529 (23 March 1977). Birch 指出，在 20 世纪 70 年代，《南洋商报》的 4 名高管人员，马来报纸《每日新闻报》(*Berita Harian*)的 2 名编辑，以及《远东经济评论》的新加坡记者，都未经审判即被限制人身自由：Birch，前注 138，第 18 页。

来实现新闻管制，这对新加坡公共领域有着深远和持久的影响，并对政府"以法统治"的正当性建设起到了显著作用。

互联网和公共话语

本案例研究的重点是《新闻法》所产生的噤声作用，以及有关新加坡报业和外国新闻媒体的政府说辞。这里的问题是：互联网有哪些作用？新加坡的信息和通讯技术部门，一直被认为是"世界上最强大的部门之一……新加坡有着极高的互联网普及率，450万总人口中估计有210万网民"。卡拉希尔[140]（Kalathil）和鲍斯（Boas）指出，虽然通常认为互联网会促进新加坡的民主，

> 但新加坡政府所获得的成就，在许多人眼里是不可能的。新加坡有着普遍发达的信息通信技术，但它们对政治管理却几乎没有造成冲击……其他威权式政权……非常希望借鉴新加坡的范式。[141]

对信息和通信技术进行谨慎管理，实现了让互联网服务而非破坏权威主义，这还可能被视作是国家二元合法性的逻辑延伸。法律被分解了，它们旨在实现经济增长或社会控制的政府目标；互联网也被用于治理，即便它已不再具有政治影响力。显然，在该治理策略的运作环境中，"使用者普遍开展自我审查，以预防和避免同政府发生对抗"。[142]

156

---

[140] Shanthi Kalathil, "Dot. Com for Dictators" (2003) 135 *Foreign Policy* 41.

[141] Kalathil & Boas，前注129，第73页。

[142] 同上注，第79页。

　　研究互联网的新加坡法律学者认为[14]，新加坡的法律、社会、经济
和政治条件限制了互联网带来的自由主义影响。[16] 以下四个因素限 　157
制了新加坡互联网的潜能:第一,言论自由方面的准用性规范,它是

---

　　[14] 例如,参见 Thio Li-ann, " The Virtual and the Real: Article 14, Political Speech
and the Calibrated Management of Deliberative Democracy in Singapore" (2008) S. J. L. S.
25; Cherian George, "No News Here: Media in Subordination", in Bridget Welsh et al. ,
eds. *Impressions of the Goh Chok Tong Years in Singapore* (Singapore: NUS Press,
2009); Cherian George, "The Internet's Political Impact and the Penetration/ Participation
Paradox in Malaysia and Singapore" (2005) 27 *Media, Culture & Society* 903; George,
Contentious Journalism, 前注 68; George, *Media at the Mainstream*, 前注 13,第 173 页;
Randolph Kluver & Carol Soon, "The Internet and Political Communities in Singapore"
(2007) 17: 3 *Asian Journal of Communication* 246; Randolph Kluver, "Political Culture
and Information Technology in the 2001 Singapore General Election" (2004) 21 *Political
Communication* 435; James Gomez, "Opposition in Singapore: Communications Outreach
without Electoral Gain" (2008) 38:4 *Journal of Contemporary Asia* 591; James Gomez,
Internet Politics: Surveillance and Intimidation in Singapore (Bangkok: Think Centre,
2002); Terence Lee, "Emulating Singapore: Towards a Model for Internet Regulation in
Asia", in Steven Gan, James Gomez & Uwe Johannen, eds. , *Asian Cyberactivism:
Freedom of Expression and Media Censorship* (Singapore: Friedrich Naumann
Foundation, 2004) 162; Terence Lee, "Internet Control and Auto-regulation in Singapore
(2005) 3:1 *Surveillance & Society* 74; Terence Lee & David Birch, "Internet Regulation
in Singapore: A Policing Discourse " (2000) 95 *Media International Australia
Incorporating Culture and Policy* 147; Garry Rodan, "The Internet and Political Control
in Singapore" (1998) 113 *Political Science Quarterly* 63; Yao Su Cho, "The Internet:
State Power and Techno-Triumphalism in Singapore" (1996) 82 *Media International
Australia* 73; Kalathil & Boas, 前注 129; Woo Yen Yen Joyceln & Colin Goh, "Caging
the Bird: Talking Cock. com and the Pigeonholing of Singaporean Citizenship", in Kenneth
Paul Tan, ed. , *Renaissance Singapore? Economy, Culture, and Politics* (Singapore:
NUS Press, 2007); Tan Chong Kee, "The Canary and the Crow: Sintercom and the State
Tolerability Index", in Kenneth Paul Tan, ed. , *Renaissance Singapore? Economy,
Culture, and Politics* (Singapore: NUS Press, 2007); Garry Rodan, " Embracing
Electronic Media but Suppressing Civil Society: Authoritarian Consolidation in Singapore"
(2003) 16:4 *Pacific Review* 503; Tang Hang Wu, "The Networked Electorate: The
Internet and the Quiet Democratic Revolution in Malaysia and Singapore", (2009) 2
Journal of Information Law and Technology.

　　[16] 参见前注 139 的参考文献。"无国界记者"(Reporters Without Borders)也注意
到,无论是平面媒体还是互联网,在很大程度上都受到政府控制。他们在 2002 年至 2008
年对新加坡做出的报道的链接,参见<http://www. unhcr. org/refworld/ publisher,RSF,
SGP,0. html>.政府不出意外地无视了"无国界记者和自由之家"(Reporters Without
Borders and Freedom House)对新闻自由做出的评估;"Divorced from Reality", *Today* (27
October 2009).

由政府观念所主导的⑭；第二，公共领域受到高度管理；第三，互联网
活动受到了广泛的法律限制⑭；第四，认为需要对网络空间进行监
控。⑭ 大部分学者强调，由于这些策略运作于存在普遍自我审查的环
境中，所以政府才能够"不怎么依靠技术性审查，而更多地依靠社会
控制之基础结构……让网络使用者预防和避免与政府发生对抗"⑭，
从而将政府控制纸质媒体和广播媒体的方法扩大适用至互联网。

　　本书研究表明，法律的行使具有教育意义。与此相一致的是，政
府偶尔会高度公开地对博主（bloggers）提起诉讼⑮，或高度公开地对
158　他们进行惩戒。⑮ 那些主要通过互联网组织起来的民间团体，如同性
恋权利团体——"我等之辈"（People Like Us）——发现，只要它们在
现实中（相对于网络）聚会，即使只是开展休闲活动⑮，警察也会现身
阻止它们的活动，并坚持认为它们的活动是政治性的，因此需要获得

---

　　⑭　特别令人感兴趣的是，在构建"接受以经济利益代替政治权利的意愿之时，以及在
证立维持信息控制和威权统治之时"，"亚洲价值观"话语发挥了怎样的作用；Kalathil &
Boas，前注 129，第 72 页。

　　⑭　相关法律包括《煽动法令》《内部安全法》《公务保密法》《公共娱乐和会议法》《刑
法》《宗教和谐法》《广播法》、诽谤法，有关蔑视法庭和蔑视国会的法律，以及由媒体发展管
理局负责的"准法律"《互联网行为准则》；Ang Peng Hwa & Yeo Tiong Min, *Mass Media
Laws and Regulations in Singapore* (Singapore: Asian Media Information and
Communication Centre, 1998).

　　⑭　参见前注 13 的参考文献。

　　⑭　Kalathil & Boas，前注 129，第 77-79 页。

　　⑮　政府在 1966 年指控社阵领袖犯有煽动罪（第三章），似乎从那之后，《煽动法令》都
没有得到政府的援引。然而在 2005 年，政府适用《煽动法令》来起诉基督教传道者，因为他
们分发了冒犯其他信仰人士的小册子；*Public Prosecutor v. Ong Kian Cheong and
Another*[2009] SGDC 163；而且指控并警告博主；*Public Prosecutor v. Koh Song Huat
Benjamin and Anor*. [2005] SGDC 272; Zakir Hussain, "Blogger Who Posted Cartoons of
Christ Being Investigated", *Straits Times* (14 June 2006); "Warning for Blogger Who
Posted Cartoon of Christ", *Straits Times* (21 July 2006).

　　⑮　《今日报》半月专栏博主"布朗先生"，因撰写有关新加坡资源分配不公的讽刺性专
栏，而受到了公开批评（参见前注 135 的参考文献）。虽然他受到了质疑，但他并没有受到
指控，但自政府严厉批评他之后，《今日报》关闭了"布朗先生"的专栏。

　　⑮　参见 2007 年 8 月的诸多事件，Zakir Hussain, "No Go for Gay Picnic, Run at
Botanic Gardens", *Straits Times* (8 August 2007); "Police Declare Joggers an "Illegal
Assembly", 访问路径：<http://www.yawningbread.org/>.

警方许可。[153]

　　近年来的趋势是在大选前对互联网实施严格管理。在 2001 年、2006 年和 2011 年,有关部门都会在大选之前加强对博客和播客的法律控制。[154] 每当此时,官方话语都会重申:新加坡公民不得以普通公民的身份进入政治这一话语性领域。[155] 可以这么说,互联网若要参与"明确的政治活动""拥护政治路线"或"持续传播、宣传或发布有关新加坡的政治问题",那么它们必须事先在媒体发展管理局登记为政治性网站。[156] 根据《新闻法》,政府利用了殖民地政府管理报纸内容的那些官僚化技术,来实现对新媒体的规制。

159

　　对新加坡网络言论的寒蝉效应,互联网仅仅"施加了有限的推力",这是公认的;但在马来西亚,互联网却开启了民主化效应。[157] 有一种政治文化在冷战最剧烈的时期创建了《新闻法》,并于 20 世纪 80 年代中期复兴了《新闻法》。这种政治文化能够使旧时代的法律再次生效,并且也能够在话语上持续排斥政治,以此约束和牵制 21 世纪的新媒体。即使制定了一系列新法规来管理新媒体,鉴于政府不信任媒体的这种普遍的、根深蒂固的文化[158],以及政府有能力监视和胁迫公民[159],这两者都大幅削减了新媒体在新加坡公共话语中发挥强大作用的可能性。

160

---

　　[153]　同上注。2009 年 5 月,新加坡"同性恋首次户外活动"吸引了近千人;Nur Dianah Suhaimi, "Pink Event Draws 1,000", *Sunday Times*(17 May 2009).

　　[154]　Kalathil & Boas, 前注 129, 第 77-79 页;"Political Podcasts, Video casts Not Allowed During Election", *Straits Times* (4 April 2006); Sue-Ann Chia, "New Media, Same Rules", *Straits Times* (15 April 2006); Jeremy Au, "The Citizen to Be Listed as Political Association", *Straits Times*(12 January 2011).

　　[155]　同上注。

　　[156]　同上注。必须指出的是,尽管有着这样的规制环境,但借"永久非政治性播客"的形式,政治讽刺性作品尖锐地呈现了以下情形:因一名反对党候选人在归档自己的选举部文件时采取了错误的步骤,政府做出了恐吓性的严厉回应;Tang Hsiang-yi, 前注 135。

　　[157]　大体参见前注 143 的参考文献。

　　[158]　George, *Consolidating Authoritarian Rule*, 前注 96; Kalathil & Boas, 前注 129; S. Ramesh, "Gazetting TOC Will Not Impede Its Freedom of Expression: Shanmugam", *Today*(15 February 2011).

　　[159]　同上注。

第五章

管理律师、限制公民身份：
1986年《法律职业法(修正案)》

160　　　本章介绍了本书的第三个案例研究：《法律职业法》①1986年修
正案。结合对《宗教和谐法》的研究(第六章)，对《公共秩序法》的分
析(第七章)，以及对《新闻法》的外国新闻媒体修正案的讨论(第四
章)，本案例研究表明，新加坡实现了令人叹为观止的经济繁荣②，并
且社会和政治也趋于稳定。③ 正是基于此，政府在制定限制公民身份
和民间社会的法律时，又是如何持续建构新加坡这个始终脆弱的"国
家"的？

　　　自由主义对公民身份的界定，以及民间社会对抗政府的能力，都

①　*Legal Profession Act*(Cap. 161, 2001 Rev. Ed. Sing.).
②　Linda Low, *The Political Economy of a City-State*：*Government-Made Singapore*(Singapore：Oxford University Press, 1998) 45-50.
③　同上注。

是政治自由主义的核心要素。④ 这一政治模式让"法治"充满活力。⑤　161
更宽泛的研究主题还包括:在 20 世纪 70 年代后期,反对党、工会、民
间社会和新闻界是如何被噤声、削弱或整合的。⑥《破坏性行为法》和
《新闻法》只是部分研究对象。人民行动党认为政府必然是党的延

---

④　Terence C. Halliday, Lucien Karpik & Malcolm Feeley, "Introduction: The Legal Complex in Struggles for Political Liberalism", in Terence C. Halliday, Lucien Karpik & Malcolm Feeley, eds., *Fighting for Political Freedom: Comparative Studies of the Legal Complex for Political Change*(Oxford: Hart, 2007) 1 at 10-11. 另参见 Terence C. Halliday & Lucien Karpik, "Politics Matter: A New Framework for the Comparative and Historical Study of Legal Professions", in Terence C. Halliday & Lucien Karpik, eds., *Lawyers and the Rise of Western Political Liberalism* (Oxford: Clarendon Press, 1997) 15.

⑤　参见第一章有关新加坡法治谱系学的讨论。

⑥　第四章讨论了媒体受到的限制。有关反对党、工会和民间社会的讨论,除了第四章,大体参见 Christopher Tremewan, *The Political Economy of Social Control* (Hampshire: Macmillan Press, 1994); Hong Lysa & Huang Jianli, *The Scripting of a National History: Singapore and Its Pasts* (Singapore: NUS Press, 2008); Carl A. Trocki & Michael D. Barr, eds., *Paths Not Taken: Political Pluralism in Post-War Singapore* (Singapore: NUS Press, 2008); Kay Gillis, *Singapore Civil Society and British Power*(Singapore: Talisman, 2005); Terence Chong, *Civil Society in Singapore: Reviewing Concepts in the Literature* (Singapore: Institute of Southeast Asian Studies, 2005); Terence Lee, "The Politics of Civil Society in Singapore" (2002) 26:1 *Asian Studies Review* 97; Garry Rodan, "Civil Society and Other Political Possibilities in Southeast Asia" (1997) 27:2 *Journal of Contemporary Asia* 14; James Gomez, "Restricting Free Speech: The Impact on Opposition Parties in Singapore" (2006) 23 *Copenhagen Journal of Asian Studies* 105; Kevin Hewison & Garry Rodan, "The Decline of the Left in Southeast Asia" (1994) *Socialist Register* 235; Hussin Mutalib, "Illiberal Democracy and the Future of Opposition in Singapore" (2000) 21 *Third World Quarterly* 313; Frederic C. Deyo, "The Emergence of Bureaucratic-Authoritarian Corporatism in Labour Relations", in Ong Jin Hwee, Tong Chee Kiong & Tan Ern Ser, eds., *Understanding Singapore Society* (Singapore: Times Academic Press, 1997) 353; Noleen Heyzer, "International Production and Social Change: An Analysis of the State, Employment and Trade Unions in Singapore", in Ong Jin Hwee, Tong Chee Kiong & Tan Ern Ser, eds., *Understanding Singapore Society* (Singapore: Times Academic Press, 1997) 374.

伸，由此，人民行动党巩固了自身的统治。⑦ 如果《破坏性行为法》和《新闻法》所针对的是来自工薪阶层的、支持反对党社阵的那些受过中文教育的人，那么《法律职业法》《宗教和谐法》以及《公共秩序法》所针对的，可能是一些位居中产阶层、受过英文教育的人，这些人要求政府兑现承诺，实现自由主义国家。

162

本章重点介绍了新加坡律师公会在公共领域倡导法治的两个关键时刻。在考虑律师个人⑧以及律师公会的角色时，本章还提出了一种用来说明新加坡缺乏人权律师的谱系学。本章首先考虑了新加坡律师作为法治倡导者的背景，研究了从 20 世纪 60 年代直至当前发生的事件，由此来说明为何法律职业是几近沉默的。但沉默之中也有例外，这表明新加坡的法律不可能脱离政治自由主义，后者是内在于让新加坡实现繁荣的那个法律模式的。本章的后半部分详细介绍了 1986 年《法律职业法》的遴选委员会听证会，充分展示了政府如何利用公共话语，消解了民间社会的三项重要权利：非公职人员的结社权利，非公职人员进入公共领域的权利，以及非公职人员平等公开地参与国家事务的权利。总之，这一案例研究表明，在 20 世纪 80 年代这一经济繁荣和社会稳定的时代⑨，新加坡政府如何延续了自身与人民的等级关系，让人民服从于政府在话语上和强制力上的主导地位，同时让律师无法成为"法

---

⑦　Rodan 认为，新加坡将政府和党混为一谈，由此导致人民行动党政权如此长存。Garry Rodan, "Singapore 'Exceptionalism'? Authoritarian Rule and State Transformation", in Edward Friedman & Joseph Wong, eds., *Political Transitions in Dominant Party Systems: Learning to Lose* (London: Routledge, 2008) 231. Chan 于 1975 年提出，新加坡的政治热度是非常微弱的，几乎只有在官僚领域才能接触到政治。Chan 的论证对研究新加坡而言，是极具影响力的；Chan Heng Chee, "Politics in an Administrative State: Where Has the Politics Gone?" in Ong Jin Hwee, Tong Chee Kiong & Tan Ern Ser, eds., *Understanding Singapore Society* (Singapore: Times Academic Press, 1997) 294.

⑧　Kevin Y. L. Tan, "Lawyers in Politics, 1945—1990", in Kevin Y. L. Tan & Michael Hor, eds., *Encounters with Singapore Legal History* (Singapore: Singapore Law Journal Society, 2009) 529.

⑨　Low，前注 2。

律上相反说辞"的代言人。[10]

左右为难的律师

在研究律师倡导法治之时,本案例研究呈现了新加坡律师——和许多其他司法管辖区及不同历史时期的律师一样——是如何承担起倡导政治自由主义的责任的。[11] 然而,鉴于新加坡存在着"法治"和"法制"的二元论,新加坡律师感到左右为难。新加坡的律师都受制于这样一个政体,尽管它有着威斯敏斯特式的政府结构,它也通过《宪法》确定了基本法律自由,但在新加坡,人们的权利意识并不强[12];而公共领域几乎全是由政府主导的。[13] 此外,政府话语在建构公民身份时,是以公民义务和公民服从于无所不知的威权式政府为基础的,而不是以公民向政府提出要求的权利和能力为基础。[14]

然而,由于他们的专业素养,从事律师行业的公民认为,法律的意义源自更广泛的普通法话语,这种话语必然超越国家的边界。这种更广泛的普通法话语,在阐明和保护权利之时,会强调个人权利、

163

---

[10] Lucien Karpik, *French Lawyers: A Study in Collective Action*, 1274 to 1994, trans. by Nora Scott (Oxford: Clarendon Press, 1999).

[11] Halliday, Karpik & Feeley, 前注4。另参见 Halliday & Karpik, 前注4,第15页。

[12] Li-ann Thio, "Lex Rex or Rex Lex? Competing Conceptions of the Rule of Law in Singapore" (2002) 20:1 *Pacific Basin Law Journal* 22 at 39.

[13] Cherian George, "Consolidating Authoritarian Rule: Calibrated Coercion in Singapore" (2007) 20:2 *Pacific Review* 127.

[14] Terence Lee, "Gestural Politics: Civil Society in 'New' Singapore" (2005) 20:2 *Journal of Social Issues in Southeast Asia* 132.

164 法律⑮以及律师⑯的角色。在新加坡，从事律师职业的公民可能会处于一个特别矛盾的立场：作为普通公民，他们了解新加坡特有的法律限制；作为专业的普通法律师，他们了解作为民族国家之基石的法治理念。

1986 年，律师公会进入公共领域，它认为自己的职责就是卡尔皮克（Karpik）所言的公众代言人。⑰ 卡尔皮克说明了公众为何既是设想的又是真实的：公众是由律师建构的，因而律师可以有效地代表更广大的群体。⑱ 我认为，在 1986 年，新加坡法律中的法治成分促使律师公会担负起代言人的角色。律师公会发布了一则新闻声明，批评拟议的《新闻法》外国新闻媒体修正案。⑲ 受以下原则的激励，即政府权力的运作应加以解释并保持透明⑳，律师公会提出了这一批评。在提出批评时，律师公会必然认为公众就是政治自由主义的全体公民。这就意味着，相对于政府，他们是享有权利（rights-bearing）和被授权的（empowered）。当时，律师公会是新加坡主要的法律职业协会。这是律师公会首次成功进入公共领域，就政府对法律的阐述提出反驳。

———————

⑮　Michael Rutter, *The Applicable Law in Singapore and Malaysia* (Singapore: Malayan Law Journal, 1989) 574-606.

⑯　有关律师在为权利而战时所起的作用，有大量研究。特别参见 Halliday & Karpik，前注 4；Halliday, Karpik & Feeley，前注 4；Austin Sarat & Stuart A. Schiengold, eds., *Cause Lawyers and Social Movements* (Stanford, CA: Stanford University Press, 2006); Stuart A. Schiengold, *The Politics of Rights: Lawyers, Public Policy and Political Change*, 2nd ed. (Ann Arbor: University of Michigan Press, 2004); Chidi Oguamanam & W. Wesley Pue, "Lawyers' Professionalism, Colonialism, State Formation and National Life in Nigeria, 1900—1960: (2007) 13:6 *Social Identities* 769; Stanley D. Ross, "The Rule of Law and Lawyers in Kenya" (1992) 30:3 *Journal of Modern African Studies* 421; Terence C. Halliday, *Beyond Monopoly: Lawyers, State Crises and Professional Empowerment* (Chicago: University of Chicago Press, 1987).

⑰　Karpik，前注 10。

⑱　同上注。

⑲　Paul Jacob, "Existing Laws Adequate, Says Law Society", *Straits Times* (22 May 1986) 28.

⑳　律师公会提出的批评，将在本章后面详细介绍。

被噤声的律师:谱系学梳理

在分析律师公会于 1986 年做出的声明之前,有必要提出这一问题:为什么时至今日,律师公会仍未能进入公共领域? 换句话说,假设法律职业群体是为政治自由主义而战的[21],那么既然非自由主义政权在诸多方面违反了法治,为什么新加坡法律职业群体一直保持沉默? 这个问题的答案包括两部分内容:一部分关乎事实;另一部分基于推测。首先,律师公会在 1969 年曾试图进入公共领域,但最终失败,我稍后会予以解释。其次,公会成员目睹某些律师遭受了政府的强制措施,因此他们可能共同选择将沉默作为更安全的行事方式。首先我将简要陈述,律师公会在 1969 年曾试图向公众表明,自己反对政府废除新加坡法律体系中的陪审团制度。

1969 年,新加坡律师公会[22]未能进入公共领域,这让公众意识到政府试图废除陪审团审判的提案是危险的。[23] 早在 1959 年,新加坡已部分废除了陪审团审判,后者只限于在死刑案件中发挥作用。至 1969 年,政府想要彻底废除陪审团制度。著名律师兼新加坡第一任首席部长大卫·马绍尔(David Marshall),鼓励律师公会以集体的身份反对全面废除陪审团。[24] 马绍尔是律师界的领袖人物[25],早在 1954

165

㉑　Halliday, Karpik & Feeley,前注 4。

㉒　1969 年,该协会被称为"新加坡出庭律师和事务律师协会"(Singapore Advocates and Solicitors Society)。为方便起见,我用"律师公会"来指代 1969 年和 1986 年时期的这一协会。

㉓　Francis T. Seow, *The Media Enthralled*:*Singapore Revisited*(Boulder:Lynne Reinner,1998) at 38-39.

㉔　从 1955 年 4 月起,马绍尔只担任了 14 个月的首席部长,Kevin Y. L. Tan, *Marshall of Singapore*:*A Biography*(Singapore:Institute of Southeast Asian Studies, 2008) 490-94 [*Marshall of Singapore*].

㉕　1972 年,首席大法官 Wee 将马绍尔描述为"律师界公认的领导者之一":*Re David Marshall*;*Law Society v. Marshall David Saul* [1972—1974] Sing. L. R. 132 [*Re David Marshall*] at 133.

年[26]，他就成为新加坡政治领域中的"重要公共人物"。[27]

1969 年 6 月 16 日，新加坡政府发布了一则公告，邀请民众向《刑事诉讼程序法（修正）草案》遴选委员会提交书面陈述，而该草案将取消陪审团。[28] 律师公会除了对该公告做出回应之外[29]，还向国内报纸发送了一份律师公会决议——律师公会反对取消陪审团——的副本。但报纸并没有刊登公会的声明[30]，新闻媒体也没有就此事件进行报道。1969 年 12 月[31]，《草案》在国会通过了二读和三读，并正式成为法律。[32] 在 1969 年 6 月和 7 月，新闻媒体拒绝发表律师公会的声明；马绍尔希望公开律师公会的看法，但广播媒体对此也表示拒绝。[33] 萧添寿称，政府根据《基本信息（出版物控制和信息保护）条例》，阻止媒体公开律师公会的决议。[34] 该《条例》起初是依照 1964 年《紧急状态（基本权力）法》制定的。政府将条例适用于这一情形，表明了在紧急状态结束之后，政府将紧急状态法律运用到了对公共话语的管理活动中。该事件清晰地表明，即便到了 1969 年（先于第四章所讨论的、于 1971 年实施的强制性剥夺人身自由），媒体也未能独立于政府。

在 1969 年，律师公会无法在公共领域表达想法。公会认为，废

---

[26] Tan, *Marshall of Singapore*，前注 24，第 222 页。

[27] 同上注，第 226 页。

[28] Sing., "Report of the Select Committee on the Criminal Procedure Code (Amendment) Bill," December 1969, 2nd Parliament [*CPC Report*] at i.

[29] Council of the Singapore Advocates and Solicitors Society, "Memorandum on the Criminal Procedure Code (Amendment) Bill", *CPC Report*，前注 28，第 A27-A34 页。

[30] Seow，前注 23，第 38-39 页。

[31] "Other Branches of Law Need Reform", *Straits Times* (16 December 1969); "Singapore Judges Its Juries", *Straits Times* (20 December 1969); "End of Jury Trials in S'pore", *Straits Times* (23 December 1969); "Our Case Proved Beyond All Doubt-Minister", *Straits Times* (23 December 1969).

[32] Seow，前注 23，第 38-39 页。

[33] 同上注。

[34] 同上注。

除陪审团会使法律程序容易受到行政权力的影响。㉟ 律师公会因为反对政府的提案,陷入了对抗政府的境地。㊱ 从律师公会理事会在《刑事诉讼法(修正)草案》遴选委员会主持的听证会上的遭遇来看,这是一场力量悬殊的角力。㊲

在新加坡,设立遴选委员会通常是为了审查立法草案。委员会经常邀请公众提交意见并举行听证会,以考虑非公职人员的反应。㊳ 这个过程能够促使立法以更多的信息为基础,也更具包容性。遴选委员会听证会通常以合乎礼仪的合议方式进行。委员会通常欢迎受邀人士亲临现场,后者一般拥有一定的专业知识,或者能提出一些可供参考的观点。

一般情况下,新加坡遴选委员会听证会会遵照我所描述的一系列模式运行。㊴ 但也存在例外情况:1969 年,李光耀对律师公会理事会提出了询问,他对马绍尔的询问特别像是讯问和指控。在遴选委员会听证会上,李光耀反复指控理事会和马绍尔利用律师公会来参与"政治活动"。㊵ 李光耀主导着听证会,73% 的问题都是由他提出的。㊶ 高度对抗性的方式,进一步加强了李光耀的话语主导权。虽然

<aside>167</aside>
<aside>168</aside>

㉟　*CPC Report*,前注 28,第 A27-A34 页。

㊱　同上注;Tan, *Marshall of Singapore*,前注 24,第 493-494 页。

㊲　*CPC Report*,前注 28,第 B33-B58、B68-B84 页。

㊳　遴选委员会是依照新加坡《国会(特权,豁免和权力)法》(Cap. 217, 2000 Rev. Ed. Sing.)(即《国会法》)和国会《议事规则》组建的。《国会法》第 3 条规定,在新加坡成立之时,特权,豁免以及国会、议长、成员和委员会的权力,与英国国会的下议院一致。

㊴　我已审查了 1965 年至今的 71 份遴选委员会报告。遴选委员会一般都以合乎礼仪的、合议的方式进行询问。在询问反对派政党的代表时,询问有时是相当具有攻击性的(例如对新加坡国民阵线的询问,参见 Sing., "Report of the Select Committee on the Maintenance of Parents Bill", October 1995, 8th Parliament,以及对新加坡民主党的询问,参见 Sing., "Report of the Select Committee on Land Transportation Policy", January 1990, 7th Parliament)。我认为,律师公会理事会于 1986 年所经历的攻击性和对抗性的程度,远高于所有遴选委员会听证会,无论是 1986 年《法律职业法》听证会之前还是之后。

㊵　*CPC Report*,前注 28, paras. 532-533, 543, 544, 550, 551, 632-637, 639-640, 654, 657, 659, 660, 667, 671, 672, 687.

㊶　遴选委员会向理事会提出了 350 个问题,其中 257 个是由李光耀提出的。

遴选委员会的其他成员合乎礼仪地询问了律师公会理事会,但李光耀的询问似乎更像是在质问。㊷

李光耀的询问逻辑表明,他拒绝将律师公会的意见视为一种合作行为。㊸ 李光耀从三个方面否定了律师公会及其理事会在此事件上的团体身份。首先,他多次论及,律师公会的意见是由马绍尔发起并撰写的。㊹ 第二,对于理事会代表新加坡律师及律师公会的能力,李光耀表示怀疑。㊺ 第三,李光耀多次要求理事会成员根据他们的个人信念以个人身份发言,而不是作为理事会成员发言。㊻ 李光耀的询问以及他对马绍尔的诋毁,看起来似乎是一场苦大仇深的私人恩怨㊼,甚至连听证会主席都想缓和气氛。㊽ 李光耀还多次将提交的意见形容为政治文件,或是政治文章、政治论点、政治意见或政治时论㊾,他还选择性地用意见中的论点和语言来攻击理事会。这样一来,理事会所提意见中的实质性内容,几乎没有得到讨论。

总之,政府让律师公会理事会一起参与遴选委员会听证会,是为了攻击理事会并否认其决议的正当性。政府并没有讨论律师公会提出的、有关废除陪审团之影响和后果的论证。官方对律师公会的询问类似于指控,并且媒体因受到压力而不得让律师公会的论证进入公共领域。对于新加坡沉默的律师界而言,这两点都至关重要。同样值得注意的是,新加坡的媒体也没有报道听证会的过程。㊿ 至

㊷ *CPC Report*,前注 28,第 B33-B58、B68-B84 页;Tan, *Marshall of Singapore*,前注 24,第 493-494 页。

㊸ *CPC Report*,前注 28, paras. 545, 883.

㊹ 同上注,paras. 550, 552, 573, 610, 628, 660, 686, 883.

㊺ 同上注,paras. 519-524, 529-532, 573-580, 601-604, 902, 944.

㊻ 同上注,paras. 567, 568, 571, 572, 620-621, 637, 684-685, 689, 903, 931-957.

㊼ 同上注,paras. 550, 551, 632-637, 663-666, 668, 884, 888, 924-930.

㊽ 同上注,paras. 637, 660, 691.

㊾ 同上注,paras. 533, 543, 551, 552, 679.

㊿ 我搜罗了 1969 年 6 月至 12 月的《海峡时报》,才提出了这一说法。

1969 年 12 月，遴选委员会将法案审查报告提交给了国会。(51) 只在此时，媒体才对此事做了非常简单的报道。这也揭示了新加坡政府在多大程度上管理着公共领域。

规训被拘留的律师

政府对律师界所做的第二种回应，也导致了新加坡法律职业的沉默。简单来说，如果律师的委托人被政府视为敌人，那么受委托的律师也会被视为敌人或成为强制对象。例如，在 1971 年李茂成(Lee Mau Seng)人身保护令诉讼(52)中，大卫·马绍尔担任被剥夺人身自由的《南洋商报》高管人员的律师。(53) 这让马绍尔的职业生涯和人生经历增加了更多的磨难。

李茂成(54)人身保护令一案的判决，在新加坡法律界有着里程碑式的意义。(55) 高等法院的判决是国家主义的，其确认政府有权发布不明确的、针对不特定对象的拘留令，并且该判决认定政府有权延缓被拘留者接触律师的时间。(56) 该案之所以对新加坡法律(57)和新加坡律师界有着深远影响，部分是因为马绍尔由于本案而面临的纪律处分程 170
序(disciplinary proceedings)。(58) 这些程序不仅涉及律师界为何沉

(51) 前注 31。

(52) *Lee Mau Seng v. Minister for Home Affairs, Singapore & Anor*. [1969—1971] Sing. L. R. 508 [Lee Mau Seng]. 另参见 Rowena Daw, "Preventive Detention in Singapore: A Comment on the Case of Lee Mau Seng" (1972) 14 *Mal. L.R.* 276.

(53) 李茂成是《南洋商报》的所有者——李氏家族——的小儿子：Seow，前注 23，第 42 页。他曾是报业的总经理。另参见 Tan，*Marshall of Singapore*，前注 24，第 453 页。

(54) 前注 52。

(55) Tan，*Marshall of Singapore*，前注 24，第 452 页。

(56) 同上注；Lee Mau Seng，前注 53。

(57) Li-ann Thio, "Rule of Law Within a Non-Liberal 'Communitarian' Democracy: The Singapore Experience", in Randall Peerenboom, ed., *Asian Discourses of Rule of Law* (London: Routledge, 2004) 183 at 206-208.

(58) *Re David Marshall*，前注 25；Tan，*Marshall of Singapore*，前注 24，第 499 页。

默，也涉及本书的更大关怀——新加坡政府对公共话语的管理。这在后面会进行解释。

李茂成和其他三名《南洋商报》高管人员在 1971 年 5 月 2 日凌晨遭到拘留。[59] 5 月 2 日至 5 月 22 日，被拘留者不得接触律师。[60] 李茂成申请人身保护令的听证会，于 1971 年 5 月 26 日在法庭公开举行。[61] 为了方便马绍尔与委托人进行交流，听证会后来延期了。[62] 休庭期顺延至 1971 年 6 月 7 日。[63] 具有讽刺意味的是，6 月 7 日是赫尔辛基国际新闻协会的开幕日。[64]

5 月 26 日开始的听证会结束后，在首席大法官的会客厅里，代表政府应诉的总检察长和首席大法官及马绍尔进行了谈话，并陈述了自己的想法。总检察长希望在 6 月 7 日之前，不向外界公开《南洋商报》高管人员（即马绍尔的委托人）的宣誓证词书，或不泄露其中的内容。[65] 总检察长并不希望宣誓证词书流入公共领域，他似乎想要制止国际社会批评拘留《南洋商报》高管人员一事。[66] 马绍尔告诉总检察长和首席大法官：在审判之前，他的工作人员并没有向新闻媒体提供诉状，而且他和他的工作人员都不会将宣誓证词书交由新闻媒体

171

---

    [59] *Lee Mau Seng*，前注 53，第 510 页。

    [60] 同上注。

    [61] *Re David Marshall*，前注 25，第 134 页。

    [62] 萧添寿写道，休庭是为了让马绍尔便于交流，前注 23，第 48 页。在针对马绍尔提起的纪律处分程序的判决之中，首席法官说，休庭的原因"无关该目的"。但他指出，在 5 月 26 日开庭之时，国内和国际媒体现身报道了诉讼程序：*Re David Marshall*，前注 25，第 134-135 页。

    [63] *Re David Marshall*，前注 25，第 134-135 页。

    [64] 同上注，第 135 页。

    [65] *Re David Marshall*，前注 25，第 135 页；Tan, *Marshall of Singapore*，前注 24，第 499 页。

    [66] 赫尔辛基大会之后，《国际新闻协会月报》认为是李光耀让此次会议变得万众瞩目且"高潮迭起"，而国际新闻协会主任也认为李光耀让该届会议上的其他发言者"黯然失色"："Lee Kuan Yew: Record Assembly Felt Unusual Pressures" and Ernest Meyer, "Vigour in Disagreement Is Democracy", *IPI Report*, June/July 1971, 1-2.

公开。⑥⑦

不过，马绍尔对其委托人的宣誓证词书略做了修改，并将修改后的版本发给了经由他精心挑选的对象。⑥⑧ 收件人包括"大赦国际"秘书长和伦敦《星期日时报》编辑哈罗德·埃文斯（Harold Evans）。⑥⑨马绍尔删除了文件中的宣誓证词书标志⑦⑩，而把文件标记为委托人对律师所做的说明。⑦⑪ 6 月 1 日，马绍尔告诉总检察长，他已将修改后的宣誓证词书寄往伦敦，但他是以说明的形式而非宣誓证词书的形式邮寄的。⑦⑫ 总检察长回答说，政府将申请删除宣誓书的部分内容。⑦⑬ 当天晚些时候，总检察长致信马绍尔说，他认为马绍尔违反了5 月 26 日在首席大法官会客厅做出的承诺；他要求马绍尔发送电报联系邮寄对象，以确保宣誓证词书的内容没有被公开。⑦⑭ 马绍尔说，如果总检察长撤回来信，他就同意发送电报。⑦⑮

172

马绍尔于 5 月 26 日发送的是宣誓证词书的原本。6 月 2 日，马绍尔将宣誓证词书的副本交给了德里克·朗德（Derek Round）。德里克·朗德是国际新闻协会秘书处成员，他被派往新加坡了解《南洋商报》高管被拘留的事件，并向赫尔辛基大会做报告。⑦⑯ 德里克·朗德违反了马绍尔做出的明确指示，即何时可以公开文件；在 6 月 6 日国际新闻协会的新加坡介绍会上，他将副本分发给了新闻机构的

---

⑥⑦ *Re David Marshall*，前注 25，第 135 页。

⑥⑧ 同上注。

⑥⑨ 同上注。一个有趣的题外话：6 月 9 日，在李光耀于赫尔辛基发表了他的演讲之后，埃文斯首先向他提出了问题。

⑦⑩ 同上注。

⑦⑪ Tan，*Marshall of Singapore*，前注 24，第 499-500 页；*Re David Marshall*，前注 25，第 135 页。

⑦⑫ *Re David Marshall*，前注 25，第 135 页。

⑦⑬ 同上注，第 136 页。

⑦⑭ 同上注。

⑦⑮ 同上注。

⑦⑯ 同上注，第 136-137 页。

代表。⑦

6月4日,总检察长申请对宣誓证词书的部分内容予以删除,因为它们是"诽谤性的、没有证据的或是压迫性的"。⑦《南洋商报》四名高管的宣誓证词书,有力地、公开地否认了政府对他们的有罪描述：他们是共产主义者和族群主义者。⑦ 首席大法官在法院内庭(chamber)审理和批准了政府的申请。⑧ 在法院内庭审理该申请,意味着只有法官和涉案律师会出庭,而媒体不会出席。这样一来,有关总检察长提出的删除内容的申请,其审查结果并不会为外界知晓。然而,由于马绍尔联系了朗德,因此,5月26日发送的宣誓证词书的原本流入了公共领域,并于6月6日在国际新闻协会赫尔辛基大会上得以传播。正是该行为导致马绍尔面临着纪律处分程序。

如果总检察长对宣誓证词书的小范围传播感到愤怒⑧,那么他一定会对媒体接触到了5月26日提交的宣誓证词书的全文感到更加愤怒。媒体接触到的宣誓证词书是原本,它并未因总检察长申请删除部分内容而做修改。我们很容易推测,因为朗德于6月6日向大家分发了宣誓证词书,所以李光耀于6月9日受到了一些极具有挑战性的提问。⑧

鉴于马绍尔和律师公会的职业"不端"行为,总检察长向他们提出了控诉。⑧ 马绍尔还面临着纪律处分程序。⑧ 因马绍尔"在履行自

---

⑦　同上注;Tan, *Marshall of Singapore*, 前注24,第500页。

⑦　*Re David Marshall*, 前注25,第136页。

⑦　判决中复制了那些作为限制人身自由之依据的指控:*Lee Mau Seng*, 前注53,第510-513页。

⑧　*Re David Marshall*, 前注25,第136页。

⑧　判决中描述了6月1日马绍尔与总检察长之间展开的一场"激烈的争论":*Re David Marshall*, 前注25,第136页。

⑧　*IPI Report*, 前注66。受李光耀派遣参加国际新闻协会的人员中,有一名焦虑的《新明日报》成员——查良镛,他也认为这场争论是"激烈的",并认为李光耀的观众持有反对意见:1974 Report on the Press Bill at A10-A12.

⑧　Tan, *Marshall of Singapore*, 前注24,第500页。

⑧　*Re David Marshall*, 前注25,第132-133页。

己的职责时,有着严重不当的行为"⑧,所以马绍尔被判有罪并被停职半年。⑧ 作出纪律处分的判决是"受质疑"的⑧,因为该判决并未澄清马绍尔的职业行为为何是不当的。该处分让法律界为之震惊。⑧ 也许,该判决中的空白和疑问之处⑧,都表明了判决结果是无法解释的、具有隐藏含义的。判决结果表明,政府对马绍尔的报复行为,源于他促使一些说辞在国际新闻协会赫尔辛基大会上传播,而这些说辞是与相关事件的政府说辞相反的。马绍尔被停职的消息震惊了法律界⑨,这必然是一种示范性惩戒,政府想借此告诫律师:若担任未经审判即被剥夺人身自由者的辩护律师,政府会用一些方式来表达不满。

这种面向公众的、具有隐藏含义的指示,还有更令人担忧的一层含义:政府警告律师,在诠释国家威胁之时,政府可能会将律师和委托人视为一体。20世纪70年代,政府对律师采取了另外两项行动,这就表明政府很可能会按其警告行事。

174

马绍尔于1972年10月被停职。在1974年和1977年,针对拉惹(T. T. Rajah)和G.拉曼(G. Raman)这两名律师,政府采取了更大力度的强制措施——两人都未经审判即被剥夺人身自由。⑨ 在前述研究中,我并未提及拉惹这个名字。在15岁男孩洪青山被判鞭刑的上诉案件中,他是辩护律师;在1966年,他因张贴海报——"美国佬"滚回去——而被判犯有破坏性行为。⑨ 社阵领袖被控犯有煽动

---

⑧ *Re David Marshall*,前注25,第138页。

⑧ 同上注。

⑧ Tan,*Marshall of Singapore*,前注24,第501页。

⑧ 同上注。

⑧ 同上注。

⑨ 同上注。

⑨ 从1974年1月至1975年12月,拉惹律师被限制人身自由共18个月,G.拉曼律师在1977年2月被限制人身自由:Seow,前注23,第113页;Amnesty International,*Report of an Amnesty International Mission to Singapore*,30 *November to 5 December* 1978(London:Amnesty International,1980)[1978 *Amnesty Report*]。

⑨ *Ang Chin Sang v. Public Prosecutor*,[1970]2 M. L. J. 6(Sing. H. C.);已于第三章做出讨论。

罪,拉惹对此做出抗辩[93];此外,拉惹还是诸多社阵成员和积极行动者的受托人。[94]

拉惹似乎不惧怕与政府打交道。他起诉政府高层人物触犯了蔑视法庭罪,因为他们在审理案件之前就对案件发表了公开言论,这让他的委托人无法受到公正审判[95];并且拉惹根据行政法,向公职人员提起了执行令(orders of mandamus)[96],因为他们曾拷打他的委托人,针对那些被剥夺人身自由的、绝食抗议的委托人,公职人员还强行给他们喂食。拉惹还代表那些未根据《内部安全法》进行审判即被剥夺人身自由的政治犯,提出了人身保护令申请。[97] 换言之,拉惹通过提起一系列诉讼,来提请人们注意:国家主义的法律体系是如何打压人民行动党的政治对手的。1972 年,律师公会调查了总检察长对拉惹提出的控告,该控告针对的是拉惹的行为——他自己把传票送达给政治犯。律师公会提出了纪律处分程序,拉惹由此被判犯有职业不当行为。[98] 他从 1973 年 2 月起被停职两年。[99] 停职大约一年后,拉惹未经审判即被剥夺人身自由。[100] 在 1974 年 1 月至 1975 年 12 月期间,他被剥夺了人身自由。[101]

---

[93] "Two Barisan Leaders Arrested on Sedition Charge", *Straits Times* (16 April 1966) 1; "The Barisan Sedition Case Takes New Turn", *Straits Times* (26 April 1966) 1.

[94] "Counsel, DPP Clash over 'Inspiration Day'", *Straits Times* (8 October 1967) 9; "96 Barisans Get 4 Months for Contempt", *Straits Times* (21 December 1967) 4.

[95] *Re Application of Lau Swee Soong*; *Lau Swee Soong v. Goh Keng Swee & Anor* [1965—1968] 1 Sing. L. R. 661 (Sing. H. C.); *Re Application of Foong Jam Keong* [1967] 2 M. L. J. 202.

[96] *Re Rajah TT*; *Law Society v. Thampoe T Rajah* [1972—1974] 1 Sing. L. R. 423 [*Re T. T. Rajah*]. 有关绝食抗议和强行喂食,另参见 Said Zahari, *The Long Nightmare: My 17 Years as a Political Prisoner* (Kuala Lumpur: Utusan, 2007) 55-68.

[97] *Lau Lek Eng & Ors v. Minister for Home Affairs & Anor* [1972—1974] 1 Sing. L. R. 300 (H. C.); *Wee Toon Lip & Ors v Minister for Home Affairs & Anor* [1972—1974] 1 Sing. L. R. 303 (H. C.).

[98] *Re T. T. Rajah*,前注 96。

[99] 同上注,第 428 页。

[100] 1978 *Amnesty Report*,前注 91。

[101] 同上注。

马绍尔被停职，拉惹被停职并被剥夺人身自由，拉曼随后也遭此境遇，这些都是政府报复律师的方式。这些律师依据自己的专业能力，在公共领域与政府对抗。这些由政府发起的纪律处分诉讼，最终都以具体处罚告终。诸多家庭的顶梁柱失去了赖以为生的职业，律师及其亲人经历了种种磨难。对抗政府的律师，为此付出了沉痛的个人代价。这些律师的委托人是那些被政府归为敌人的人，而政府对律师作出惩戒，可能说明了这一现象：为什么在接下去的16年里，在新加坡颁布人身保护令申请之后，被剥夺人身自由的那些人都有申请人身保护令？[102] 在1972年，拉惹是社阵活跃分子的受托人；而在1988年[103]，尽管一共有210个人未经审判即被剥夺人身自由[104]，但他们并未通过司法途径质疑剥夺人身自由的正当性。

176

总之，在20世纪70年代后期，政府建立并巩固了有关法律的话语垄断权。而新加坡标志性的反对派人物约舒亚·本杰明·惹耶勒南成为国会的议员，可能被认为打破了这种垄断权。[105] 惹耶勒南在选举中获胜，不仅打破了政府对法律的公共话语垄断权，也使得新加坡法律的展览性、摆设性内容显现为了一系列围绕中心点的圆周运动。

如果说"法律"的类别是中心点，那么圆周运动涵括了总理李光耀(他也是一名律师)，以及与李光耀同龄的另外两名律师——反对党政治家约舒亚·本杰明·惹耶勒南和1986年律师公会的会长萧添寿。[106] 这三名律师不仅年龄大致相同，他们也都在英国接受法律教育，并且在法律职业生涯中，他们都曾是英国律师。换句话说，三名

---

[102] Lexis电子数据库收录了新加坡的判决。Lexis的搜索显示，在1972年和1988年之间，被限制人身自由者并没有申请人身保护令。

[103] 所谓的马克思主义阴谋者(大部分是律师)，他们在1988—1990年提起了人身保护令的申请，这些将在后面讨论。

[104] 为了回答国会的提问，部长提供了根据《内部安全法》被限制人身自由的人数；Sing., *Parliamentary Debates*, vol. 69, col. 1991 (Mr Wong Kan Seng).

[105] 参见第四章有关惹耶勒南在选举中获胜与外国新闻媒体修正案之间的关系的讨论。

[106] 李光耀生于1923年，惹耶勒南生于1926年，萧添寿生于1928年。

律师都是从学习普通法进入法律领域的。如果李光耀曾是（现在也是）"法制"的代言人，那么惹耶勒南和萧添寿就曾是"法治"的代言人。1986年，新加坡颁布了外国新闻媒体修正案和《法律职业法》修正案，但此时，法律已不再由一个人说了算了。

在第四章中，我论述了约舒亚·本杰明·惹耶勒南在进入国会后，是如何让"法治"与"法制"的话语以及表现得到突破性关注的。新加坡政府发现，存在着多种方式，能够使法规、程序以及国会、法律诉讼成为武器，去破坏惹耶勒南的政治和法律事业。[107] 我也认为，似乎是出版物中的一些尖锐报道，促使政府制定外国新闻媒体修正案，例如《亚洲华尔街日报》和《远东经济评论》对政府向惹耶勒南提起诉讼的报道。[108]

177

惹耶勒南在选举中获胜，这极大地遏制了法律的工具主义适用，也有更多的拥护者支持非公职人员提出的法律自由主义说法。鉴于惹耶勒南成为国会议员，媒体进一步曝光了他对政府的批评。[109] 除了这名不屈不挠的"法治"中坚分子之外，还有一个人也意外地倡导自由主义法治，他就是1986年新加坡律师公会的会长萧添寿。

1986年1月，萧添寿当选为律师公会的会长。萧添寿和马绍尔一样，被誉为拥有极大的个人魅力和良好的仪容风貌，他是著名的律师。从1967年至1970年，他一直担任副检察长。[110] 离开了"法律服务业"后，他在私营部门有过相当曲折的职业生涯。[111] 1973年，萧添寿因职业不端行为而被停职[112]；1984年，他因虚假陈述而再次被停

---

⑩　参见第四章。

⑱　参见第四章。

⑲　Chan Heng Chee, "Internal Developments in Singapore", in Verinder Grover, ed., *Singapore: Government and Politics* (New Delhi: Deep & Deep, 2000) 128 at 130.

⑩　Paul Jacob, "The Man at the Centre of the Controversy", *Straits Times* (9 October 1986) 16 [*Man at the Centre*].

⑪　Tan, *Marshall of Singapore*, 前注24。

⑫　Jacob, *Man at the Centre*, 前注110。

职。⑬ 在他当选律师公会会长之前，他于 1976 年至 1977 年担任律师公会理事会成员。⑭ 1986 年是他第一次当选会长。

在萧添寿的带领下，律师公会做了一些 1969 届理事会未能做到、此后也再未尝试做的事。律师公会对提上议程的法律发表了一项新闻声明，以此质疑《新闻法》草案的条款。律师公会尤其认为其中的"参与国内政治"表述是有问题的：

> 《草案》存在歧义之处。例如，尽管"参与"和"国内政治"等术语是《草案》的基础，但它们都没有得到定义。由于《草案》针对的是外国出版物，用部长的话说，它们"经常评论当地问题并歪曲事实"，因而这些术语应该得到定义。它们未得到定义，这将会引发《草案》的主观解释和任意执行。⑮

178

这种批评是完全符合法治原则的，即法律必须是清晰的、可理解的⑯；并且出于普通法的期望，法律尤其应当通过定义关键性术语来表现清晰性。⑰ 律师公会的新闻声明是以另一个法治理念为基础的，即法律的运作应当是可预见的、客观的、透明的。⑱

除了符合法治理念，新闻界的声明也符合《法律职业法》。根据《法律职业法》，正如它当时所制定的那样，律师公会理事会的职能包括审查并报告现行或拟议的法律是否合适⑲，理事会还要在与法律有关的所有事项上保护和协助公众。⑳ 律师公会作出新闻声明，表面上

---

⑬　Jacob, *Man at the Centre*，前注 110。

⑭　Sing., "Report of the Select Committee on the Legal Profession（Amendment）Bill", October 1986, 6th Parliament,［*SC Report on LPA*］at B66, para. 422.

⑮　同上注，B82-B84。

⑯　法治的特征和原则，可以追溯至戴雪的定义和哈耶克的阐述：Brian Z. Tamanaha, *On the Rule of Law*：*History*，*Politics*，*Theory*（Cambridge：Cambridge University Press, 2004）63-70.

⑰　*SC Report on LPA*，前注 114。

⑱　同上注。

⑲　*Legal Profession Act*（Cap. 161, 1985 Rev. Ed. Sing.）s. 39(1)(c).

⑳　同上注，s. 39(1)(f).

依据的是《法律职业法》所规定的权力和职责，还有言论自由和结社自由的宪法权利。[121] 尽管律师公会可以根据以上概念上的、文本中的权利来质疑拟议的法律，但政府坚持认为，律师公会借由一份公开的声明，破坏了政府与律师公会的关系。鉴于政府在非常短的时间内就回应了律师公会的新闻声明，可以得知政府对有关法律的公共话语是高度警惕的。

179

提高政府的反应度

政府的法律—行政机制，能够高效地处理律师公会的新闻声明带来的关于法律的相反说辞。律师公会于 1986 年 5 月 21 日做出了新闻声明。[122] 三个多月后，在 1986 年 8 月 25 日，《法律职业法（修正）草案》提交至国会。在此期间，《新闻法》外国新闻媒体修正案在国会进行了辩论，并在七月底通过。律师公会再一次发表了新闻声明。[123] 由于《法律职业法（修正）草案》需要递交至遴选委员会，并且公众也被邀请提交意见，因此律师公会向委员会提交了书面陈述。提交意见的截止日期是 1986 年 10 月 8 日。委员会于后一天，即 10 月 9 日，开启了听证会。

新加坡政府的"法治"/"法制"矛盾在于：政府审慎地履行法治程序，但却制定了一部破坏法治原则的法律。讽刺的是，这部法律是有关法律职业的。在国会进行三读时，政府邀请公众提交意见，并举办了遴选委员会听证会。政府这么做明显是在履行法治程序，是在鼓励公众和代表人参与公共领域中的民主话语进程。但在国会的 77

---

[121]　*Constitution*，Art. 14.

[122]　Jacob，*Man at the Centre*，前注 110.

[123]　"Lawyers Want Govt to Hear Their Views Before Passing Bill"，*Straits Times*（25 September 1986）18.

个席位之中，只有两名反对党成员[⑭]，且其中一人身陷于诸多法律诉讼[⑮]；辩论时间有两天，但公众只有短短的两周时间提交意见；媒体受到政府直接或间接的控制；提交意见的截止日期的后一天就启动了遴选委员会听证会。这些做法表明，政府拒绝与法律人士开展实质性的法律谈判。

180

政府直接作出回应，表明政府非常在意维持自身对法律话语的垄断权。政府通过一种有力的、极具展示性的方式，宣示了自己的话语控制权——将《法律职业法》递交至遴选委员会听证会。听证会表面上是为研究《法律职业法》的拟议修正案而设的，但政府实则通过听证会对律师公会理事会进行询问和开展教育。

遴选委员会听证会：询问与政府权威

如果说李光耀于 1969 年对律师公会理事会做出的对抗性询问，是有悖于一般做法的，那么《法律职业法》1986 年修正案的听证会则是更具对抗性的。在 1986 年的听证会上，他们似乎是在进行审问，而不是开展遴选委员会听证会。[⑯]

1986 年，政府从三个方面确立了一种极具对抗性的架构。第一，它向理事会发出传票，要求其成员出席听证会。[⑰] 政府并不关心理事会是否已按部就班地准备好加入遴选委员会[⑱]；可以说，在向理事会发出传票之时，政府将其成员视为敌对的、不值得信任的人。第

---

⑭　Jon S. T. Quah, "The 1980s: A Review of Significant Political Developments", in Ernest C. T. Chew & Edwin Lee, eds., *A History of Singapore* (Singapore: Oxford University Press, 1991) 385 at 386.

⑮　参见第四章，"1974 年后的《新闻法》"。

⑯　有两个例外：对 Chelva Rajah（B214-B219）和 Warren Khoo（B204-B213）的询问是合乎礼仪的；*SC Report on LPA*，Khoo 是政府任命的理事会成员，Rajah 后来被任命为司法专员。

⑰　*SC Report on LPA*，前注 114，B110 第 799 段。

⑱　同上注，A3。

181 二，政府通过让理事会发誓的方式来取证[126]，而不是与理事会交谈，但后者才是遴选委员会听证会的通常做法。[129] 鉴于采用了宣誓的做法，所以政府会不断提醒理事会成员，他们是宣誓过的。这样一来，政府对理事会成员的诚实性的询问，就会不时打断进程。[130] 第三，除了两个例外情况[132]，政府对理事会的询问都类似于高度指控性的、恐吓性的盘问。总理论及他对理事会成员张素兰（Teo Soh Lung）的询问时，用了"交叉询问"（cross-examination）一词。[133]

通常，在询问过程中，公职人员的发言远多于理事会成员的发言。因此，被允许呈现的说辞，都是由政府管理和控制的。事实上，首位受到询问的理事会成员曾试图反对总理，重新表述自己的回答，因为总理的表述中包含着自己没有提到的内容。但总理明确反对该名成员能够选择自认为合适的表述。总理为了确保能够管理话语建构的角角落落，一再坚持使用特定表述：

总理：你不了解公众的不安（public disquiet），或者你没有和公众一样感到不安？

伊莱雅士：我用的不是"公众的不安"这一表述。如果可以的话，请让我用自己的表述，总理先生。

总理：不，我向你提出的问题是……[134]

在出席听证会的人员中，只有主要的公职人员——总检察长——被允许连贯地、自主地发表意见。[135] 正如下一章所表明的，除

182

---

[126] 也许对于遴选委员会而言，发送传票以及通过宣誓来询问证人的做法是如此不寻常。因此，主席向理事会而不是向总检察长强调了宣誓的情况；*SC Report on LPA*，前注114，B23。

[129] 在举办《法律职业法》遴选委员会听证会之前或之后，都未有过宣誓的做法。

[130] *SC Report on LPA* 前注114，B43 第246段；B46 第274段；B70 第465-466段；B101 第728段；B122 第871段；B167 第1197A段。

[132] 前注126。

[133] *SC Report on LPA* 前注114，B181 第1311段。

[134] 同上注，B36 第166-167段。

[135] 同上注 B1-B16.

了政府和非公职人员进行交涉的架构之外，政府成功地塑造了话语上的结果。政府动用自己的权威，坚持使用某些表述，"巧妙"地重复刻画各个事件和不同动机。这样一来，理事会成员叙述的文字就无法得到适用了。

李光耀的角色

在由国会创建的、旨在审查并报道 1986 年修正案的遴选委员会之中，成员还包括总理李光耀。在 1986 年听证会举行之时，李光耀已当选总理 27 年，新加坡的大多数普通民众都非常敬畏他本人以及他掌握的实权。[136]

听证会共提出了 1609 个问题，其中 1139 个问题是由李光耀提出的，占 70% 以上。在听证会上，李光耀一再或明或暗地强调：政府将行使监督权[137]；他的个人权威和个人知识的性质和有效性，来自于他在共和国建国年间发挥的作用[138]；鉴于他是法律职业人员，所以他拥有更高的权威[139]；他是政府行使自由裁量权的核心。[140]

183

---

[136]　一位学者如此形容李光耀："他庄严的仪态具有象征性的、实体的、精神的、政治的意义，这些仍然为新加坡公众所感触、接受和欢迎……李光耀的魅力……一直是坚决的、坚韧的、决断的、务实的特质……这些特质能够弥补他的独裁性格"；Ho Khai Leong, *Shared Responsibilities*, *Unshared Power*：*The Politics of Policy-Making in Singapore* (Singapore：Marshall Cavendish，2003) 91，95.

[137]　SC Report on LPA，前注 114，B21，B31，B47-B52，B61-B71，B83-B84，B89，B105-B116，B110-B116，B127，B141，B195-B200，B203.

[138]　同上注，B23（李光耀在决定废除陪审团时的作用），B42（李光耀参与宪法委员会），B60（李光耀详述了萧添寿担任副检察长期间的表现），B88（李光耀声称："律师公会或律师协会的主席，律师协会的早期委员，他们都未曾进入公共领域，也没有批评政府的立法"），B133-B134，B146，B151（对李光耀所出席的"法律服务"委员会和三场宪法会议而言，李光耀发挥的历史作用），B135（在新加坡突然独立时，李光耀将《马来西亚联邦宪法》与《新加坡宪法》"成功对接上了"），B38（李光耀在《法律职业法》的立法史中发挥的作用）。

[139]　同上注，B132 第 952 段；B134 第 959 段；B89 第 638 段。

[140]　同上注，B38 第 186 段；B65-B66 第 419-420 段；B79-B80 第 556-557 段；B82 第 573 段；B136 第 971 段；B196 第 1438 段；B198 第 1472 段；B199 第 1478 段。

　　听证会表明，李光耀享有统领作用。他可以引导大部分的询问，他拒绝遵从主席让他改变询问措辞的指示。[⑩] 李光耀展示了他对事实和数字[⑫]的深刻把握，以证明他能够得心应手地统治新加坡，并且他在政府中有着核心地位。在听证会上，主席是服从于李光耀的，且遴选委员会的其余人员是顺从的，这就让李光耀能够主导听证会的话语。

　　话语上的主导地位体现了一种要求公民顺从的领导模式。1986年，遴选委员会听证会首次在新加坡进行电视转播，政府借此明确地向国民传达了这一要求。[⑬] 显然，政府希望尽可能让大家都看到听证会。通过电视转播，律师和政府就法律要件展开的争论得以公之于众。而在1969年，两者的抗衡是有限的、几乎不公开的。政府利用其权力，单方面地决定法律的内容和意义，我认为这在某种程度上解释了为何当今律师在公共领域是消极被动的。公民的角色是服从，公民必须是顺从的，这在新加坡的民间社会中产生了深远影响。

　　众所周知，"民间社会"是难以准确定义的。[⑭] 考察有关民间社会的诸多含义后可以发现，一般认为民间社会是涉及志愿团体活动的，

184

----

⑩　同上注，B66 第 425-426 段。

⑫　同上注，B28（"1300 名律师中，大约有 800 人以上是新加坡大学（University of Singapore）和新加坡国立大学的毕业生"），B29（"1300 名，也就是说，是以每年 200 名毕业生的速度保持增长"），B87（"代表 1335 名成员的活动"）。

⑬　电视开始转播遴选委员会听证会时，我刚刚从新加坡国立大学毕业，并即将获得我的专业资格证书。转播遴选委员会听证会是不同于过去的实践的，因此受到了广泛的议论。最近，我从新加坡法律界资深人士处证实，这些是首批受到电视转播的听证会。我想向国家广播公司"新传媒"确认信息，但不幸的是，对方没有理会我的致信和邮件。

⑭　Gershon Shafir, "The Evolving Tradition of Citizenship", in Gershon Shafir, ed., *The Citizenship Debates : A Reader* (Minneapolis：University of Minnesota Press, 1998) 1.

而后者是独立于国家和其他霸权力量的。⑭ 我采用的是瓦瑟
（Walzer）对民间社会的定义，即"非强制性的人类结社"。⑭ 在本章
中，我使用民权社会来表示：个体因共同利益和共同关切而结合在一
起；为了更好地代表和表达这些关切，他们以团体的身份自主行动。
通常认为，与民权社会有关的一系列概念，是源于知情的、参与式的、
享有权利的公民权利观念的，这些观念是民主和政治自由主义所固
有的。因此，如果民间社会与公民的自主结社活动有关，且这些活动
有时旨在影响政策，那么公民必须能够：第一，组成团体并以团体身
份行动；第二，参与政策问题，在公共领域表达自己的意见；第三，独
立于政府。

听证会表现了二元论政府的一个核心特征：政府努力在程序上
遵守"法治"的要求，但实质上实施的却是侵犯个人权利的"以法统
治"。这样一来，听证会就重新调整了政府与公民交涉的概念。听证
会不但解释了政府的二元论特征，还表明政府利用强制力、公共话语
和法律来实现三个目的：第一，让涉案律师噤声；第二，针对有关律师
公会的那些潜在的民间团体，破坏它们的领导作用；第三，针对政府
有关限制法律和民间社会的决定，向律师以及所有公民作出指示。
更具体地，听证会提出了一种由政府做出的分类方式：法律是一类有
别于政治的知识和活动。因此，若律师在公共领域对政府眼里的政
治问题做出评论，那他就违反了规定。最关键的是，听证会教育所有

185

---

⑭ 例如，"非强制性的人类结社空间，也是用以填充该空间的人类关系网，包括家庭、
信仰、利益和意识形态"，Michael Walzer, "The Civil Society Argument", in Gershon
Shafir ed. , *The Citizenship Debates: A Reader* (Minneapolis: University of Minnesota
Press, 1998) at 291-292；"有竞争力的政治空间，位于官方公共生活和私人生活之间，在该
空间内，诸多自愿的、自治的组织，对影响公共政策的权利提出了主张"，Michael Bernhard,
"Civil Society and Democratic Transition in East Central Europe" (1993) 108:2 *Political
Science Quarterly* 309；"民间社会是一种政治空间……用以争辩、塑造那些要求独立于政
府的公共政策"，Gary Rodan, "Civil Society and Other Political Possibilities in Southeast
Asia" (1997) 27:2 *Journal of Contemporary Asia* 14.
⑭ Walzer, 前注 145.

公民：对政府的法制实践提出法治方面的质疑，将被视为一种政治挑战，这种挑战需要动用极端的国家强制力来处理。总之，听证会变成了一个展台，政府可以公开展现权力的运作。在展现过程中，政府或直接或间接地强调了针对律师组成的民间团体，政府规定了怎样的界限。

展台的布置是类似于法庭的，并且遴选委员会就像司法部门的全体法官一样，坐在庄严的、高架的台上。[147] 理事会成员坐在下面，处于从属于政府的位置。如果说展台的布置是模仿法庭的，那么听证会的过程就好像理事会成员在接受审判。而如果理事会成员在受审，那么政府就既是法官又是检察官。在此过程中，律师公会会长萧添寿和另外两名理事会成员并没有得到政府的信任[148]，因为政府认为萧添寿并不适合当会长，最主要是因为他欠债。理事会成员张素兰被指控为进一步推动反对党派工人党的事业，而利用律师公会开展秘密行动。[149] 虽然张素兰否认了这一说法，但李光耀是拥有更多发言权的人。鉴于李光耀占有主导地位，他的说辞压制了张素兰的说法。于是，李光耀的说辞，在公共领域中变成了事实。[150]

听证会也是政府开展教育的一部分。政府利用听证会，从两方面对理事会的专业能力提出了质疑：第一，律师公会并没有认识到可诉问题和不可诉问题之间的区别；第二，律师公会也没有认识到，《新闻法草案》是关于新闻界的广告收入或对新闻界施以处罚的，因此它并不在律师公会的专业范围之内：

总理：萧先生，请朗读你的声明的第二点，"有歧义的和主

---

⑭　我根据从《海峡时报》那里购买的听证会的照片，作出了这一描述。

⑭　*SC Report on LPA*，前注 114，第 277-651 段。我节选的部分已作了修改。当会议记录表明发言者被打断时，我用了破折号。

⑭　*SC Report on LPA*，前注 114，第 670-833 段。

⑮　"Government Must Act if Law Society Used for Political Ends：PM"，*Straits Times*（10 October 1986）18；"PM：It's My Job to Stop Politicking in Professional Bodies"，*Straits Times*（10 October 1986）14.

观的"……

萧添寿:例如,尽管"参与"和"国内政治"等术语是《草案》的基础,但它们都没有得到定义。由于《草案》针对的是外国出版物,用部长的话说,它们"经常评论当地问题并歪曲事实",因而这些术语应该得到定义。它们未得到定义,这将会引发《草案》的主观解释和任意执行。

总理:萧添寿先生,你曾在总检察长室担任副检察长?

萧添寿:是的。

总理:本法律解决了一个可诉的问题?或是规定了行政自由裁量权?

萧添寿:行政自由裁量权?

总理:是的。你知道其中的差别。被查禁的报业并没有权利通过司法途径来决定自身的对错。这家报业仍处于被查禁的状态。你为什么要假装不知道?你为什么要签署这份文件?张小姐可能不知道,但你是知道的。本法旨在授权行政立法,比如剥夺人身自由的权力,你是否……? 187

萧添寿:是的,我承认。

总理:所以说,这是一个可诉的问题,是一种错误的说法?

萧添寿:不,根据语境,我不会接受你的说法。我们和小组委员会想说的是:这应当得到定义。表述应当得到定义。

总理:为什么它应当得到定义?

萧添寿:好吧,如果国会立法机关是这么认为的,那就算是吧。我们只是实话实说罢了。

总理:该法授权通过立法赋予部长行政权力;该法不是为了让法院来决定,部长的行为是否符合"国内政治"的司法定义。你似乎是支持政府,反对政治拘留者?

萧添寿:是的,我是。

总理:好的。我们并不是在争论他们是否对国家安全构成了威胁。部长证明他们是一种威胁，并且他们仍然是一种威胁。对吗？

萧添寿：是的，我同意。

总理：现在，请阅读惩罚，下一页——

总理：[打断]停一下。报业是通过广告还是通过销售来营利——这个问题是否在律师公会理事会的专业能力之内？律师如何成为这方面的专家，并能够利用自己的特长，在这方面给政府提供意见并协助政府？

萧添寿：是的。

总理：怎么做到的？

萧添寿：如果用你的方式把这个问题单列出来，那么我说的当然有点不合理。这是当然的。

总理：这是荒谬的，不是吗？

188   （SC 报告，B82-84 593-596 段）

本节选表明了总理如何将《新闻法草案》的运作，与最为典型的法律例外主义——未经审判即可剥夺人身自由，进行类比。我这么说并没有讽刺之意。总理提出了类比，并且他对律师公会所做的批评提出了控诉，认为律师公会认为"这是一个可诉的问题，是一种错误的说法"。这两者奠定了总理的主张，他认为法律的要件是由国会而非法院设定的。遗憾的是，尽管总理贬低律师公会提出的批评并予以驳回，但萧添寿似乎并没有用法治语言来反驳总理。

总理的询问是类似于盘问的，他旨在削弱理事会的专业能力。他指控张素兰是"不知道"的，而萧添寿是在"假装不知道"；"律师成为这方面的专家"，或者他们在《新闻法草案》的实质内容上有着"专业能力"，他宣称这些想法都是"荒谬的"。总理认为《新闻法草案》超出了律师公会的专业能力，因为该法是有关广告收入或对新闻界施以处罚的。总理将《新闻法草案》重塑为行政机构的工具，该法需要不同类型的专业知识。总理否认《新闻法草案》必然具有法律属性。

为了促进自身的运作,《草案》限制了获取新闻和信息的渠道,也限制了律师的作用。因此,总理否认了律师公会所做的批评的有效性。公众并不认为,作为律师的理事会成员,具有必备的专业知识或专业能力:

　　总理:有关如何控制新闻界或对新闻界施以惩罚,理事会如何成为这方面的专家? 你说《草案》没有实现这个目的,所以你在新闻领域有什么特别经验吗? 你与新闻工作者合作过,或是为他们辩护,或是其他吗?

　　萧添寿:不,我没有。

　　总理:这是意见陈述吗?

　　萧添寿:是的,是意见。

　　总理:无关你作为律师的身份?

　　萧添寿:我没有这么说。我并没有这么说。

　　总理:换种方式来说。谁会更了解报业的收入? 广告公司,调查机构,还是律师?

　　萧添寿:当然是广告公司,这很自然。

　　总理:那为什么你要误入不属于你的领域? 你不是这方面的专家。政府已从了解该领域的人中采纳了专家意见。

189

(SC 报告,B85 601-605 段)

听证会经转播后,传到了公民家里。这样一来,这些公民都成了沉默的、被动的观众。鉴于政府提出询问的方式,理事会的发言机会被缩减至最小。理事会除了被政府频繁打断之外,还被威权式的政府噤声了,因为政府极其威权式地坚持使用自身的描述和解释。政府经常无视并否认理事会作出的回答,而政府的问题往往包含着复杂的有罪推定。听证会成了一种教学实践,它在话语上教育所有公民(特别是律师),政府会管理"法治"与"法制"之间的矛盾之处。

结社行为的个体刑事责任

民间社会部分依赖于个人形成团体的能力和参与结社活动的能力。结社活动是一种权利，其法治基础是《宪法》第 14 条⑲：

言论、集会和结社自由

14(1)根据条款(2)和(3)——

(a)新加坡的每个公民都有言论和表达自由的权利；

(b)新加坡的所有公民都有非武装地和平集会的权利；以及

(c)新加坡的所有公民都有结社的权利。

政府在听证会上对理事会提出的询问表明，应由个人对律师公会的声明负责，而非由团体来负责。政府并不认可相应的活动以及责任是团体性的、集体性的，我们从前述有关询问萧添寿的相关节选中就可看出这点。具体而言，首先由律政部长询问萧添寿，然后由总理询问萧添寿：

部长：至于《报业与印刷新闻业法(修正)草案》，以及以你的名义发布的律师公会的新闻声明，你是否还记得你的新闻声明的一个段落写道，即使《草案》——

萧添寿：[打断]我可以纠正你吗，部长先生？该声明确实出自我手，但它是经全体理事会审议和表决通过的。因此，我作为会长，当然对此承担全部责任。

(SC 报告，B55 333 段)

总理：萧添寿先生，你发布了关于《报业与印刷新闻业法(修正)草案》的声明？

萧添寿：我已经和你说了，它是在怎样的情形下出自我

---

⑲　第 14 条列明了对这些权利的限制。一般来说，国会可以因安全、国际关系、公共秩序或道德等方面的利益来做出限制，国会需要特别关注学生和工会的结社活动。

手的。

总理:你起草的?

萧添寿:不是。

总理:那是谁?

萧添寿:我认为是我们的小组委员会(Sub-Committee)。此后,它得到了理事会成员的审阅。我记不太清楚。但它是由小组委员会起草的。

总理:小组委员会是由张素兰小姐领导的?

萧添寿:我认为她是委员会成员之一。

总理:由她领导小组委员会?

萧添寿:如果你硬要这么说,我愿意接受。

(SC 报告,B82 576-580 段)

萧添寿:是的,这是当然。鉴于我无法单独作出决定,因此我希望由理事会作出决定,我们肯定会承担——

191

总理:[打断]但是,如果他们以违背你的利益的方式行事,即如果他们在这次会议后拒绝服从,那么肯定是要逃避责任,不是吗?

萧添寿:我不太确定自己理解你的意思。可否请你重复你的问题?

总理:你认为你愿意按照部长提出的方式行事?

萧添寿:是的,就我自己而言。是的,当然了。

总理:但是理事会可能并不同意,因此你的尝试可能会失败?

萧添寿:他们会不同意? 我对此表示怀疑。但无论如何,作为领导者,我一定会尽全力说服他们——

总理:这正是我的想法。我也怀疑他们是否可能不同意。因为如果他们不同意的话,他们就会把你置于——

萧添寿:一个窘迫的境地,就像之前那样。

  总理:所以,是吗?

  萧添寿:我接受。

(SC 报告,B57-58 354-358 段)

  从这些交流中可以看出,政府并不认可理事会的决定是由集体做出的。在最后的交流中,总理明确表示:首先,萧添寿个人,将对由理事会集体做出的行动和决定负责;第二,如果拒绝公开信息,只能意味着"肯定是要逃避责任",这就明确意味着,即便决定是由集体做出的,也不能减轻萧添寿的个人刑事责任。

  总理的潜在提醒是:政府认为理事会以及萧添寿是恶意的,并且政府将据此设想行事。此外,总理的提问成功地转移了话题。重点不再是证据提供者的可信度,而是理事会对萧添寿是否忠诚。"如果他们以

192 违背你的利益的方式行事,即如果他们在这次会议后拒绝服从"——总理在说此番话语之时,不仅认为领导人应对被领导人负责,也认为被领导人应对领导人负责。总理也提到了一旁的理事会成员,这意味着总理认为,他提问中所言的威胁,其潜在含义是指萧添寿。

  律政部长对理事会成员张素兰的询问,非常明显地表明:政府坚持追究个人的刑事责任,拒绝承认集体责任。鉴于早前总理对萧添寿开展的询问,张素兰被硬生生地从理事会这一集体组织中分离了出来,以个人身份接受询问。

  部长:你也起草了这篇文章,它后来成了一篇新闻稿?

  张素兰:主席先生,我是否可以澄清? 我没有起草这份报告,这是委员会起草的。

  部长:好的。你是委员会主席?

  张素兰:我是主席。

  部长:你在其中起主导作用? 无须谦虚。如果是的话,请告诉我们。

  张素兰:我不太明白问题,因为作为主席——

  部长[打断]:是谁起草的? 是谁发布的初稿?

张素兰：我们一起做的。

部长：你们一起发布了初稿？

张素兰：小组委员会的成员一起发布了初稿。我们是分工合作的。

部长：这怎么可能？

张素兰：的确是这样。

部长：张小姐，委员会如果准备起草报告的话，总得有人提出大致提纲以及初步梗概吧？是谁提的？

193

此时，张素兰要求主席裁决是否可以提出无关《法律职业法（修正）草案》而有关《报刊和印刷新闻法（修正）草案》的问题，因为前者才是召开遴选委员会的理由。由于总理介入了主席的裁决，所以主席告诉她，她不得不"回答所有提问"。律政部长继续他的提问。

部长：谁写的初稿？

张素兰：我们一起写的。我们分工合作，一些成员写第一部分，其他成员写第二和第三部分。它是一个集体成果，是大家写的合在了一起。之后，我们就把它提交给了理事会。

部长：谁把它们合在一起的？

张素兰：我们一起做的。

部长：你在草案中发挥了领导作用，是不是？

张素兰：我不认为我发挥了领导作用。我的意思是，大家都各司其职。

部长：文章和新闻稿，哪个是后来发布的？你是否有参与起草？

张素兰：我没有参与新闻稿。我们写了一篇打算在报纸上发表的文章，供非专业人士查阅。

部长：谁起草的？

张素兰：委员会。

部长：你在其中起到了什么作用？

张素兰：我是主席。事实上，我对文章几乎没什么贡献。这是一项集体成果。

（SC 报告，B 99-100 710-723 段）

部长的一连串提问是为了诱导张素兰承认个人的刑事责任，这表明政府拒绝接受张素兰一贯坚持的集体责任。过了一会儿，总理再次介入，他把针对张素兰的询问，换成了有关律师公会的新闻声明的询问。该声明认为《报业与印刷新闻业法（修正）草案》是不明确的、主观的，因为"参与"和"国内政治"等术语未得到定义。

总理：鉴于该声明是由律师公会的多名律师提出的，并且是以会长的名字发布的，因此可以这么说：你认为如果不作出定义的话，这部法律就是有缺陷的？

张素兰：为了消除不明确之处，我们应该定义这些术语。

总理：不明确之处是什么？部长已明确提出：杂志或报刊若要参与国内政治并刊登相关内容，须依据修正后的《新闻法》第18（A）（1）条的规定。这就可以了。你在法学院没有学过这个？

张素兰：我在法学院学过。但为了——

总理：［打断］你是否是不情愿的？

张素兰：我没有不情愿，李先生。

总理：请朗读"处罚"部分的第三页。它都写了什么？这是你手写的（handwork）？请大声读出来……

（SC 报告，B 108 779-782 段）

该节选表明，总理的询问是以张素兰的个人刑事责任展开的。总理的询问变成了指控（"这是你手写的"），他忽视了张素兰一贯坚持的集体责任。如果她的回答不能令他满意，他就会指控她不配合委员会（"你是否是不情愿的"）。正如接下去的摘录所证明的，总理的提问越来越具有恐吓性、指控性，他的目的一直是追究张素兰的个人刑事责任：

总理：你在声明中告诉我们，刑罚与罪行是不相适应的。既然你的职责是协助我们，那么你认为适当的刑罚是什么？如果你说这些刑罚是不适当的，那么适当的刑罚是什么？根据《法律职业法》，你的职责是协助我们，而不是反对我们。你如何协助我们呢？告诉我们，我们会感激你。

张素兰：主席先生，我想说自己已经忘记了大部分关于《报业与印刷新闻业法》的事项。如果李先生希望我向他阐明或澄清事项——

总理：[打断] 不是的。张小姐，我问你的是三个月前你与委员会一起起草的文件。如果你隐瞒信息并拒绝回答相关问题，你知道会有相应处罚。因此，请不要不情不愿的，好吗？

张素兰：我知道——

总理：[打断] 我现在想了解的是，既然你说这些刑罚是不适当的，那么什么是适当的？

张素兰：主席先生，我知道如果不回答问题，就会有相应的后果。但我要说的是，如果李先生希望我弄清楚适当的刑罚是什么，那么我就要重新查阅《草案》《新闻法》以及相关文章。我需要时间来回答这个问题，但这并不意味着我想回避他的问题。

总理：你需要时间来研究带有答案的文章，还是你需要时间去想出一种合理的回复？

张素兰：或许，如果你能向我提供《新闻法》，我——

总理：[打断] 不。你是这份文件的起草人？

张素兰：是的，但我需要知道刑罚——

总理：[打断]。

（SC 报告，B109 785-790 段）

总理并不相信张素兰的回答。他认为她在试图"隐瞒信息"或是

195

196 拒绝回答"有关问题"。当张素兰谈到她需要查阅文件来回答他的问题时,总理当即表示了他的不信任和怀疑("你需要时间来研究带有答案的文章,还是你需要时间去想出一种合理的回复")。总理的提问和陈述反映了一种强烈的预设:在政府看来,张素兰是恶意的。但从她的回答中,很难看出她具有恶意。这就表明,在听证会开始之前,政府已通过某些方式将张素兰定性为恶意的。

与此相一致的是,在整场听证会上,政府一直否定团体身份和集体责任。政府通过指控性、恐吓性的方式,让理事会成员负有个人刑事责任。在非公职人员看来,结社活动的法治权利无疑被重塑为了"法制式的"。政府在管理听证会之时,从话语上将团体身份原子化了。这样一来,言论自由、集会自由和结社自由的宪法保障,就变成了一系列非自由主义的限制。

公共领域的辩论

律师公会对政府提出的批评之一是,政府没有就《法律职业法(修正)草案》与律师公会话语。⑮ 一般情况下,话语是政府和人民之间的双向交流。理想情况下的这种交流方式,本质上包含了一种表达权的想法,参与的想法,同时使参加的公民有权公开发表意见。理想中的政府是广开言路、体贴入微的代议制政府,政府试图且必须与公民进行交流。

然而,在听证会上,新加坡政府对"话语"作出了不寻常的解释。政府认为"话语"是指律师公会会长和律政部长之间的交锋时刻,在
197 此期间,部长应妥善履行其"话语"职责。这些交锋时刻包括:第一,律政部长接触了律师公会会长⑯;第二,"有关法律职业或其他与之有

---

⑮ "Lawyers Want Govt to Hear Their Views Before Passing Bill",前注 123.
⑯ *SC Report on LPA*,前注 114,第 69-70 段;B24,第 320-332 段;B53-B54。

关的事项"的草案副本,在公布之前就被送达了律师公会会长⑭,或在国会一读当天被送达了律师公会会长。⑮ 民间社会的理想是公共领域能够成为交流、表达思想的空间,而这一理想面对的最大困难也许是:政府坚持认为,律师公会发布批评《新闻法草案》的公开声明,是在反对而不是在协助政府。总理对伊莱雅士的询问,反映了政府对公开批评的深恶痛绝。伊莱雅士是理事会的成员,他是刚卸任的律师公会会长:

　　总理:你认为在新加坡的社会事务中,律师有着独特作用吗?

　　伊莱雅士:我认为在新加坡的社会事务中,我们起到了一种积极的贡献作用。我举个实例。

　　总理:针对《报业与印刷新闻业法(修正)草案》,律师是否应当与政府进行公开辩论?

　　伊莱雅士:是的,进行辩论,但不是公开的。

　　总理:但因为会长发布了一则声明,所以辩论被公开了。这势必会造成问题的复杂化?

　　伊莱雅士:我没有这么做,总理先生。

　　总理:那是其他会长做的?

　　伊莱雅士:我认为,说萧添寿先生使问题变得复杂,这是不公平的。我认为萧添寿先生——

　　总理[打断]:不。伊莱雅士先生,在我强行逼迫你之前,我想提醒你:我们是为了把问题说清楚,这样我们才可以得出正确结论。如果你采取一种防御的态度,或者你认为你必须为理事会辩护,并且你越来越倾向于使问题复杂化,那么最终的修正案一定不会让人满意,不是吗? 如果我信任律师这个职业,我也信

198

---

⑭　同上注,B24,第70段。
⑮　同上注,B58,第359段。

任理事会的行事方式,那么我就会信任其所担负的巨大责任,不
是吗? 当时,蓬芝·库马拉斯瓦米(Punch Coomaraswamy)是议
长,他敦促我创建律师公会。于是,我推动了过去的《出庭律师
和事务律师条例》(Advocate and Solicitors Ordinance)发展成
1967 年的《法律职业法》。如果结果表明我错了,公会并不能担
负起自己的职责,那么就该适用过去的《出庭律师和事务律师条
例》。对吗?

伊莱雅士:根据您的观点,那是正确的,总理先生。

总理:好的。因此,我再问一次:在修正法律之时,历任会长
中是否有人公开挑战政府? 或他们是否以律师的身份参与
其中?

伊莱雅士:公开地?

总理:是的。他们是否以律师的身份,建议部长完善法律?

伊莱雅士:公开地? 重点是这个词。

总理:是的。

伊莱雅士:没有。

总理:若理事会公开挑战政府,那么政府必须公开作出回
复? 是吗?

伊莱雅士:我们达成共识了,总理先生。

(SC 报告,B37-38 182-190 段)

总理为何论及殖民地时期的《出庭律师和事务律师条例》此举的
意义将稍后讨论。现在,我讨论的仍然是政府对"公开"声明表示不
满。以下是总理进一步询问萧添寿的节选,该节选表明,总理仍然坚
199 持认为公开批评是反对政府的表现:

总理:好的。在有关新加坡的立法、行政和法律实践的事项
上,你的声明将如何协助政府以及法院?

萧添寿:一方面,通过这份声明,你会发现自身的不足之处,
如果你和我们意见一致的话。如果你不同意——

总理[打断]:你将声明公之于众,却没有告知部长:"如果你要这么做,那么并不会奏效。我们建议你考虑替代方案。"但是你还是将它公开了。该声明怎样协助政府了?

萧添寿:我们已经写清楚了。

总理:声明中没有写"为了反对政府",而是写"为了协助政府"。

萧添寿:当然。我们发布此声明,并没有反对政府的意图。

(SC 报告,B88 628-630 段)

总理明确指出,他将公开表达批评视为对抗政府。他坚持认为,鉴于律师公会发布了一则公开声明,所以需要公开地、对抗式地开展听证会("若理事会公开挑战政府,那么政府必须公开作出回复")。如果说律师公会的主要冒犯之处在于公开作出了批评,那么对结社活动的范围和民间社会而言,它们的希望就非常渺茫。政府认为,"话语"的可取形式是律师公会会长和律政部长在幕后交流意见。这么说来,政府似乎希望自己在公共领域中的形象是绝对、永久"正确"的。即使法律是普适的,公民也没有参与"话语"的公共空间。⑮ 200

总理并没有解释,他为什么对律师公会进行公开辩论感到不满。鉴于总理所采用的修辞性框架,他的陈述似乎是在进行解释,但他实际上并没有给出理由。总理认为律师公会的声明是在挑战政府,但他并没有解释为何该声明不只是批评了《新闻法》的术语和意义,而是构成了对政府的挑战。

总理提出的因果关系是令人困惑的。例如,他说"因为会长发布了一则声明,所以辩论被公开了。这势必会造成问题的复杂化",这就表明总理否认了《新闻法》的辩论的公开性。在威斯敏斯特式法治

---

⑮ 但是我应说明,自 2008 年起政府就立法开展了公共话语,如法务部网站所体现的:http://app2. mlaw. gov. sg/PublicConsultation/ClosedConsultations/tabid/247/Default. aspx. 另参见前注 200 及以下。

体系中，法律必然是公开的。国会辩论本身就是公开的，具体而言，在 77 名国会议员中，有 2 名反对党议员对《新闻法》提出了批评。事实上，与总理的说法相反，鉴于律师公会会长发表了一则声明，该场辩论并没有被公开。总理的愤怒感促使他主张律师公会违反了某种不成文的行为法则（"在修正法律之时，历任会长中是否有人公开挑战政府？"），他似乎是在对公开提出批评表示愤怒。

这些显而易见的事实说明，如果律师试图引领公众走向政治自由主义[⑮]，那么他们必须能够进入公共领域。但是，如果在政府看来，对政府治理提出批评就是在反对政府，政府有必要作出高度对抗性的回应，那么律师就无法采用政治自由主义式的法律[⑱]，涉事的公民也无法进入公共领域。针对律师提出的公开批评，政府的回应是不合比例的、扭曲真相的。政府的回应很容易被贬低为是野蛮的威权主义，但新加坡政府并不只是威权式的。[⑲] 相反，我认为政府的愤怒表现了它的焦虑，它急欲保护和维持其作为合法政府的声誉。律师公会提出的批评是法治化的，这就击中了政府所建构的法律的要害。我认为，律师公会倡导的基本法律自由，威胁到了新加坡政府的正当性。

201

后殖民时代领导者的新殖民主义

在前述有关总理和伊莱雅士的交流的节选中，总理提到了《法律职业法》和殖民地时期的《出庭律师和事务律师条例》[⑳]，这就表明，政

---

⑮　Karpik，前注 10；Halliday，Karpik & Feeley，前注 4，第 10-11 页。

⑱　同上注。

⑲　大体参见第一章"法治：厚重/精简，二元论/戴雪"这部分所引的参考文献。

⑳　Ordinance（No. 32）of 1934.《出庭律师和事务律师条例》是 1934 年的一次合理化实践（a rationalization exercise）的产物，其源于 1907 年的《法院条例》（Court Ordinance）。A. de Mello, "Eastern Colonies: Review of Legislation, 1934, Straits Settlements"（1936）18；3 3rd Ser. *Journal of Comparative Legislation and International Law* 156.

府对律师的态度出现了新殖民主义的强劲回归。在英国殖民统治时期，只有当殖民地政府将法律提交给法律职业人士审议时，他们才可以审查并报告当前或拟议的法律。1966年，即新加坡成为独立共和国的一年后，《法律职业法》取代了殖民地时期的《出庭律师和事务律师条例》。虽然《法律职业法》在一定程度上延续了殖民地时期的《条例》，但该法授权法律职业人士评论相关法律，而无须由政府启动这项程序——这似乎就是总理所指的该法与殖民地时期的法律的重要区别。

202

　　根据《法律职业法》的规定，评论法律是律师公会的"权力和宗旨"之一。但总理并不认为这是律师公会的权力，而是他作为总理赋予公会的特权。因而，该特权可能被撤销：

　　　　总理：［打断］不。伊莱雅士先生，在我强行逼迫你之前，我想提醒你：我们是为了把问题说清楚，这样我们才可以得出正确结论。如果你采取一种防御的态度，或者你认为你必须为理事会辩护，并且你越来越倾向于使问题复杂化，那么最终的修正案一定不会让人满意，不是吗？如果我信任律师这个职业，我也信任理事会的行事方式，那么我就会信任其所担负的巨大责任，不是吗？当时，蓬芝·库马拉斯瓦米是议长，他敦促我创建律师公会。于是，我推动了过去的《出庭律师和事务律师条例》发展成1967年的《法律职业法》。如果结果表明我错了，公会并不能担负起自己的职责，那么就该适用过去的《出庭律师和事务律师条例》。对吗？

　　总理主张自己有权修正《法律职业法》时，他将自己视为了一名全知的领导者。因为律师获得了他的"信任"，并且他认为这种"信任"是律师应得的，因此他作出了决定。殖民地时期的《出庭律师和事务律师条例》并没有规定责任，它是由新加坡的《法律职业法》作出规定的。律师公会所担负的"责任"，在总理看来是一种特权。如果总理认为组建律师公会是"错误的"，因为律师并不能"担负起"自己的职责，那么他就可以撤销律师公会的特权。（政府一直借此来限制律师公会，这将稍后讨论）。总理的话语中，一直蕴含着他对自身统治地位的主张。鉴于总理是授予特权的领导者，他具有崇高的地位，因此他有权决定律师公会是否值得被信任。

203

总理令人震惊地使用了第一人称，说"我"有权决定《法律职业法》的条款。这属于个体化的、自由裁量的"以法统治"领域，而非扎根在作为制度性能力的"法治"空间。当总理在梳理《法律职业法》和律师公会的历史沿革时，他说自己是受当时的议长敦促而创建了律师公会。总理认为自己是受威胁的机制的核心力量，这表明了一种通行观点：才智超群的、坚韧不拔的李光耀等同于新加坡政府。[161] 毕竟，几乎没有政府领导人会认为，因为自己在 1963 年和 1986 年连续掌握实权，所以自己是制定法律的核心力量。鉴于李光耀一直主张自己是核心力量，新加坡模式就成了坚定的工具主义"法制"。

李光耀的权威不但来自其职务，对法律职业人士而言，他的成功、他的长期领导和他的个性[162]也增强了他的资历。李光耀明确表明自己是律师[163]（或出庭律师、事务律师[164]）。他曾说过："在我看来，我首先是出庭律师和事务律师，然后才是总理。"[165]

李光耀向理事会回顾了自己的职业生涯。在他的提问和陈述中，他自负地将英国律师与新加坡律师进行了比较。有一次，他如此赞美自己所受的法学教育："林先生，你和张小姐不一样。你在一所非常著名的法学院接受教育"[166]；过了一会儿，他又说："同为剑桥大学

---

[161]　Ho，前注 136，第 53-54 页。

[162]　同上注，第 92-99 页。

[163]　*SC Report on LPA*，前注 114，B132，第 952 段。

[164]　同上注，B134，第 959 段。

[165]　同上注，B89，第 638 段。

[166]　同上注，B146，第 1032 段。

大学法学院的毕业生,让我们诚实对待彼此"。⑯ 李光耀对张小姐在　　204
新加坡国立大学接受的法学教育表示不屑,而对他自己和林先生获
得的剑桥大学学位表现得相当自负。李光耀的这种行为,反映了一
个有趣的矛盾之处。而这个矛盾之处,将他在听证会不同时刻所提
的不同主张区别开来。具体而言,在不同时刻并根据不同目的,李光
耀在以下两种说法之间切换立场:一种是国家主义,即新加坡有必要
和英国法律实践区分开来;另一种是贬低新加坡国立大学的法学教
育,借此他对英国的制度和意识形态表现出了永久的赞赏。

噤声的方式:未经审判即剥夺人身自由

在我分析该案例之前,我提出新加坡的律师通常会觉得左右为
难。作为公民,基于他们的日常理解,他们认为法律易受权力的影
响;作为职业人士,他们的法治理想渗透在民族国家公开的组织体系
之中。理事会成员张素兰在听证会上的表现,也许最能反映律师的
矛盾之处。她提倡《宪法》至上⑯;她坚定不移地与听证会主席进行沟
通,希望主席能够使用那些被李光耀篡夺和侵犯的、本该属于主席的
权力;她强调政府的监管是违法的:

总理:我只是希望你能仔细看看你在特别大会上的
演讲……你说的这些都不是法律论证,而是宣传鼓动。朗读你
的第一段……

张素兰:主席先生,我可以问一个问题吗?这份讲稿似乎是
我在特别大会上的演讲的文字记录。我想知道李先生是如何拿
到它的?　　　　　　　　　　　　　　　　　　　　　　205

总理:现在是录音机时代,你还问我如何拿到了演讲的文字

---

⑯　*SC Report on LPA*,前注114,B148,第1041段。

⑯　同上注,B127-B134,第906-960段。

记录?

　　张素兰:但召开特别大会的房间里怎么会有录音机?

　　总理:我对此并不关心,张小姐。我希望你能仔细看看你都说了些什么。此番演讲不是我说的,而是你。如果你没有做此番演讲——

　　张素兰:我并没有否认自己做了此番演讲。

　　总理:让我们一起来看看你的讲稿。

　　张素兰:但我想知道它是怎么……

　　总理:我是怎么拿到讲稿的? 通过律政部。

　　张素兰:所以律政部长在房间里放了录音机?

　　总理:是的。我认为是这样。[169]

　　听证会历来是受政府暗中监管的(例如,政府对萧添寿的个人财务细节的要求),但是张素兰极其注重权利话语与法治。尽管她受到了极度恐吓性的、咄咄逼人的询问,但她具备专业素养(也许她的知识是在获得新加坡国立大学的法学学位期间积累的),以说明她手中的讲稿是违法的。在一起人身保护令诉讼中,张素兰是当事人,该案或许最为强烈地反映了她的信仰——新加坡的法治化。

　　听证会结束 8 个月之后,即 1987 年 5 月,根据《内部安全法》,16 人未经审判即被拘捕和剥夺人身自由,张素兰是其中的一员。[170]这 16 人被指控参与了旨在推翻政府所谓的马克思主义者的阴谋。1987—1988 年,共有 22 人被指控参与了"马克思主义阴谋论",他们因此未经审判即被剥夺人身自由。总之,在政府看来,它所逮捕和剥夺人身自由的人,都参与了一场国际阴谋,他们的总部在伦敦,旨在推翻现有政府,建立一个共产主义政府。

206

---

　　[169]　*SC Report on LPA*,前注 114,B154,第 1087-1092 段。

　　[170]　Tan Jing Quee, Teo Soh Lung & Koh Kay Yew, eds., *Our Thoughts Are Free: Poems and Prose on Imprisonment and Exile*(Singapore:Ethos, 2009) 140.

当时，媒体对这一新加坡政坛的大事件进行了报道，但媒体并没有提及公民普遍不信任政府所谓的"阴谋论"。然而，随着时间的推移，公民对政府的说法的无声抗议逐渐出现在媒体。[17] 2007 年 7 月，即第一轮逮捕后的 20 年，主流英文日报《海峡时报》——它的报道通常是保守的——的一篇专论这样写道：

> 虽然政府认为，采取突袭是为了对抗马克思主义者，但许多评论家认为，这种突袭更普遍地压制了政治行动主义。因此，就好比 20 年前一样，在当今……有些人将马克思主义者的幻象描述为"妖魔"，以此证立政府摧毁潜在的政治挑战的做法……鉴于各类民间团体目睹了被剥夺人身自由者成为激进的空想社会改良者……因此评论家认为，政府的逮捕行为是对行动主义的警告。[18]

1987 年 5 月，张素兰被剥夺人身自由。此外，1987 年 6 月，另一名理事会成员陈凤霞(Tang Fong Har)也被拘捕了。之后，他们在电视转播上公开认罪，承认政府说法是正确的，于是在 1988 年 4 月他们获得了有条件释放。释放后不久，他们中的一些人(包括张素兰和陈凤霞)发表了联合新闻声明，否认自己参与了"马克思主义阴谋"，声称他们是在向政府"倡导民主而非精英主义，倡导保护个人自由和公民权利，关心穷人和弱势群体，以及不干预公民的私生活"。[19] 在发表该声明后，他们立刻被再次剥夺人身自由。

207

---

⑰　参见"A Giant of Singapore's Legal History"，*Straits Times*(6 June 2005)，其中提到了"所谓的马克思主义者的阴谋"。另参见 Cherian George, "The Cause Celebre of the Chattering Classes", *Straits Times*(29 December 1999)，其中提到了"马克思主义者的阴谋"。但最明显的是 2001 年尚达曼(Tharman Shanmugaratnam)的采访报道。尚达曼是新加坡内阁部长。1987 年，他也是受国内安全部怀疑并接受质询的人士之一。新加坡记者的采访中说道，鉴于一些朋友在当时被逮捕，他仍公开表示不同意。他说，"虽然我无法获得国家情报，就我所知，他们中大多数是社会行动主义者，但他们并没有颠覆体制"；Susan Long, "Been There, Done That, and Thrived", *Straits Times*(14 December 2001).

⑱　Lydia Lim, "20 Years On: Impact of Marxist Plot on Singapore", *Straits Times* (7July2007).

⑲　同上注。

张素兰再次被捕。陈凤霞因为当时不在国内，逃过了一劫。1986 年律师公会理事会的小组委员会成员常国基（Patrick Seong），担任了这些因发表新闻声明而被剥夺人身自由者的律师。但他也在 1988 年 4 月被剥夺了人身自由，因为"政府的监控显示，他怂恿并促成了联合声明的发表"。⑭

萧添寿那时已不再担任律师公会会长。⑮ 他在高等法院出席了两名被剥夺人身自由者的人身保护令诉讼之后，就在 1988 年 5 月被剥夺了人身自由。政府认为萧添寿一直与美国使馆人员有合作，他协助美国干涉新加坡的内政。⑯ 作为教育实践的听证会，在接下来的 18 个月内，政府一共对包括萧添寿在内的 4 名律师公会理事会成员，采取了未经审判即剥夺人身自由的措施。政府也许想通过未经审判即剥夺他人的人身自由，来进一步告诫其他律师以及所有公民：针对那些质疑政府的法律说辞的人，政府会让他们噤声。参照 20 世纪 70 年代政府对律师的所作所为，政府似乎是要通过实施示范性惩戒，让新一代律师领会法律和公共话语背后的政府决断。

为了阐明自己的代言人身份，律师在一定程度上需要建构被代言的公众。⑰ 律师公会的批评中所蕴含的法治设想表明，律师将公众诠释为法治国家中拥有权力、享有权利的公民。但是，听证会从两个

208

---

⑭　Sing., *Parliamentary Debates*, vol. 51, col. 326 (1 June 1988) (Prime Minister Lee Kuan Yew).

⑮　1986 年 11 月，萧添寿被取消会长资格，而当时正值 1986 年《法律职业法》修正案出台，那些被停职 6 个月及以上、不得在理事会任职的出庭律师和事务律师，被正式取消了资格，因此很难说修正案不是针对萧添寿的。事实上，在听证会上李光耀暗示，规定新的资格取消制度正是为了让萧添寿不再任职。*SC Report on LPA*，前注 114，A4（律师公会关于修正案的备忘录）和 B65（李光耀的陈述）。

⑯　大体参见 Sing., *Parliamentary Debates*, vol. 51, cols. 307-53 (1 June 1988). 萧添寿曾宣布，他打算参加 1988 年的大选。在他被剥夺人身自由近 4 个月后，他于 7 月被释放，他确实是为了参加选举。8 月 17 日，即提名日的一个星期前、投票日的 9 天前，新闻报道说萧添寿被指控犯有 6 项逃税的罪名。他在一场即将到来的竞争中失去了参选资格。在审理逃税案之前，萧添寿离开了新加坡并让自己背井离乡。这是他作为哈佛大学研究员时所声称的。

⑰　Karpik，前注 10。

方面体现出了一种非同寻常的政府与公民的关系：第一，政府对律师公会作出公开声明表示愤怒；第二，律师公会作出的声明，是新加坡历史上首份公开的声明。[⑮] 律师公会发布了批评拟议法律的新闻声明，因此它违反了公民保持沉默的惯例。政府若要主导公共领域，那么沉默的公民是必不可少的。毕竟，政府的主导地位要求公民是顺从的。

律师公会违反了有关政府与公民交涉的不成文规定，而听证会作为一种公共教育实践，旨在修复这一后果。听证会确立了政府不友善的、恐吓性的主导地位，这种主导地位使得律师公会理事会不得不服从于遴选委员会。律师公会对外国新闻媒体修正案提出了批评，其基础设想在于：参与性的、有观点的公民有权在公共领域发表意见。鉴于政府或明或暗的强调，公民一直处于顺从的、沉默的等级地位，公民对政府权威需要保持默许，因此律师公会的设想并不符合政府的观点。

法律职业群体的没落

哈利迪等人研究了法律职业和政治自由主义之间的关系[⑯]，他们指出，不同法律职业的分支联合在一起，就能够让基本法律自由有效抵御行政力量。[⑰] 法律职业群体的概念，体现了法律界人士的人际网络关系，比如律师和司法机构在代言权利提起诉讼时，就会联合在一起。[⑱] 本章表明，鉴于法院与政府联手惩罚政治犯的代理律师，20 世纪 70 年代初的法律职业群体是分散的、个体化的。20 世纪 80 年代后期，鉴于张素兰等人申请了人身保护令，新加坡的法官和律师联合

209

在一起,暂时承诺他们会保护基本权利。

张素兰一直否认自己与所谓的马克思主义者的阴谋有任何牵连。她向审查拘留令的磋商委员会提交了书面陈述,她坚称自己是清白的,声称她是合法地行使其公民和政治权利,她认为逮捕她并剥夺她的人身自由可能是为了阻止她参与政治。[182] 张素兰等人[183]提起的人身保护诉讼均告失败,但在具有里程碑意义的判决[184]——庄瑄芝(Chng Suan Tze)案[185]之中,最高法院上诉庭对包括张素兰案在内的4起上诉案件作出了共同判决。最高法院上诉庭为了倡导法治,撤销了拘留令:

210

> 我们认为,主观或无限裁量权的概念是违背法治的。一切权力都有法律限制,并且法治要求法院应当对裁量权的行使加以审查。[186]

最高法院的此番话语,给互相合作的法律职业群体带来了希望,这番话也让法官和律师憧憬,他们在面对政府的"法制"实践时,可以联合起来提出"法治"主张。遗憾的是,虽然法院作出了强硬的判决,但其发现,行政力量很容易介入拘留令。虽然张素兰不用再待在看守所内,她却面临着新的拘留令。

---

[182] *Teo Soh Lung v. Minister of Home Affairs & Ors* [1988] I Sing. L. R. 679 (H. C.).

[183] *De Souza Kevin Desmond & Ors. v. Minister of Home Affairs & Ors.* [1988] 1 Sing. L. R. 517.

[184] Li-ann Thio, "Trends in Constitutional Interpretation: Oppugning Ong, Awakening Arumugam?" (1997) S. J. L. S. 240-290 [*Trends in Constitutional Interpretation*]. Michael Hor 将 *Chng* 描述为"也许是民族历史上最重要的宪法判决";Michael Hor, "Law and Terror: Singapore Stories and Malaysian Dilemmas", in Michael Hor, Victor Ramraj & Kent Roach eds., *Global Anti-Terrorism Law and Policy* (Cambridge: Cambridge University Press, 2005) 273, 281.

[185] *Chng Suan Tze v. Minister of Home Affairs & Ors. and Other Appeals* [1988] 1 Sing. L. R. 132 (C. A.) [*Chng*]; *Teo Soh Lung v. Minister For Home Affairs & Ors.* [1989] 1 Sing. L. R. 499 (H. C.); *Teo Soh Lung v. Minister For Home Affairs* [1990] 2 M. L. J. 129 (Sing. C. A).

[186] *Chng*, 前注 185, 第 156 段。

1988 年 12 月 8 日,张素兰被释放了,但随后她又再次被剥夺人身自由。1988 年 12 月 13 日,张素兰又提起了人身保护令诉讼。12 月 16 日,有关《宪法》和《内部安全法》的两项修正案草案提交给了国会。1989 年 1 月 25 日,草案迅速通过;1 月 28 日,它们在宪报刊登生效。[187] 这两项修正案禁止司法机关对依据《内部安全法》作出的剥夺人身自由进行实质性审查,司法机关仅限于审查程序性问题,并且修正案禁止当事人向枢密院提出上诉。[188]

张素兰再次提起了人身保护令诉讼。她的律师提出抗辩,认为修正案剥夺了张素兰的权利。针对剥夺张素兰的人身自由的做法,她本该有权要求对其正当性、合理性和合宪性进行有效的司法审查。她的律师提出:一方面,修正案违反了《宪法》;另一方面,由于它们在相当短的时间内被通过,所以违反了法律平等的宪法保障。综上,修正案是无效的。但法院驳回了这一论点,而是"采取了一种实证主义式的弱法治观"。[189] 法院认为:

> 认为相关法律摒弃了法治,这是错误的。在司法审查或其他诉讼中,国会已说明了判决的绝对性、终局性。国会只不过制定了与司法审查的法律适用相关的法律规则。[190]

该判决认为法律完全是由国会掌控,否认法院能够管理法律的内容。这样一来,《宪法》就不再能够对法律提出实质性要求。[191] 无论是在高级法院还是在最高法院上诉法庭,张素兰的申请都失败了。[192]

如果听证会是一种让法治拥护者噤声的方式,那么剥夺人身自由无疑是一种更有效的噤声方式。根据《内部安全法》剥夺张素兰等

211

---

　　[187]　*Teo Soh Lung v. Minister For Home Affairs*[1990] 2 M. L. J. 129 (Sing. C. A) para. 3 [Teo Soh Lung 1990].

　　[188]　这是将枢密院从新加坡法院体系中移除的第一步。

　　[189]　Thio, *Trends in Constitutional Interpretation*，前注 186、244.

　　[190]　*Teo Soh Lung* 1990，前注 189.

　　[191]　Thio, *Trends in Constitutional Interpretation*，前注 186、244.

　　[192]　*Teo Soh Lung* 1990，前注 189.

人的人身自由，被剥夺人身自由者就无法公开要求前置式审判。不进行审判，就不可能出现相反说辞。匆忙出台的《宪法》和《内部安全法》的修正案，删除了有关实质性司法审查的规定。由此，被剥夺人身自由者便无法在审判过程中挑战政府说辞，也几乎不可能出现相反的说辞。

历史重演：令人忧心的同一，发人深省的差异

本案例研究所描述的事件，从以下三方面说来都是"首次性"的：律师首次以团体身份向政府提出公开批评；遴选委员会听证会首次变成了准法庭；遴选委员会听证会首次得到了电视转播。但在一些重要方面，这些事件仍然与 1969 年有关废除陪审团审判的《刑事诉讼法》修正案的遴选委员会听证会是一致的。

与 1969 年的听证会一样，1986 年的遴选委员会和理事会之间的会议也是由李光耀主导的。在此过程中，李光耀发表了大量讲话，他通过提问来表达意见、提出指控。在 1969 年和 1986 年，律师公会理事会的团体身份都无法得到承认，并且李光耀的对抗式询问，都采用了以下两种修辞策略：第一，频繁打断；第二，提问中包含着假设和指控。在 1986 年，李光耀指控张素兰参加"政治活动"，而在 1969 年，他指控马绍尔参加"政治活动"；在 1986 年，李光耀贬低张素兰、萧添寿等人，而在 1969 年，他贬低马绍尔；在 1986 年，李光耀以撤销审查拟议法律的权力为由威胁理事会，而在 1969 年，李光耀也提出他可以保留授予理事会的权力——他暗中威胁理事会，他可以撤销这些权力（1986 年，他讽刺性地撤销了这些权力）。1969 年，李光耀的提问表明他在一定程度上监控着马绍尔，而在 1986 年，监控成了听证会的主旋律。1969 年，李光耀开展了《刑事诉讼法》的听证会，但他提出了一系列不相干的问题来询问理事会，而在 1986 年，李光耀的询问也并不局限于提交给委员会的草案。

这两次听证会的差异也非常明显。1969 年，理事会在很大程度上并没有被李光耀吓到，其成员能够坚持自己的理由，阐明自己的法治观点和对策；1969 年，主席制止了李光耀，要求他将问题局限于委员会所审核的《草案》[13]；1969 年，鉴于李光耀坚持认为司法与政治是不同的活动领域，因而理事会主张司法在本质上是政治性的。[14]　总之，1969 年的理事会在权利话语方面没怎么受到影响，他们能够流畅地使用权利话语。在两次听证会间隔的 17 年里，新加坡的律师似乎部分丧失了毫无顾虑地与总理对话的能力，也部分丧失了将自己建构为法治代言人的能力。1969 年的理事会没怎么被吓到，他们善于表达、了解法治；在 1969 年，并没有出现未经审判即剥夺律师的人身自由；在 1969 年，政府并没有对政治反对者的代理律师实施纪律性停职。而在 1986 年，"法制"变得更为根深蒂固。

213

在 1971 年，有三家报业以不同的方式对政府做出了批评，第四章描述了政府是如何关闭它们的。当时，政府通过一系列昭示性的、装模作样的善意声明，论述了处理这三家报业的正当性。例如，政府"上演"[15]了一出新闻发布会，当时还很年轻的总理李光耀，询问了被他指控为外国敌对势力之先锋的银行家、报业编辑和执行董事。[16]　政府的说辞是自己在采取行动保护国家。15 年后，政府在处理理事会时，也采用了同样的说辞。政府在 1971 年让活跃的新闻媒体噤声，在 1986 年让律师噤声，两者之间的相同点在于：政府在公共领域展现了自己的能力，即它能够强迫非公职人员接受政府给出的解释。在 1971 年，政府认为异议是潜在的共产主义威胁的先声；在 1986 年，政府认为异议是马克思主义威胁的先声。这两个时段的另一个重要共同点是：政府利用强制力来实现话语主导权。在这两个时段

---

[13]　*CPC Report*，前注 28，第 660 段。

[14]　同上注，第 671-672 段。

[15]　Seow，前注 23，第 66 页。

[16]　同上注。

214 中,为另类"政治意识形态"和"公众"代言的人,都未经审判即被剥夺了人身自由。

二元化国家的律师:禁止介入公共话题与政治

案例研究所描述的事件表明,法律诉讼和法律主体得到了工具主义的适用——它们被用以开展公共教育,阻止律师成为政治自由主义的代言人。鉴于权力可以操纵法律,因此听证会成为一项教学活动,尽管它表面上是一项法治活动。政府动用了检方的技术和程序(宣誓、传票、盘问),并配合使用了话语主导的策略(打断、重复、定性),这样一来,听证会就成了一项教学活动,旨在说明政府如何定义法律的界限以及律师作出公共主张的界限。在此过程中,新加坡政府采取了家长主义,强有力地主张自身优越的知识和见解。政府选择性地赞扬英国,并选择性地贬低新加坡,这就反映了矛盾的后殖民主义。总而言之,听证会对法律作出了重新定义,它是政府意志的明确表达,它是不容置疑的。

如果律师所受的教育是普通法的传统和理念,他们具有权利素养和职业追求,能够成为法治的代言人,那么1986年的事件就表明了霸权式的二元化国家何以产生了三种结果:第一,法律职业自治性的消亡;第二,政府单方规定,政治并非律师的有效关注对象;第三,公共领域是由政府主导的空间,有关政府的法律阐述,律师作出的批评都将消声。如果说政府是教育者,那么理事会并非唯一需要被重新教育的对象。政府抹黑理事会并剥夺其权利,是为了教育所有的公民(特别是律师),政府会对法律的不明确地带作出定义和划分。听证会强化了以下做法的合法性,即政府并没有授予律师公会作出批评的正当空间。换句话说,听证会表明,法律的界限并不在法律文

215 本以及《法律职业法》和《宪法》的基本理念范围内,而是存在于话语之中,存在于政府作出描述、解释和确认的权力之中。

听证会之后的近 20 年中,新加坡律师公会都未能进入公共领域。针对晦涩难懂的法律文本,公会并没有作出公开声明;针对根据《内部安全法》剥夺人身自由的做法,公会至少也没有公开提出质疑。最近,律师公会就强制性死刑和同性恋合法化⑩作出了声明,它似乎是在谨慎变通,以维持自身受限的、不确定的活动空间。⑱ 如果说听证会在某种程度上是为了开展教育,那么律师公会肯定已经从中吸取了经验教训。

在第一章中我提到,2007 年 10 月,国际律师协会在新加坡举办了年会。李光耀在会上发表了基调演讲,展示了新加坡高排名的法治及治理指数,以证明新加坡存在法治。鉴于国际律师协会将新加坡作为会议地点,政府利用这一契机,宣称国际律师协会也承认新加坡的法治正当性。⑲ 然而,2008 年 7 月,国际律师协会人权研究所公布了一份关于新加坡的报告(以下称人权研究所报告),该报告批评新加坡政府持续压制个人权利,并对律师公会在法律改革中的被动性表示惋惜,还建议政府立即废除有关律师公会评论法律的禁令。⑳随后,政府与律师公会的交流让人大跌眼镜。律师公会就像吸取教训的孩子,恳求政府解除禁令;对于政府的严词拒绝,它表示默许。㉑律师公会的顺从行为表明它已重塑了自身的法律理解,它认为被赋

216

⑩ K. C. Vijayan,"Law Society Call for Decriminalisation of Homosexuality",*Straits Times*(5 April 2007).

⑱ 这些声明是在法务部设立公共话语程序之前做出的。官方的公共话语程序似乎在 2008 年启动了,这是一个可喜的发展,但它似乎并没有改变潜在的含义,即律师公会不得批评政府。

⑲ Lee Kuan Yew,"Why Singapore Is What It Is",*Straits Times* (15 October 2007);Rachel Evans,"Singapore Leader Rejects Amnesty",*International Financial Law Review*(18 October 2007),访问路径:< http://www. ir. com/Article/1983342/Singapore-leader-rejects-Amnesty. html>.

⑳ Ibahri,"Prosperity Versus Individual Rights? Human Rights,Democracy and the Rule of Law in Singapore" July 2008 [*Ibahri Report*].

㉑ "We Don't Tango with the Govt: Michael Hwang",*Straits Times*(25 July 2008);Clarissa Oon,"Law Society Head Revives Issue of Role in Reform",*Straits Times* (13 September 2009).

权的公民应当是顺从的。

在对人权研究所报告作出回应时，政府和律师公会都透露，政府曾就法律和立法问题与公会对话，但这些对话是在公共领域之外悄然进行的。[202] 这也以另一种方式表明律师公会已经吸取了教训。然而，虽然律师公会表现出了顺从，且他们处于从属地位，但律师公会仍在逐步挪动界限，即那条将其排除于公共领域的界限。例如，在2008年，律师公会公开举办了公法系列讲座，告诫新加坡律师不要对人权问题不闻不问。[203] 公会还对没有原则的、不透明的刑事政策作出了谴责，并呼吁审查新加坡的犯罪和刑罚政策。[204] 2009年9月，即人权研究所报告发布的一年多之后，律师公会会长重申了公会在倡导法律改革中的作用。[205] 公会再次被拒绝了，它也再次表示默许。但重要的是，公会寻求许可和政府的严词拒绝[206]，让新加坡律师公会遭到限制的问题重新浮出水面。此外，新加坡律师公会受到了限制，但其他国家并没有限制类似于律师公会这样的组织，这个问题也重现于公共领域。[207]

我将政府与律师公会的相互关系，比作家长与孩子之间的动态关系。在公法的公开系列讲座上，律师公会呼吁审查刑事政策，并不

---

[202] Zakir Hussain, "No Change to Act Governing Law Society", *Straits Times* (14 July 2008). 民政事务部在几个月前表示已采纳了律师公会的建议，延长了《刑法》拟议修正案的最后反馈期限：Natalie Soh, "Big Changes to Penal Code to Reflect Crime's Changing Nature", *Straits Times* (18 September 2007).

[203] "The Law Society President Says Lawyers Apathetic About Public Law", *Straits Times* (18 March 2008). 2008年12月，张黎衍(Li-ann Thio)教授公开做了三场有关国际法和人权的系列讲座。

[204] Aaron Low, "Penal System Works", *Straits Times* (19 January 2009).

[205] Oon，前注203。

[206] 同上注。

[207] 菲立·惹耶勒南(Philip Jeyaretnam)在卸任律师公会会长后，于2009年1月做了一个生动的比较。在新加坡政策研究所的年度旗舰会议上，惹耶勒南讨论了法律职业并不独立于政府的问题。他呼吁取消对律师公会评论法律的权力的限制；他还指出，……新加坡政府仍在新加坡律师公会执行委员会中任命公职人员；访问路径：http://theonlinecitizen.com/2009/01/philip-jeyaretnam-remove-perception-of-government-intervention-in-legal-profession/.

时提及人权研究所的批评,这些都表明律师公会的顺从表象,受青少年的颠覆和反叛时期影响而中断了。然而,鉴于律师公会逐步地、尝试性地试探界限,这意味着公会接受政府作为新加坡法律的专属代言人。如果律师公会是一个拥有权威和能力、能够在公共领域谈论法律的社会主体,但它却几乎保持沉默,那就表明政府成功地联结了一个拥有权利素养和权威、能够挑战政府"法制"说法的社会主体。虽然法治解释能够让其他公民了解法治身份和权利,但其出现于公共领域的机会就此消失了。这样一来,政府就确立了自己管理法律不明确之处的优势。鉴于被联结的公民保持沉默,政府能够维持自身话语的正当性。因此,除非律师公会获得了行动许可,否则它似乎不太可能自主地、公开地、持续地倡导法治所固有的政治自由主义。

第六章

管理宗教:《维护宗教和谐法》

　　本章研究了《维护宗教和谐法》(或《宗教和谐法》)。① 在一定程度上,《宗教和谐法》是政府对所谓的马克思主义者阴谋的回应。通过《宗教和谐法》,政府在话语上将宗教诠释为一个国家安全问题。与破坏性行为、新闻界以及评论法律的律师一样,宗教也成了一种危险活动,需要政府采取预先的、预防性的行动。政府在1986年对法律界作出的回应,或许是在试图摧毁由法律界领导的、正处于胚胎时期的民权社会。类似地,《宗教和谐法》也可能被认为是在压制民权社会的另一类潜在领导人——天主教会。毕竟,在20世纪80年代后期,天主教会在"人民力量"运动中发挥了最为重要的作用,该运动迫使马科斯(Marcos)在菲律宾下台。

　　在20世纪80年代的新加坡,天主教会的积极行动者对政府提出了批判,认为政府并没有赋予底层阶级权利,而这些人并无法为自己辩护,也没有给他们带来经济繁荣。政府对这一批判的回应,与其在1966年对社阵、1971年对中国媒体以及1986年对外国新闻媒体

---

　　① Cap. 167A, 2001 Rev. Ed. Sing. [*Religious Harmony Act*].

和律师公会作出的回应是相同的。具体而言,政府认为这些批判者是国家安全的威胁。政府让他们噤声,并通过了一部法律使政府的立场正当化。1991 年②颁布的《宗教和谐法》就是这部让人噤声的法律,其以 1987—1990 年制定的《内部安全法》③为基础,据此强制拘留了天主教的一些社会活跃分子。在对《宗教和谐法》的条款作出分析之前,有必要提出一个问题:什么样的初始氛围促使有关宗教和谐的法律能够成型?

延续的时间和不变的话语基调

在第一章中,我讨论了新加坡首位国家元首在 1965 年新加坡共和国第一届国会开幕之际所做演讲的节选。在该演讲中,政府强调了共产主义国家和族群主义国家的脆弱性,并提出世俗的、理性的民族国家才能够解救种族和宗教等危险的非理性问题。④ 在 1965 年的此番演讲中,大多主题都有关新加坡的不稳定性,这些主题是政府所做的自我描述的重点。例如,在 1971 年,中文报业《南洋商报》的那些被剥夺人身自由的高管,就被指控"用中文来美化共产主义,煽动族群主义的、沙文主义的情绪"⑤,由此他们会威胁国家。在 1987—1988 年,那些被指控怀有"马克思主义阴谋"的律师被剥夺了人身自由,而此举阐明了在临近柏林墙倒塌之际,"共产主义者"一词是怎样

219

220

---

② 李光耀在 1987 年年初就提出了制定《宗教和谐法》等一系列法律的可能性(Joseph B. Tamney, *The Struggle over Singapore's Soul*:*Western Modernization and Asian Culture*[Berlin:Walter de Gruyter, 1996] at 32),1989 年国会开幕的总统演讲和 1989 年国会的《白皮书》,都响应了李光耀 1987 年的演讲。《草案》直到 1990 年才提交给国会,该法直到 1991 年才生效。可以推测,期间政府在巩固被联合的宗教团体和组织,以将国会辩论时的反对派降到最小程度。

③ Cap. 143, 1985 Rev. Ed. Sing. [*ISA*].

④ Sing., Parliamentary Debates, vol. 24,cols. 5-14 (8 December 1965) (YangDi-Pertuan Negara Encik Yusof Ishak) [1965 Presidential Address].

⑤ *Lee Mau Seng v. Minister for Home Affairs*, *Singapore* & *Anor*. [1969—1971] Sing. L. R. 508 at 511.

得到新生的。在 1974 年和 1986 年令《新闻法》正当化的那些基本原理，以及 1994 年政府对迈克·费伊案的解释，都表明为了建构一个对新加坡而言是威胁的西方世界，国家与种族的概念已相互纠缠。在宗教领域，《宗教和谐法》表明了政府如何从立法以及话语上阐明：族群主义和共产主义这两个双重威胁，将如何威胁到新加坡国家。

1989 年，即 1965 年总统演讲的 34 年后，在国会开幕之际，另一位国家元首又做了一番不同的演讲。值得注意的是，1989 年与 1965 年的总理都是李光耀。1989 年的国会开幕演讲过程与 1965 年的并无二致。在"多元宗教社会"的论题下，总统对国家和宗教作出了阐述：

宗教宽容和节制（Religious Tolerance and Moderation）。对我们而言，宗教和谐就如种族和谐般重要。新加坡是一个世俗国家，政治权威的最高来源是《宪法》。《宪法》保障宗教自由。然而，新加坡的种族多元性强化了宗教多元性。宗教分化会导致宗派冲突。唯有当我们践行宗教宽容和节制时，我们才能拥有和谐自如的种族关系。

宗教和政治。宗教组织一直开展教育、社会和慈善工作。在此过程中，它们对我们的社会和国家做出了巨大贡献。然而，它们不可以逾越界限，例如，冒险参与激进的社会运动。宗教必须严格地与政治分立。

宗教团体不得参与政治。反过来，任何团体都不得利用宗教事务，也不得操纵宗教组织，无论是为了激发不满情绪还是获取政治支持。无论是为了实现宗教理想，还是为了促进世俗目的，这些行为都不被允许。在宗教多元化的社会里，如果某一团体违反了禁忌，那么其他团体就会跟着做，结果就是交战或冲突。

我们会清晰地、不含歧义地说明这些基本规则。所有的政治团体和宗教团体都必须理解这些基本规则并严格遵守。如果我们违反了这些规则，即便我们有着甚好的意图，我们的政治稳定性也会受到威胁。⑥

和 1965 年一样,政府在 1989 年也清晰地表明了自己的"世俗性"。《宗教和谐法》的基础,部分来自于世俗主义的理性和现代性,即世俗主义通过《宗教和谐法》解决了国家的宗教不宽容的问题。虽然政府宣称宗教和谐与种族和谐同样重要,但种族和宗教显然被解释为相互纠缠的。政府认为种族和宗教常常与潜在的"分化"有关,而潜在的"分化"正是"宗派斗争"的缘由。宗教的宽泛含义表明,宗教与国家安全是相互联系的。有鉴于此,新加坡一直特别关注宗教问题。政府一直认为,宗教会激发那些威胁政治稳定性的潜在暴力,而只有世俗的、理性的政府才能防范这一暴力。⑦

本书前三个案例研究对政府话语作出了分析,借此表明,政府利用话语来建构其权威的统治地位。1989 年总统演讲的节选,在一定程度上反映了政府重申其权威性的方式。例如,政府频繁地使用祈使语气动词("它们并无不可逾越界限;宗教必须严格地与政治分立;宗教团体不得参与政治"),政府还明确宣称,未来不允许出现不确定的后果,也不允许质疑政府权力("如果某一团体违反了禁忌,那么其他团体就会跟着做,而结果就是交战或冲突;如果我们违反了这些规则……我们的政治稳定性也会受到威胁")。通过这些文字描述,政

222

──────────

⑥ Sing. , *Parliamentary Debates* , vol. 52. cols. 16-20 (9 January 1989) (President Wee Kim Wee) [1989 Presidential Address].

⑦ 参见 Tong Chee Kiong, *Rationalising Religion* : *Religious Conversion* , *Revivalism and Competition in Singapore Society* (Leiden: Brill, 2007). 此外,有趣的是,在 1988—1989 年,政府委托开展的宗教学术研究大幅增长:Eddie Kuo, Jon Quah & Tong Chee Kiong, *Religion and Religious Revivalism in Singapore* (Singapore: Ministry of Community Development, 1989); Eddie Kuo, *Religion in Singapore* : *An Analysis of the 1980 Census Data* (Singapore: Ministry of Community Development, 1989); Eddie Kuo, Jon Quah & Tong Chee Kiong, *Religion in Singapore* : *Report of a National Survey* (Singapore: Ministry of Community Development, 1989); Jon Quah, *Religion and Religious Conversion in Singapore* : *A Review of the Literature* (Singapore: Ministry of Community Development, 1989). 谭穆尼(Tamney)已指出,政府委托开展的研究大幅增长,前注 2。

府几乎成了无所不知者。政府认为未来并不是不可知的。相反，政府认为，它可以依据自己在管理国家中积累的丰富经验，准确地预测未来。上述后果总是被视为国家的威胁，政府必须动用权威采取预防性行动。

然而在上述节选中，政府建构权威的最重要的方式，在于将自身建构为世俗的、理性的、现代的政府。宗教被塑造为一股反国家的、反现代的力量，因此，法律所代表的世俗理性必须对其加以控制。1989 年的演讲提出《宪法》是"政治权威的至上来源"，借此确立了世俗主义的政府地位，并提升了法律的作用。"《宪法》保障宗教自由。然而，新加坡的种族多元性强化了宗教多元性"，其中，"然而"一词说明了宗教自由这一宪法保障的重要限定条件。该转折词表明，鉴于新加坡在种族和宗教方面的特殊性[⑧]，宗教自由必须得到限制。政府通过"必须"这一祈使语气动词，既说明了哪些事项是被许可的（"它们不可逾越界限，例如，冒险参与激进的社会运动"），也说明了哪些事项是可接受的（"教育、社会和慈善工作"）以及哪些事项是不可接受的（"激进的社会运动"）。至于可接受的、对国家有益的"教育、社会和慈善工作"如何以及何时会变为不可接受的、对国家有害的"激进的社会运动"，政府并没有加以说明。但是，政府是以无比确定的、权威的方式作出这一宣言的，这就表明权威的政府可以单方地划分这些界限。

---

⑧ 2010 年 11 月，律政部长援引了新加坡独特的特征，来证明限制新闻自由的做法是正当的，这就表明种族和宗教是导致新加坡例外主义的主要缘由。主持人指出，美国、加拿大、英国、新西兰、法国、爱尔兰、西班牙和大部分东欧国家在种族和族裔上也是多元化的。为了作出回应，部长重申新加坡的生存受到了威胁，并且指出种族和宗教上的差异将会导致暴力，参见"全球社会的自由新闻"（A Free Press for a Global Society）首届论坛，哥伦比亚大学，纽约，内政部长兼律政部长尚穆根先生（K. Shanmugam）和主持人弗里德里克·肖尔教授（Frederick Schauer），弗吉尼亚大学法学院特聘教授的答问环节；文字记录访问路径 http://app2. mlaw. gov. sg/News/tabid/204/ Default. aspx? ctgy ＝ Transcripts [Transcript from Free Press Session]。

可以界定意图的权威

鉴于国家有着自身独特的脆弱性,所以新加坡需要对宗教自由作出限制。与此相同,鉴于新加坡有着多元人口,所以政府通过规定例外情况(exception)来说明意图的无关性:

> 任何团体都不得利用宗教事务,不得操纵宗教组织,无论是激发不满情绪还是获取政治支持。无论是为了实现宗教理想,还是为了促进世俗目的,这些行为都不被允许。在宗教多元化的社会里,如果某一团体违反了禁忌,那么其他团体就会跟着做,而结果就是交战或冲突。

也就是说,若国家安全面临威胁、宗教与种族的潜在暴力性必须加以控制,那么意图就是无关的。本书分析了法律是如何限制法治权利的。在分析过程中,我发现上述意图无关性的表面理由,比总统演讲中所论述的更具深远意义。总统提出"无论是为了实现宗教理想,还是为了促进世俗目的,这些行动都不被允许",这种说法是与刑法定罪的基本原则——兼顾行为和意图——相背离的。[9] 认为社会主体的意图与定罪具有相关性,主要是为了让该主体能够做出陈述;若认为个人意图不具有法律意义,那么非公职人员就无法做出陈述。这样一来,政府就成了有权定义罪行并决定其意义的唯一主体。

李光耀于 1971 年在国际新闻协会所做的演讲,为 1974 年的《新闻法》奠定了基调。与此相同,1989 年的总统演讲,为《宗教和谐法》奠定了基调。实际上,最终的《宗教和谐法》并没有明确提及"意图",也不认可"意图"是具有法律意义的——"意图"被暗中消除了。法律

224

---

⑨　在新加坡的所有法律中,也许《滥用药物法》(Cap. 185, 2001 Rev. Ed. Sing.)最直接地违反了检察官应当证明犯罪意图的原则。该法用有罪推定取代了无罪推定,因此,若某人被发现占有违禁物质,那么被告就负有无罪证明的责任。

规定了禁止司法审查的排除条款(ouster clause)⑩，但没有规定有关审判或法定代理人的条款。此外，部长应当考虑那些被政府施以强制命令⑪的非公职人员的陈述，但法律规定不得对此进行审查。意图是定罪的基本要素之一，应由司法机关做出决定；但现在变成了政府通过行使特权来决定意图。

上述对政府话语的简要分析表明，在某些方面，政府的意识形态论证比文本呈现的语言来得更为复杂。政府论证时采用的语言是简单易懂的，所用的短句也是清晰明了的，它的论证逻辑即"如果不是x，则y"。政府这么做，是为了将复杂性简化为政府立场的本质，从而消除复杂性。简化的论证，切实地反映了政府在意识形态上的命令。由此，政府的立场似乎就是常识⑫，而政府制造常识的做法⑬，即通过法律强制力来确立常识⑭，却得以掩盖。无须审判即可拘留所谓的马克思主义阴谋论者，就体现了强制确立共识的做法。

马克思主义阴谋：唯有政府看到了潜在的危险

1987年5月，一群年轻的、接受英文教育的职业人士（包括四名

---

⑩ 该法规定了限制令，它可以赋予政府广泛的权力，以控制个人的言论、行动、就业、交流和活动；*Religious Harmony Act*，前注1，s. 8和s. 9.

⑪ 同上注，s. 8(5).

⑫ Norman Fairclough, *Language and Power*(London: Longman, 1989) 33.

⑬ Manuel Castells, "The Developmental City-State in an Open World Economy: The Singapore Experience" (Berkeley: University of California, 1988)，访问路径：<http://brie. berkeley. edu/publications/working_papers. html>；参见 Herman 和 Chomsky 对于政治权力和媒体关注之间的联系的研究；Edward S. Herman & Noam Chomsky, *Manufacturing Consent: The Political Economy of the Mass Media* (New York: Pantheon, 1988).

⑭ 国会在对剥夺人身自由开展辩论时，重复说到有必要抛弃有关共产主义者的刻板印象，例如："过去，若要认定共产主义者或马克思主义者，或许可以根据他们的中文教育背景来发现隐蔽的他们；不同的是，现今的马克思主义者主要是受英文教育的人，他们的行为并不是错误的。"参见 Sing., *Parliamentary Debates*, vol. 49, col. 1452 (29 July 1987) (Bernard Chen).

律师公会的成员）被指控参与旨在推翻政府的马克思主义阴谋。在
1987—1988 年,共有 22 人被指控参与阴谋,接着,他们未经审判即被
剥夺人身自由。简言之,政府认为被逮捕和剥夺人身自由的人,都参
与了总部设于伦敦的国际阴谋组织,他们旨在推翻政府并创建一个
共产主义国家。由于政府分阶段实施了逮捕,因此在很长一段时间
内,马克思主义阴谋都为公众所知并受到媒体的广泛报道。被剥夺
人身自由者中,大约有十人与天主教会有着密切联系,并且他们积极
参与教会的社会工作。[15] 天主教的社会工作者中有许多律师。[16] 政 226
府、媒体非常关注这些天主教社会工作者以及天主教会的相关机构。
由于天主教会有着海外关系网,因此国际媒体也非常关注这一问

---

[15]　Michael D. Barr, "Singapore's Catholic Social Activists: Alleged 'Marxist Conspirators'", in Michael D. Barr & Carl Trocki, eds. , *Paths Not Taken: Political Pluralism in Post-War Singapore*(Singapore: NUS Press, 2008) 228.

[16]　被剥夺人身自由的律师包括常国基、萧添寿、董丽莉(Tang Lay Lee)、张素兰和凯尔文・德苏沙(Kevin de Souza)。在 2009 年和 2010 年,新加坡的公共领域有了显著发展。有三本所谓的马克思主义阴谋者的著作得以出版,这些书是他们有关被剥夺人身自由的回忆录和诗集,Fong Hoe Fang, ed. , *That We May Dream Again* (Singapore: Ethos, 2009), and Tan Jing Quee, Teo Soh Lung & Koh Kay Yew, eds. , *Our Thoughts Are Free: Poems and Prose on Imprisonment and Exile* (Singapore: Ethos, 2009); Teo Soh Lung, *Beyond the Blue Gate: Recollections of a Political Prisoner* (Petaling Jaya: Strategic Information and Research Development Centre, 2010). 在这些著作中,所谓的阴谋论者详述了他们是如何为社会正义做出贡献的,他们也论述了自己被剥夺人身自由的经历(包括酷刑)。最让人感动的是他们一贯的奋斗目标,即他们所言的追求正义及对弱势群体的关心。

题。⑰ 可以说,马克思主义阴谋论促成了《宗教和谐法》。⑱

1989 年 12 月,差不多在开展第一轮剥夺人身自由的 18 个月之后,国会讨论了一份《白皮书》,该《白皮书》阐明了政府为何想要制定一部有关宗教和谐的法律。⑲《白皮书》的附录是一份国内安全部报告,题为"宗教动向:从安全性视角出发"。这份报告详述了以下三种行为会如何给公共秩序和新加坡的宗教与种族和谐带来威胁:"攻击性的、不顾他人感受的劝诱改宗(Proselytisation)";"将宗教和政治混同"(这部分详述了天主教神父的行为);"宗教和颠覆"(这部分详述了马克思主义阴谋论者的行为)。⑳ 该《白皮书》在国会辩论时,议员普遍认为其旨在回应阴谋论。㉑

显然,政府有关阴谋论的说法,并没有阐明被剥夺人身自由的天主教活动者的明确特征。相反,政府的重点在于国家避免了威胁,并且公民必须服从政府权威。由此,针对最为臭名昭著的"法制"手段——无须审判即可剥夺人身自由,"法治"力量并不能对政府权力进行审查,并且在剥夺他人人身自由时,政府也没有明确承认法律以及个人权利面临着威胁。政府话语强调信任政府的、顺从的公民是

---

⑰　参见凯瑟琳·休厄尔(Cathrine Whewall)在《我们的再度梦想》(*That We May Dream Again*)前言中的论述,前注 16,第 6 页。

⑱　参见 Li-ann Thio, "Control, Co-optation and Co-operation: Managing Religious Harmony in Singapore's Multi-Ethnic, Quasi-Secular State" (2006) 33 *Hastings Constitutional Law Quarterly* 197 [Control, Co-optation and Co-operation]; Tamney, 前注 2; Christopher Tremewan, *The Political Economy of Social Control in Singapore* (Hampshire: St Martin's Press, 1994) 145; Barr, 前注 15; Michael Hill, "Conversion and Subversion: Religion and the Management of Moral Panics in Singapore" (Asian Studies Institute, Working Paper No. 8), 访问路径: <http://www.victoria.ac.nz/asiastudies/publications/working/08ConversionandSubversion.pdf>. 希尔(Hill)的结论与本文有所相似,但他是从道德恐慌的角度进行分析。马克思主义阴谋论和《宗教和谐法》的非批判性解读(未对政府话语作出批判),参见 Khun Eng Kuah, "Maintaining Ethno-Religious Harmony in Singapore" (1998) 28:1 *Journal of Contemporary Asia* 103.

⑲　Sing., "Maintenance of Religious Harmony", Cmd. 21 of 1989 [White Paper].

⑳　同上注,第 19 页。

㉑　Sing., *Parliamentary Debates*, vol. 54, col. 1076 (22 February 1990) (Aline Wong).

非常重要的,1987年吴作栋在国会所作的演讲就是一个例子。㉒ 吴
作栋是第一任副总理,并且即将在1990年11月当选总理。吴作栋
长篇大论了一番,并且支持政府的逮捕决定,但他并没有阐明这一基
本问题:阴谋论者到底做了什么,使得国家变得如此危险?

吴作栋的演讲并没有告知公众任何事实,但他向公众作出确认:
"总理与我"㉓以及"年轻的领导班子"㉔已将棘手的问题提交至国内
安全部,且国内安全部向他们确认了威胁的严重性。换言之,吴作栋
认为政府拥有充分裁量权是非常必要的,他要求公民信任领导人基
于监管而作出的评估。吴作栋又以冷战时期的"共产主义"妖魔为
由,来证明其命令是正当的。

228

吴作栋的演讲逻辑是:因为共产主义者是虚伪、邪恶、隐秘的,公
民必须保持对政府的信任和顺从。"共产主义者的阴谋是难以揭穿
的,因为他们以细胞式组织的形式,秘密、暗中开展活动"㉕,政府只有
通过监管才能发现这些隐秘的共产主义者。政府以此作为初步理
由,说明为什么普通公民无法了解政府所了解的事。吴作栋建构了
一种关于威胁的说辞,声称政府如果无法做到这一点,就会产生可怕
的后果:

> 如果我们现在不消灭他们,那么他们随后就会消灭我们
> ……在未来……这些阴谋论者就会摁下按钮,让所有地方动荡
> 不安。我们坚决不让新加坡公民的生命以及经济繁荣受到
> 威胁。㉖

这些后果穷凶极恶(尤其是,"摁下按钮"的说法影射了彻底毁灭
的后果),因此,剥夺他们的人身自由是正当的。否则,生命安全、经

㉒ Sing., *Parliamentary Debates*, vol. 49, cols. 1484-89 (29 July 1987) (Goh Chok Tong, First Deputy Prime Minister).

㉓ 同上注,col. 1484.

㉔ 同上注,col. 1485.

㉕ 同上注。

㉖ 同上注,col. 1487.

济繁荣以及国家生存都将岌岌可危。

长期保持警惕的政府遏制了各种威胁。吴作栋通过列举的方式说明了各种威胁,他认为,共产主义者和被剥夺人身自由者是有罪的:"每个社会都有罪犯、反社会元素、猥亵儿童者、强奸者……或类似的人。新加坡也不例外。"[27]在他的说辞中,威胁已扩散至新加坡的边界之外,甚至与国际社会有着某种联系,"他们并不是独自展开活动……他们的组织范围很广,包括新加坡之外的人"[28],显然,普通公民没有能力了解这种威胁,他们也无法保护自己。政府甚至认为,被剥夺人身自由者类似于"杀人魔王"英萨利(Ieng Sary),并以此说明共产主义者是有罪的,而人们几乎不可能从外表上推测出共产主义者的危险性:"我见过英萨利两次……他看起来很绅士、圆融且无害……但他是波尔布特(Pol Pot)派系的核心成员。"[29]

吴作栋以对未来的威胁为由,来正当化当下的行动:"我们是否认为他们会对新加坡造成即刻的威胁?……坦率地说,答案是否定的。"[30]然后,他将自己定位为统治精英的一份子,来说明政府命令国内安全部采取行动是善意的:"我们提出了很多问题。我们希望确定阴谋论者的活动……实际不利于新加坡的安全……。我们所有人都表示信服。"[31]但值得注意的是,他并没有阐明"阴谋"和"不法活动"的实质。这表明,如果统治精英们都确信如此,那么公民也应当确信如此。同样,吴作栋也回避了关键性细节,"对我们社会的长远威胁是确定无疑的,对此我无须反复说明"[32],他硬是将人们的关注点从事实转向了政府的绝对判断。因此,法律变得更为晦暗。不同的公职人员在幕后开展对话,由此,自由被侵犯,生命被践踏。这样,公民被要

㉗　同上注,col. 1485.
㉘　同上注,col. 1486.
㉙　同上注,col. 1485.
㉚　同上注。
㉛　同上注。
㉜　同上注,col. 1486.

求信任政府，以法统治的方式被遮蔽了。

为使其论证能够自圆其说，吴作栋再次提及了新加坡的脆弱性，即新加坡易受国内和国外敌人的攻击：

> 新加坡是一个开放的国家……因此，我们面临安全威胁，我们易受新加坡境外人员的操纵。我们是一个小国。如果我们的稳定被打破，我们将难以扶正船舶继续平稳航行。[33]

230

该论证的潜台词似乎是：鉴于这些独特的脆弱性，个人权利和自由的基本原则并不适用于新加坡。[34] 新加坡独特的脆弱性造就了法律例外主义，法律例外主义证立了基于国家利益而剥夺人身自由的决定："若是为了国家的整体利益，那么政府无法避免作出令人不快的决定。"[35]吴作栋认为，剥夺人身自由的决定是"令人不快的"，该措辞最小化了剥夺人身自由的性质和影响。吴作栋并未承认，法律以及《宪法》所保障的基本权利已岌岌可危。他并不认为被剥夺人身自由者是普通公民，而认为他们是共产主义者。在新加坡，共产主义者的社会影响是邪恶危险的。

这一极具权威性的、原创性的说辞，再次体现了政府话语中的二元性——服从的公民与支配性的政府。至少从 1966 年《破坏性行为法》的国会辩论开始，政府就采用了这种二元论。在 1989 年这一重要时刻，吴作栋将公民建构为愿意服从政府权威，并需要统筹全局的政府给予指导、教育的社会人。如果政府具有权威，并且公民只能服从和从属于政府，那么天主教社会工作者的行为就违背了政府与公民的关系。这些个体在两个方面违反了政府"以法统治"中的等级化管理：第一，天主教社会工作者并非消极被动的公民（后面将会讨论这一点）；第二，他们的行为破坏了隐蔽的社会"阶层"分类。

---

[33]　同上注，col. 1488.

[34]　2010 年重申了这一论证，参见 Transcript from Free Press Session，前注 8.

[35]　同上注。

马克思主义阴谋中的阶层和行动主义

231   新加坡的公共话语中几乎不存在"阶层"。政府建构的国家定位，似乎是通过精英管理，让所有人都享有物质上的幸福感。正如吴作栋在同一次演讲中提到的那样，如果新加坡人"努力学习，努力研究，努力工作，他们就能在新加坡获得成功"。这就意味着，新加坡的社会和经济流动性并没有受到阻碍，即公民的勤奋和决心并不会受到阶层的阻碍，没有人会处于一个不公平的竞争环境里。⑯

　　天主教社会工作者开展的很多活动，都是为了帮助新加坡的经济弱势群体。可以说，他们开展的活动，让"阶层"呈现在了公共话语之中，但官方话语并没有提及阶层。在迈克尔·巴尔（Michael Barr）对阴谋论的研究中，他认为天主教社会工作者的活动"并不纯粹是意识形态的，而是旨在帮助特定群体和个人"。⑰ 例如，巴尔讲述了天主教社会工作者如何帮助"外国工人"⑱：为他们维护自己的权利提供建议；教他们英语；若有人想要申诉，帮助他们向劳工部作出陈述；给受虐待的、受恐吓的外国女佣提供建议和住处，并帮助她们与劳工部进行联络。⑲

　　天主教积极行动者也发起了一场运动，反对政府实施的 12 小时

---

　　⑯　抛弃多元种族式的精英管理这一想法，参见 Lily Zubaidah Rahim, *The Singapore Dilemma: The Political and Educational Marginality of the Malay Community* (Shah Alam: Oxford University Press, 1998). 有关收入差距的增长，参见 Ishita Dhamani, "Income Inequality in Singapore: Causes, Consequences and Policy Options" (May 2008) http://www. mas. gov. sg/resource/eco_ research/eco_ education/Esss2007/uni_%201st _%20Ishita. pdf.

　　⑰　Barr，前注 15。

　　⑱　巴尔使用了"移民工人"一词，但新加坡常用的是"外国工人"。外国工人通常是指体力劳动者，他们在新加坡工作时受制于一些条件，即他们不得长期留在新加坡，也不得成为新加坡公民或移民工人。另参见 *Employment of Foreign Workers Act* (Cap. 91A, 1997 Rev. Ed. Sing.).

　　⑲　新加坡的外籍家佣主要是菲律宾人，他们通常是天主教徒。

轮班工作制。《天主教新闻》对此事件做出了相关报道,并且就该问 232
题进行了广泛讨论。一名国会议员在《天主教新闻》的来信专栏中,
与该报道的作者展开了一场辩论。该议员是一名天主教徒,也是全
国职工总会的一名高级官员。新闻界报道了这场辩论。由此,这场
发生于天主教社群内部的辩论,在国内流传开来。天主教积极行动
者还领导了一场运动,敦促人们对裁员后果予以关注,并据此向雇
主、工会、政府和社会施压,要求后者能够公正、怜悯地对待被裁人
员。⑩《天主教新闻》刊登了 1985 年的裁员声明,调查被裁人员状况
的小册子也随之印行,但上面写着"内部传阅"。

　　天主教社会工作者还帮助职工提升权利意识,例如确保最低工
资以及健康、安全的工作环境,并且为想要晋升的职工提供领导技能
培训。他们发起了一场运动,反对精英主义的"研究生母亲优先计
划",即研究生学历的母亲的孩子有权优先选择学校。他们还对其他
精英主义教育方式提出了批判,例如资优教育计划。

　　如果天主教徒的活动范围仅限于此,那么他们应当是"试图改善
社会的年轻理想主义者",而非"试图摧毁新加坡的邪恶共产主义
者"。⑪ 但政府对这些行为作出了非同寻常的解释,这可以参见《白皮
书》附录中的国内安全部报告:

　　　　在(20 世纪)80 年代中期,一些天主教神父犯险参与社会运
　　动并且充当政治压力团体。他们中的一些人成立了"教会和社
　　会研究团体",专门出版政治性小册子,就众多世俗事务对政府
　　提出批判……
233
　　　　该团体指控政府打压工会并颁布了剥夺职工权利的劳动
　　法……

　　　　《天主教新闻》……也开始就经济和政治问题发表文章和社

---

⑩　另参见 Fong,前注 16 以及 Tan, Teo & Koh,前注 16.
⑪　Goh,前注 22, col. 1484.

论。它对跨国公司、《国籍法修正案》和《报业与印刷新闻业法》提出了批判，还对有关第三频道（TV3）和外国工人的政府政策提出了批判。

> 郑海泉（Vincent Cheng）……着手实施一项系统计划，以渗透、颠覆、控制各类天主教徒和学生社团组织，包括天主教会公正与和平委员会，以及新加坡国立大学和新加坡理工学院的天主教学生社团。他想要促成压力团体的统一战线，与政府进行对抗……一些文章采用了共产主义者的普遍说法，谴责现有制度是剥削性的、不公正的、压制的。[42]

在政府关于事件、劳动权以及法规的说辞中，经济和政治问题是世俗性的，因此，与宗教有关的个人、机构都不得参与其中或发表意见。国内安全部的报告并没有对政治作出定义，但它规定了大致的界限，一个政府迫切想要将公民驱逐出去的模糊领域。

宗教：新的共产主义？

在马克思主义阴谋广为流传期间，政府从话语上展示、主张了被剥夺人身自由者的共产主义者身份。然而，共产主义本质上是无神论，但一些被剥夺人身自由者却是天主教徒。这样一来，说他们是共产主义者就难以令人信服。在首轮剥夺人身自由的三个月后，即1987年8月，时任新加坡总理李光耀说要设立一个新的政府机构，以确保宗教不会被用于破坏性目的。李光耀说，宗教不能参与政治。他说，宗教团体应当从事慈善和社区工作，比如设立儿童托管中心。[43]在1989年国会开幕之际，总统的演讲也表达了同样观点[44]；总统演讲

234

---

[42] White Paper，前注 19，第 15-18 页。

[43] Tamney，前注 2，第 32 页。

[44] 1989 Presidential Address，前注 6.

中的部分段落,在《白皮书》的开篇又得以重申。⑤ 李光耀的讲话以及总统的演讲,最终为《宗教和谐法》的核心内容埋下了伏笔。政府不断声明共识,这表明"重复、反复"在公共话语中是一种有力的修辞策略。1965 年的新加坡,宗教在话语上被描述为一个安全问题;1987 年和 1989 年,政府使用祈使句——宗教不得参与政治——重申了之前的话语。政府起初解释了新加坡为何是一个极其脆弱的国家,后来,政府的说辞经《宗教和谐法》被确立为法律。

在 1989 年 1 月的总统演讲之后,政府通过引申、强调被剥夺人身自由者的天主教徒宗教身份,突出了阴谋论的危险。冷战行将平息,柏林墙倒塌则标志着冷战结束。《白皮书》附录中的国内安全部报告表明,马克思主义阴谋论者在官方看来仍然是共产主义者,但共产主义者的身份现在主要与宗教有关。⑥ 这一转变为以下话语奠定了基础:需要通过新的法律,来维护面临威胁的宗教和谐。

"维护宗教和谐"的法律措辞,将一种高度意识形态的立场呈现 235 为一种无异议的、客观的真理。宗教和谐是一种必须加以维护的既定状态。但"宗教和谐"本身以及相关概念都是极其不确定的:宗教和谐意味着什么?宗教和谐是否存在?谁来决定宗教和谐的现象和特征?然而,该法的复合性名称,掩盖、排除了所有的不确定性。此外,该法案并没有定义关键词。例如,该法案认为以下行为是威胁宗教和谐的:"以传播或实践宗教信仰为名,开展促进政治目标或政党事业的活动。"⑦"政治动因"和"宗教信仰"都没有得到定义。《宗教和谐法》并未对关键词作出定义,由此,该法要求公民的意识形态与政府保持一致,对《宗教和谐法》的解释必须与政府的定义保持一致,因为其他解释都行不通。

---

⑤ White Paper, 前注 19, 第 1 页。

⑥ 同上注, 第 13 页。

⑦ *Religious Harmony Act*, 前注 1, s. 8(1)(b).

为了与潜在的定义保持一致，《宗教和谐法》规定了特有的罪行。犯罪行为并不是那些推进政治目标的实际或潜在行为。相反，犯罪行为是指违反限制令。限制令是《宗教和谐法》规定的一种行政措施，它看上去参照了政府根据《内部安全法》下命令的相关规定。[48] 根据《内部安全法》的规定，若要释放被拘留者，政府可作出命令具体说明释放条件，而这些命令主要是为了约束被拘留者的活动。与此相似，《宗教和谐法》规定，针对与宗教有关的个人和机构，政府有权限制其活动与交流。[49] 根据《宗教和谐法》，若被限制者违反限制令，就需要接受法庭审判。[50] 只有当被限制者违反了限制令，才构成犯罪。违反命令的被限制者，需要接受法庭审判才能定罪。[51] 法庭并没有权力对内政部长作出的命令和决定提出异议。[52] 法庭只能从《宗教和谐法》规定的具体罚款和刑期范围中，决定刑罚。[53] 在《宗教和谐法》中，能够审查政府权力行使的唯一机制是宗教和谐总统理事会（稍后将予以讨论）。[54]

236

限制令具有双层运作结构，这就表明，限制令在惩罚对象上与其他法律不同，它所惩罚的那些行为，本身并不是实质违法的。政府可以评价相关行为是否实际或潜在地威胁了宗教和谐。而在宗教和谐的政府话语中，威胁"宗教和谐"经常意指挑战政府的政策和权威。

如果内政部长认为公民已然或试图引发不同宗教团体间的敌意、憎恶或对抗，或者借宗教之名参与政治、进行颠覆或激发不满情

---

[48] *ISA*，前注 3，s. 10.

[49] *Religious Harmony Act*，前注 1，s. 8(2).

[50] 同上注，s. 16.

[51] 同上注。

[52] 同上注，s. 18.

[53] 同上注，s. 16.

[54] 理事会成员是由政府任命的，同上注，s. 3. 有人认为，"在设立……理事会之时，政府已联结了宗教和谐总统理事会中的主流宗教领袖，让他们既对自己作为领袖的行为负责，也对其追随者负责"；Li-ann Thio, "Working out the Presidency: The Rites of Passage" (1995) S. J. L. S. 500 [*Working out the Presidency*].

绪,那么他就可以下达限制令。⑤ 因此,虽然该法名为《维护宗教和谐法》,但其中的第三到第四部分都与反政府罪行有关——借宗教之名参与政治、进行颠覆或激发不满情绪。事实上,《宗教和谐法》和《煽动法令》的用语是相似的,因为前者是以后者为蓝本的。《宗教和谐法》采用了《煽动法令》中的"煽动倾向"的定义和要件,并将"煽动倾向"作为限制令的前提条件:

237

《宗教和谐法》	《煽动法令》
针对已然或试图"激发他人对总统或政府的不满情绪"的任何人,内政部长可以作出限制:s. 8(1)(d)	《煽动法令》将"煽动倾向"定义为包括"……激发他人对政府的不满情绪的一种倾向":s. 3(1)(a)
针对已然或试图"引发不同宗教团体间的敌意、怨恨、憎恶或对抗情绪"的任何人,内政部长可以作出限制:s. 8(1)(a)	《煽动法令》将"煽动倾向"定义为包括"在不同种族或不同阶级之间,引发憎恨、对抗情绪的一种倾向":s. 3(1)(e)

如果威胁宗教和谐的行为要件表明,威胁行为暗指煽动和异议,那么威胁行为的处理方式显然参照了《内部安全法》。《内部安全法》的概括性条款规定,政府有权作出命令,限制人们的活动、居住和就业。⑥ 《内部安全法》规定,政府有权禁止个人在公开会议上发表演讲,有权禁止个人在组织或协会担任公职、参与活动或充当顾问。⑦ 《宗教和谐法》的限制令规定部长有权压制活动和交流⑧,这非常类似于《内部安全法》规定的限制和压制措施。限制令尤其强调限制个人与宗教信仰者的交流,限制个人在由宗教信仰者组成的编辑委员会

---

⑤　*Religious Harmony Act*,前注 1,s. 8(1).

⑥　ISA,前注 3,s. 8(1)(b).

⑦　同上注。

⑧　*Religious Harmony Act*,前注 1,s. 8.

238　和出版委员会担任公职。⑨

　　值得注意的是,殖民地政府在紧急状态期间颁布了《煽动法令》和《内部安全法》,当时英国殖民地政府遇到了最强烈的反抗。政府通过采用《煽动法令》和《内部安全法》的用语,参照明确维护政府的法律,起草了所谓的有关"宗教和谐"的《宗教和谐法》。显然,尽管政府一再在话语上坚持宗教和政治分立,但新加坡的宗教在本质上是与政治相关的。

限制令:政府对宗教的重新阐释

　　针对两类人可以作出限制令:第一,宗教团体或机构的官员或成员⑩;第二,任何人。⑪ 如果政府认为一些人已然或试图实施前述表格中所列的行为,那么政府将对他们下达限制令。受限制的个体,不得向圣会、教区或敬神者团体,就限制令所限制的主题进行演讲和写作交流。限制令有权选择性地控制交流,这意味着政府对受限制者已然或试图阐述的主题非常了解。政府下达命令后,人们若要就受限制的话题进行演讲和写作,就需要获得部长的事先许可。个人还会受到如下限制,即不得以任何方式关涉任何宗教团体的印刷物。

　　政府非常关注被限制者与他人的交流,包括他的言论内容、他的读者或听众等支持者。《宗教和谐法》规定了一种新的方式,使政府能够通过管理言论来管理宗教。实际上,限制令是为了让个人噤声。239　口头或书面的交流,都会在内容和受众方面受到限制。政府并不允许被限制者就受限制的话题,与宗教团体进行交流。因此,根据《宗

---

⑨　*Religious Harmony Act*, 前注 1, s. 8.

⑩　同上注,s. 8(1).

⑪　同上注,s. 9(1).

教和谐法》,针对那些非属圣会、教区、敬神者、宗教团体或机构的个人和团体,受限制者可以和他们进行演讲和写作交流。[52] 明确被禁止的是:"在未获得部长的事先许可"的前提下,向听众和读者阐述"命令所限制的内容、话题或主题"。[53]

《宗教和谐法》高度关注受限制者参与出版印刷物。没有部长的事先许可,受限制者不得印刷、出版、编辑、传播宗教印刷物,也不得以任何方式帮助任何宗教团体出版印刷物。[54] 受限制者也不得在宗教团体的编辑委员会或出版委员会担任公职。[55] 受限制者不得给宗教团体做演讲,这似乎是为了让受限制者不得就特定话题向特定受众发表意见。限制参与印刷物,比限制给宗教团体做演讲,来得更为宽泛。政府禁止受限制者在编辑委员会和出版委员会担任公职,这可能考虑到了以下两种可能性:第一,其他人可能会表达受限制者的观点;第二,虽然政府可以监控受限制者,但受限制者的观点仍有可能蒙混过关。通过规定这些禁止性事项,政府详细地提出了哪些宗教领域必须加以管控。

240

在释放未经审判即被剥夺人身自由者时,政府可对他们进行行为限制。以此为底本,限制令并未实施剥夺人身自由或监禁。《宗教和谐法》规定政府应当管理、监控被限制者与他人的交流。更重要的是,对受限制者自身而言,限制令要求他们施行自我管控。

---

    [52] 遴选委员会指出,限制令的范围是有限的,这就意味着部长"不能阻止人们向非宗教团体(例如政治集会)就同样的主题发表意见";Sing., "Report of the Select Committee on the Maintenance of Religious Harmony Bill", October 1990, Parliament 7 of 1990, para. 20 [*SC Report on Religious Harmony*].

    [53] *Religious Harmony Act*,前注 1, s. 8.

    [54] 同上注,s. 8(2)(b).

    [55] 同上注,s. 8(2)(b)和 s. 8(2)(c).

限制令和自我限制

限制令的运作方式，与马克思主义阴谋者的处理方式相似。例如，天主教会的出版物《天主教新闻》，就是天主教社会工作部门开展运动以及表达意见的印刷媒介。[66] 在发生大规模逮捕之际，神父们为被剥夺人身自由者主持了弥撒。[67] 这导致政府对教会施压，教会的出版物和弥撒都被叫停。[68] 在发生大规模逮捕之际，被剥夺人身自由者的朋友为他们制作了大量宣传材料，并将这些材料散布至海外。[69] 一般性规定甚至禁止[70]人们对宗教机构与政府的关系进行讨论：针对提出有关这一话题的任何人，或引发有关话题之讨论的任何人，部长可以向他们下达限制令。[71]

受限制者若要与宗教受众进行交流，政府就有权禁止他们就特定话题进行讨论，这种做法要求受限制者随时开展自我管控。在开展交流前，个人必须写下并审查自己的文本，确保文本没有违反限制令。《宗教和谐法》的禁止性规定，向人们呈现了这样一幅画面：公职人员坐在敬神者、圣会和信众之间，监控他们的口头和书面交流，确保他们遵守已下达的限制令；并且，公职人员还要确认需要向其他哪些人下达新的限制令。《宗教和谐法》的潜台词是：政府无所不知、无所不在，政府可以为了国家利益管理公民并惩罚违规者。

在《宗教和谐法》规定的噤声措施之中，最有力的可能是排除条款：根据《宗教和谐法》作出的命令、决定和建议都是终局性的，任何法院都

---

[66] Barr，前注 15。
[67] 同上注。另参见 Fong，前注 16，第 61 页。
[68] 同上注。
[69] 同上注。
[70] *Religious Harmony Act*，前注 1，s. 9.
[71] 同上注。

不得提出质疑。[72] 由政府起草并呈交给国会的一份《白皮书》,陈述了该法的立法依据。该《白皮书》解释了政府为何规定了排除条款:

> 有必要立即采取行动,阻止人们一再实施有害的煽动行为。宣告判决的时间是漫长的,审判在很大程度上会拖延时间。如果被告人利用诉讼来开展政治宣传,那么诉讼本身就会进一步煽动不理性情绪。[73]

政府阻止被告人利用审判过程来开展"政治宣传",因为被告人可能会滥用司法为其提供的公开平台。[74] 这就意味着"政治宣传"并不是由政府做出的。政府有着更渊博的知识,因此政府所言即真理,而非政治宣传。

242

《宗教和谐法》采用各种方式让个人噤声以维持宗教和谐,它的潜在目的看似是确保政府对公共话语的支配地位。不进行审判,公共领域就不会出现相反说辞。这样一来,就能确保政府在法律、国家和宗教话语上拥有不受挑战的支配权。《宗教和谐法》为迅速且不起眼的(甚至是秘密的)政府行动,提供了方便之门。

摆设性的法律

在《宗教和谐法》的制定过程,新加坡政府采取了高度透明的方式,以此证明自己是理性的"法治"政府。[75] 通过以下方式,非公职人

---

⑦　同上注,s. 18.

⑦　White Paper, 前注 19,第 8 页。

⑦　若根据《内部安全法》剥夺人身自由,那么政府对该事件提供的说辞将广为传播。例如,针对那些被指控为伊斯兰祈祷团行动者的人,他们最近被剥夺了人身自由,所有媒体都报道了政府的说法。被剥夺人身自由者没有发言权。

⑦　威斯敏斯特式的法律制定过程有一些特定的程序性要求,它们载于《新加坡国会议事规则》,访问路径:＜http://www. parliament. gov. sg/Publications/standingOrder. htm＞.另参见 *Parliament* (*Privileges*, *Immunities and Powers*) *Act* (Cap. 217, 2001 Rev. Ed. Sing.); M. Stanley Ryan, *Parliamentary Procedure*: *Essential Principles* (New York: Cornwall, 1985).

员可以参与《维护宗教和谐法》的制定过程，并与政府进行磋商。

"维护宗教和谐"是《白皮书》的主题。⑯ 草案被提交至国会后，它就成了国会辩论的主题，媒体对此进行了广泛报道。随后，依法设立了遴选委员会。委员会向公众征求了有关草案的意见书，并举办了听证会（多数是公开的），然后发布了一份详细的报告。⑰ 经历了漫长的过程后，最终的《宗教和谐法》与政府的最初构想并无实质性偏差。⑱ 显然，政府介入了磋商过程，政府没有对维护自身的霸权作出任何妥协。自始至终，政府都关注处理存有疑问的"宗教"和"政治"等术语——遴选委员会的报告在讨论法院的角色时，提到了这些术语。⑲ 在这份报告中，遴选委员会指出了"一些提交陈述者"的担忧：

> 草案……赋予行政机构过多权力……并且行政机构可能会肆意滥用这些权力，使得不同意见无法得到合理表达。个别陈述者强烈主张，应当由司法机关来监督行政机构。例如，授权法庭（而非行政机构）来决定，何者属于在宗教团体间制造敌意，何者属于不当地将宗教和政治混同。⑳

委员会认为，有必要规定其他的监督措施。不过，委员会强烈反对由司法机关进行监督，而赞同授予总统以裁量权来评估部长的决定。㉑ 委员会提出的第一个理由，与《白皮书》中的理由相一致，并且它们采用了同样的修辞：有必要立刻采取行动，而审判可能会拖延时间并进一步煽动不理性情绪。㉒ 委员会提出的第二个"反对向法院授

243

---

⑯　White Paper，前注 19。

⑰　*SC Report on Religious Harmony*，前注 62.

⑱　经历了漫长的过程后，白皮书（前注 19）的最后一页列出了草案的 5 项修改之处：澄清拟议的法律符合宪法的宗教条款（第 7-9 条）；强调尊重共同价值观，并强调个人接受或不接受宗教的权利（第 18a、18b 段）；建议宗教和谐理事会改为"总统理事会"（第 35 段）；将非专业人士以及文职代表纳入总统理事会（第 36 段）；部长若要发布禁令，在通知当事人的同时，建议也要通知理事会（第 40 段）。这些修改之处都没有触及拟议法律的要害。

⑲　*SC Report on Religious Harmony*，前注 62，第 v-ix 页。

⑳　同上注，第 v 页。

㉑　同上注，第 viii 页。

㉒　同上注，第 vi 页。

权的有力理由"是:

> 宗教和政治之间的界线并不明确,两者有很大的重叠部分。因此,不可能存在一条清晰的界线,让法院以事实和法律为依据,决定某个行为属于政治领域还是宗教领域。⑧

245

委员会提出的排除司法审查的这个理由,含蓄地承认《宗教和谐法》的术语和宗旨之间存在内在矛盾。倘若确保宗教和政治相分离的立法宗旨(通过声称二者之间的一些区别),被认为是为了对一些连在一起而非独立的事务进行划界,那么,这部法律该如何做到这点,或者如何发挥作用呢?

为了解决这一潜在的难题,委员会宣称:必须服从那些在政府中掌握政治权力的人的决定。这实际上重申了政府权威的不容置疑性。然而在此情形中,政府意见的权威性是针对法院,而不是针对公民而言的:

> 即便可以画出一条清晰的界线,法院也无权决定这条界线在哪里。例如,宗教团体是否可以正当地讨论堕胎?兵役是否应被视为纯世俗事务?这些是公共政策问题。解决问题的出路在于判断什么是维护宗教和谐所必需的?什么是社会的整体利益?这些并不是根据法律论证或先例就可以解决的法律问题。
>
> 因此,问题是明智的政府应当允许什么行为,而不是民众的什么行为是合法的。对这些公共政策事务做出决定,是行政机关和国会的职责。若让法院来决定这些事务,则纯粹是逼迫司法机关作出政治决定。在局势紧张时刻,一个有争议的、艰难的决定不可能仅仅因为它是由法院作出的,就更容易为公众所接受。⑧

上述两段文字中所运用的那些修辞性设问,对文中给出的回

---

⑧　同上注。
⑧　同上注,第 vii 页。

答——宗教团体无法正当地讨论堕胎，兵役也并不是纯世俗事
务——造成了困惑。⑧ 更令人困惑的是这种主张：因为"明智"和"法
律"无法匹配起来，所以法院不能决定公共政策。为了给排除法院的
做法提供合理论据，委员会提出了很多自己都未曾回答的问题。委
员会提出的（可能是无意提出的）最棘手的问题是：如果法律论证和
先例无法处理一个法律领域内的问题，那么这个"国家"的"法律"有
什么用呢？

尤其是，委员会区分了"民众的什么行为是合法的"和"明智的政
府应当允许什么行为"。这表明，在合法行为与合法但可能威胁"社
会整体利益"的行为之间，存在一条有风险的界线，并且只有国会和
行政机关有资格来澄清这一界线。鉴于委员会想阻止司法机关越权
作出"政治性决定"，这是否意味着委员会承认《宗教和谐法》在运作
上全然是"政治性的"？委员会指出了"法律"在功能上的局限性，又
主张需要制定一部新的"法律"，它显然没有意识到自身言行的滑稽
性。委员会的论证理由，在一定程度上暗示《宗教和谐法》背离了法
治原则：

> 草案的宗旨是预防，而非惩戒。草案旨在授权政府在造成
> 破坏后果之前就采取行动，而非侧重于事后惩罚犯罪的公
> 民……限制令对公民的言论和行为做出了一定的限制，这实际
> 上是对公民下达的正式警告：如果后者不停止相关言行，就将面
> 临更严重的后果。如果某人的言论在无意间引发了憎恶之情，
> 那么就有必要限制他重复发表此类言论；但我们不能宣判他有
> 罪，至少当时不行。通过下达限制令，避免了直接使采取这类言
> 行者入罪……相较于直接将他控告到法院并对其定罪，下达限

---

⑧ 在义务兵役（即国民兵役）方面，政府话语和法院如何处理种族和宗教问题，参见
Thio, *Control, Co-optation and Co-operation*，前注 18。

制令的做法显然更为宽松。⑧

　　在为排除司法介入的做法提供依据时,委员会似乎承认《宗教和
谐法》的一些做法违背了一般性原则。一般性原则规定:实际行为才
可以构成犯罪,不确定的预期行为所造成的不确定后果并不能构成
犯罪;并且,犯罪意图是定罪的一个重要因素。⑧《宗教和谐法》的规
定比其他措施"更为宽松"⑧,这成为这部法规违背一般性原则的理
由。但委员会未曾意识到,《宗教和谐法》实际创设了对特定言论进
行定罪的一种新方式。

246

作秀? 宗教和谐总统理事会

　　委员会在驳斥了这一主张——对依据《宗教和谐法》所做行政裁
量行为进行司法审查——时,建议由"宗教和谐总统理事会"行使这
种审查权。宗教和谐总统理事会⑧是一个"咨询委员会"⑨,其三分之
二的成员是"新加坡主流宗教的代表"⑨,三分之一的成员是"少数人
权利总统理事会"推选的"新加坡公共服务或社群关系领域的杰出公

247

---

⑧　*SC Report on Religious Harmony*,前注 62,第 vii 页。

⑰　同上注,第 24 段,委员会讨论了将意图作为《宗教和谐法》第 8(1)(a)条规定的犯
罪要件的建议。委员会拒绝了这一建议,而后重申其立场:政府必须采取预防性(而非惩
罚性)行动,个人的思想状态是无关的。对于无罪推定在刑罚正义中的核心地位,以及新
加坡如何违背了无罪推定,参见 Michael Hor, "The Presumption of Innocence: A
Constitutional Discourse for Singapore" (1995) *S. J. L. S.* 365.

⑧　*SC Report on Religious Harmony*,前注 62,第 vii 页。

⑧　*Religious Harmony Act*,前注 1, s. 3.

⑨　*White Paper*,前注 19,第 35 段。

⑨　*Religious Harmony Act*,前注 1, s. 3. 新加坡政府目录(Singapore Government
Directory)列出了理事会的 12 名成员,包括锡克教、伊斯兰教、印度教、道教、基督教、天主
教的各一名代表,以及 3 名非专业人士。理事会主席以及前高等法院法官的信仰都没有得
到说明。与主席一样,另一名委员会成员,即印度教代表,曾是高等法院的法官。除了理
事会秘书是女性之外,其他所有成员,包括由政府任命的 3 名"非专业人士",都是男性;访
问路径:Presidential Council for Religious Harmony <http://app. sgdi. gov. sg/mobile/
agency. asp? agency_id=0000000898>.

民"。⑫ 这些杰出公民被认为是"优秀的非专业人士"⑬，

> 他们的职责包括：对理事会中的各派宗教领袖的观点进行完善；
> 避免不同信仰的宗教领袖之间发生直接对抗，因为宗教领袖们
> 免不了会评价其他教派的激进信徒；为不属于任何组织性宗教
> 团体的众多新加坡人代言。⑭

三分之一的理事会成员代表着其他众多的世俗主义者。政府显然认为，理事会的非宗教成员是理性的、现代派的、温和的，他们能够缓和宗教领袖之间的紧张关系，而宗教领袖们出于自身利益和忠诚因素，会对抗理性的世俗主义。⑮ 尤其是，在现有的理事会成员中，至少有两名成员以前是新加坡最高法院的大法官。⑯ 退休的大法官被认为是世俗的、理性的现代派人士，代表了新加坡法院系统的国家主义立场。退休的大法官在理事会任职，显然会进一步削弱理事会的"宗教氛围"。⑰

在新加坡，"少数人权利"意味着少数种族的权利，而不是指残疾人或同性恋群体。宗教和谐总统理事会的部分成员是由少数人权利理事会任命的，这样一来，种族和宗教又混同在了一起。政府仍然起着主导作用。上述两个理事会的成员都是由国家元首——总统——任命的，因此，这些拥有权力的成员都是隶属于政府的。⑱

政府设置宗教和谐理事会，是为了对颁发限制令的行政权设置

248

---

⑫　*Religious Harmony Act*，前注 1，s. 3(1).

⑬　*White Paper*，前注 19，第 36 段。

⑭　同上注。

⑮　参见 Li-ann Thio, "The Secular Trumps the Sacred: Constitutional Issues Arising from *Colin Chan v Public Prosecutor*" (1995) 16 *Sing. L. R.* 98，其中讨论了新加坡的世俗主义和政府对宗教的怀疑。

⑯　参见前注 91 的文本。

⑰　Kanishka Jayasuriya, "The Exception Becomes the Norm: Law and Regimes of Exception in East Asia" (2001) 2:1 *Asian Pac. L. & Pol'y J.* 108; Kanishka Jayasuriya, "Introduction", in Kanishka Jayasuriya, ed., *Law, Capitalism and Power in Asia: The Rule of Law and Legal Institutions*(London: Routledge, 1999) 1.

⑱　Thio, *Working out the Presidency*，前注 54.

制度性审查。但是,由于政府控制了理事会的成员资格,反而会促成一种通过《宗教和谐法》实施"宗教"管制的方式。在理想状态下,理事会能够为政府和宗教领袖们提供一个建设性的对话平台。但在权力关系不平等的状况下,理事会提供的却是这么一条出路:让宗教领袖们归顺政府的"宗教"管理规划。[99] 鉴于《宗教和谐法》将"宗教"设定为一个事关国家安全而非"和谐"的问题,理事会通过秘密的工作流程[100],在《宗教和谐法》中设置了诸多噤声措施。

值得探讨的问题是:理事会究竟有多大的权力? 依据规定,部长一旦拟定好限制令,就必须在 30 日内将其提交给理事会;之后,理事会必须在 30 日内向总统提出建议:应当批准、撤销或变更部长所做的限制令。但在理事会审查限制令之际,后者就已经生效了。限制令唯有在这种情形下才会失去效力,即总统在收到理事会建议之后的 30 日内,没有对其进行确认。这种安排会导致这样的结果:部长在做出限制令之后,在第 29 天将其提交至理事会;理事会可能花 29 天的时间才提出建议;然后,总统又有 30 天的时间来确认该命令。如果总统确认了该命令,那么它将继续生效;如果总统不予确认,那么尽管该限制令失去了效力,但它可能已生效了将近 3 个月。即使不存在对行政权进行有限性审查的理事会,限制令基本上也可以发挥将近 3 个月的作用。

一般而言,总统必须根据内阁的建议,来决定是否确认限制令。[100] 不过,一旦理事会和内阁的意见相左,总统就可以自行裁量决定。[102] 但总的说来,由于理事会候选人必须是官方认定的[100],张黎衍认为:

政府在组建宗教和谐总统理事会的过程中,已经遴选了各

249

---

99   Thio, *Control, Co-optation and Co-operation*,前注 18.

100 *Religious Harmony Act*,前注 1,s. 7.

101 同上注,s. 12(3).

102 *Constitution*, Art. 22 I,以及 *Religious Harmony Act*,前注 1,s. 12(3).

103 Thio, *Working out the Presidency*,前注 54.

个主流宗教的领袖。政府让他们既对自己的领导行为负责，也对其信众的行为负责。[114]

依据"法律"创立的理事会吸纳了作为非公职人员的宗教人士，并让他们进入了一部分政府管制机构之中。

从未实施过的法律

2011 年，即《宗教和谐法》生效 19 年之后[115]，该法案遭到了质疑：倘若该法案实际从未实施过，那么它的意义何在？ 在 1998 年，即《宗教和谐法》通过的第 8 年，李光耀曾这样解释《宗教和谐法》的必要性：

一旦基督教徒表现得过分活跃，成为狂热的福音传播者……并试图改变穆斯林的信仰；如果天主教徒决定参加社会运动——那么我们将面临着祸患！ ……我们刚刚摆脱了共产主义和华人种族主义，难道你们还希望遭受下一个祸患——宗教不宽容？ 当然不。宗教不得干预政治。我们通过了《宗教和谐法》，之后，祸患就会逐渐消除。[116]

显然，李光耀将天主教徒的活动概括为"社会运动"。在马克思主义阴谋论过去十年之后，"社会运动"的说辞既不是要复兴"马克思主义"称谓，也不是要重提虚无的"邪恶活动"[117]——所谓的"会对新加坡的安全造成威胁的"活动。[118] 相反，一贯脆弱的国家如今面临的威

---

[114] 同上注。

[115] 这部法律并不是在三读完毕、国会通过的那天生效的。一则"政府宪报通知"规定了日期，该法在其规定的日期生效。《宗教和谐法》于 1990 年 11 月在国会通过，但直到 1992 年才于宪报公布生效。这一立法史记载于该法的附录中。

[116] Fook Kwang Han, Warren Fernandez & Sumiko Tan, *Lee Kuan Yew：The Manand His Ideas*(Singapore：Times Editions，1998) 190.

[117] Goh，前注 22。

[118] 同上注。李光耀在 1998 年提出的这种不同说法，可能反映了后冷战时期的状态。在他的回忆录中，李光耀仍使用了以下说辞：在 1985 年至 1987 年，"一群受英文教育的、亲马克思主义的行动者"带来了共产主义者的威胁；Lee Kuan Yew, *From Third World to First：The Singapore Story*，1965—2000 (Singapore：Times Editions，2000) 137.

胁是宗教,因而宗教不得涉足政治领域。鉴于新加坡在界定宗教时融入了种族元素,"种族主义"这一术语的内涵非常宽泛,足以把种族和宗教都包括进来。就这样,"种族主义"被重塑为"华人沙文主义",而"宗教"也被单列为一个国家安全问题。

李光耀以沙文主义和社会运动为依据,来正当化《宗教和谐法》。但他并未解释社会运动如何演变成了"政治问题"或"宗教不宽容"。如果我们从马克思主义阴谋论的政府话语中,剔除莫须有式的阴谋论,并考察天主教社会工作者实际参与的活动,就能发现政府实际上是在反复重申一个未予说明的等式:社会运动＝政治问题＝国家的灾难。

251

政府不断重申这个等式,并向公众宣告官方的意识形态立场,好像这些立场就是事实和真理一样。如此一来,《宗教和谐法》就纲举目张了。

李光耀在 1998 年的讲话中表明,《宗教和谐法》旨在"平息……宗教不宽容"。由于政府实际并未根据《宗教和谐法》颁发过限制令,该法的宗旨就不免令人困惑。在本该援引《宗教和谐法》的情形中,政府要么援用了《内部安全法》,要么援用了《煽动法令》。从 2002 年[109]至今[110],公民经常因两种情形受到指控:第一,作为伊斯兰武装组织伊斯兰祈祷团的成员,密谋通过暴力反抗政府;第二,作为"自我产生激进意识"(self-radicalised)的武装分子。[111] 根据《内部安全法》,他们未经审判即被剥夺人身自由。媒体指出他们的动机是宗教信仰。[112] 如果他们的确密谋反抗政府,那么他们就是在"以传播或实践宗教信

---

[109]　Dominic Nathan，"15 Nabbed Here for Terror Plans"，*Straits Times*（6 January 2002）.

[110]　Sue-Ann Chia，"'Self-radicalised' Law Grad, 4 JI Militants Held"，*Straits Times*（9 June 2007）.

[111]　同上注。

[112]　Nathan，前注 109；Chia，前注 110。"ISA Detainee Taught MP's Sons"，*Straits Times*（3 February 2002）.

仰为名,实施破坏活动”,而这些行为是《宗教和谐法》s8(1)(c)所禁止的。不过,根据《内部安全法》,未经审判即可剥夺这些人的人身自由。这表明反抗政府所造成的威胁是非常严重的,也解释了为何《宗教和谐法》从未得到实施。但一些依据《煽动法令》提出的指控,迄今并未得到任何明确的官方说明。

2005 年,两名网络博主发布了关于种族主义以及冒犯伊斯兰教的信息。根据《煽动法令》s3(1)(e),政府对他们提起了指控。[113] 该条规定,“煽动倾向是指在新加坡的不同种族或不同阶层之间,引发憎恶、对抗的情绪倾向”。2006 年,一位博主所画的卡通画冒犯了基督
252 徒。根据《煽动法令》,他也受到了指控。经严厉警告后,他最终获得释放。[114] “误导性的劝诱改宗”[115]也被解释为煽动。例如在 2009 年,在经历了为期 11 天的审判之后,一对已婚夫妇因传播煽动性的、不受欢迎的、诋毁伊斯兰教的出版物,被认定有罪。[116] 在媒体眼里,他们是基督教福音派的狂热传道者。新加坡法院认为,这对夫妻传播的出版物在基督徒和穆斯林之间引发了憎恶、对抗的情绪。[117] 因此,他们被判监禁八周。[118]

依据《煽动法令》,政府公开指控破坏宗教和谐的人。政府总体上将该法视为一种公共教育的方式,它以教训触犯法律的人为基础,并提出了国家面临威胁的说辞。在 2010 年,福音派教会的两名牧师

---

[113] “Two Bloggers Jailed for Making Seditious Remarks Online”, *Channelnews Asia* (7 October 2005).

[114] Zakir Hussain, “Blogger Who Posted Cartoons of Christ Online Being Investigated”, *Straits Times* (14 June 2006); 参见“Warning for Blogger Who Posted Cartoons of Christ”, *Straits Times*(21 July 2006).

[115] Lee,前注 108。

[116] *Public Prosecutor v. Ong Kian Cheong & Dorothy Chan Hien Leng*; Elena Chong, “Couple Guilty of Sedition”, *Straits Times*(28 May 2009); “Couple Sentenced to 8 Weeks Jail for Distributing Seditious Publications”, *Channelnews Asia*(10 June 2009).

[117] 同上注。

[118] 同上注。

在教会网站上发布了一些视频，内容是牧师们在诋毁其他宗教。随后，这两名牧师被传唤至国内安全部接受询问。[⑲] 数小时后，两名牧师作出了道歉[⑳]，并删除了网站上的冒犯性视频。[㉑] 此前，公民可能因为煽动而受到指控[㉒]，也可能因为煽动而被威胁将受到指控。[㉓] 那些指控与威胁都是政府教训破坏宗教和谐者的手段。但福音派牧师事件却与众不同，它代表了一种新的官方教训方式。李光耀总理认为，该事件例证了宗教头目如何"惹祸上身"[㉔]，而政府又如何以一种稳健的方式"平息事态"。[㉕]

253

自《宗教和谐法》颁布以来，政府通过一些措施（包括根据《内部安全法》剥夺他人人身自由，指控煽动者，以及国内安全部公开的严肃质询），呼应了破坏"种族与宗教和谐"的说辞。换言之，无须诉诸《宗教和谐法》，政府就可以对付宗教和谐所面临的那些威胁。那么，为什么要制定并实施《宗教和谐法》？

⑲　Yen Feng, "ISD Looks into Clip of Sermon which Mocked Taoist Beliefs", *Straits Times*(15 June 2010)；Yen Feng, "Church Pastor Says Sorry", *Straits Times* (16 June 2010)；"ISD Calls up Pastor for Insensitive Comment", Straits Times (9 February 2010)；"ISD Acts", *Straits Times*(9 February 2010)；"Pastor's Comments on Buddhism/ Taoism 'Inappropriate & Unacceptable'：MHA", *ChannelNewsAsia*(9 February 2010)；"Pastor Apologises Personally to Buddhist & Taoist Federations", *ChannelNewsAsia*(9 February 2010)；Leong Wee Keat, "Pastor's Apology", *Straits Times* (10 February 2010)；Grace Chua, "Leaders of Buddhist, Taoist Groups Urge Restraint", *Straits Times* (9 February 2010).

⑳　Leong，前注 119。

㉑　同上注。

㉒　前注 113，第 116 页。

㉓　前注 114。

㉔　"Religious Leaders Must Take Lead to Safeguard Harmony：PM", *ChannelNewsAsia* (3 December 2010).

㉕　同上注。另参见"DPM Wong Says 'Glad to Note' Pastor Tan Realised His Mistake", *ChannelNewsAsia* (10 February 2010)；"Pastor's Comments on Buddhism/ Taoism"，前注 119.

作为政策及管制性宣言的立法

《宗教和谐法》的意义可能并不在于适用。正如李光耀所言[⑯]，意义就在于存在这样一部法规。曾经有人被告知，自己的行为面临"三项指控：诽谤……煽动以及违反新加坡的《宗教和谐法》"。[⑰] 在我看来，这意味着政府将《宗教和谐法》视为一部国家安全法。政府将该法与其他安全性法规并用的目的，是维护政府在公共话语（而非公共秩序）领域的支配性地位。

254

上述此人即谢里夫（Zulfikar Mohamad Shariff），他因自己的网站 Fateha.com 而闻名。他在网站上主张：由于新加坡政府与美国、以色列是亲密同盟，他能够理解那些被剥夺人身自由的伊斯兰祈祷团积极行动者的情绪。他进而认为，公立学校应当允许穆斯林女学生佩戴头巾；他还认为，马来人民行动党的国会议员并没有代表新加坡的马来籍穆斯林选民的利益。[⑱] 谢里夫针对伊斯兰祈祷团中那些被剥夺人身自由的人，发表了此番评论。在政府看来，他的评论是在"质疑政府剥夺人身自由的措施的正当性，表达对被剥夺者的同情"，因此"破坏了新加坡融多种族、多宗教为一体的社会秩序"。[⑲] 换言之，和马克思主义阴谋论者一样，谢里夫违背了全知全能型政府为个体打造的角色：消极的、被动的接受者。他批判并质疑了政府，还将一些不为政府容忍的话题引入了公共领域。谢里夫担心自己会被监

---

⑯　前注 106。

⑰　Michael Dwyer, "Singapore's Accidental Exiles Leave a Damning Vacuum", *South China Morning Post* (2 September 2004).

⑱　Ahmad Osman, "Ex-Fateha Chief Investigated for Net Comments", *Straits Times* (4 July 2002).

⑲　Wong Sher Maine & Chua Min Yi, "Condemn JI Terrorists-Yaacob", *Straits Times* (22 September 2002).

禁,于是逃亡到了墨尔本。[130]

　　谢里夫质疑了政府对宗教的管理活动。与此同时,一些天主教被剥夺人身自由者的行动,不仅在新加坡公共话语中引入了"阶层"这一话题,还质疑了政府对经济事务的管理活动。他们在官民对话中质疑了官方意识形态的一些内容,促使政府通过法律为自己谋求强制性力量,并迫使政府一再重申新加坡独特的脆弱性说辞。根据这一说辞,即便源于种族与宗教问题的暴力尚未发生,只要政府认为暴力必然会在国内发生,它就可以正当地通过法律对一些人施加暴力。

　　回到我之前提出的问题:为什么政府在应当适用《宗教和谐法》的情形中,转而选用《煽动法令》对网络博主提起指控? 政府之所以会关注到那些冒犯性的博客和视频,显然是因为公众的举报;政府之所以会关注到基督徒夫妇分发的诋毁伊斯兰教的小册子,也是因为警察收到了举报。[131] 受冒犯的公众在上述事件中的反应,表明《宗教和谐法》的话语计划是相当成功的。在意识形态上,新加坡公民赞成政治多元主义。他们认为,诋毁宗教信仰和宗教行为的言行,会危及新加坡尚不稳定的"多种族、多宗教"之间的"和谐"。一旦公民认同了新加坡政府的管理及权力模式,那么当他们认为这种"和谐"受到破坏时,就会提请政府和公众予以关注,并要求政府拿出补救措施。

　　一些新加坡公民不愿宽恕博主,这与政府的立场是一致的。这些博主之所以受到高度关注,是因为他们受到了警察和国内安全部的调查,而非他们在网上的影响力。当政府弃用《宗教和谐法》,转而适用《煽动法令》和《内部安全法》时,法律的惩戒力在公共领域得到了强有力的展现。[132] 根据《煽动法令》,每一个有可能破坏宗教和谐的

───────────

[130]　Dwyer,前注 127.

[131]　前注 116。

[132]　就这一观点而言,我非常感谢新加坡国立大学张黎衍教授的启发。

人,都是需要判处监禁的刑事犯罪分子。较之于《宗教和谐法》规定的限制令,这种处理方式要严厉得多。

　　《宗教和谐法》的字面内容,使得政府可以公开重申并重振自己的说辞:新加坡的稳定局面岌岌可危。新加坡公民明白,政府认为"宗教和谐"对国家安全而言是至关重要的。但他们可能主要是通过《宗教和谐法》颁布时引发的更大范围内关于"法律""国家"和"宗教"的公共对话明白这一点的,而非通过《宗教和谐法》本身。《宗教和谐法》实际上是一项国家政策、一份管制性声明,它通过这种方式服务于自己的目标。它无须被当作"法律"来施行,就能发挥实效。⑬ 对政府而言,《宗教和谐法》的价值主要在于它所提供的那套话语。

256

---

　　⑬　宪法事务律师和国会提名成员张黎衍曾询问是否发布过限制令,内政部长黄根成代表新加坡政府做过答复。黄部长说,政府曾经准备"在多个场合援引该法规",并且国内安全部也向某些宗教领袖签发过警告书,Sing., *Parliamentary Debates*, vol. 82, col. 1319 (12 February 2007) (Wong Kan Seng).

第七章
根深蒂固的非自由主义：
2009 年《公共秩序法》

　　本书在开篇简要介绍了李光耀与国际律师协会之间的交锋。在 257
这次交锋中,他详述了例外主义的说辞,描述了法律体制的二元性,
并强调新加坡是法治社会。[①] 在将"法治"重塑为日渐稳固的"法制"
的进程中,这位律师出身的领导人所扮演的重要角色,在本书中得到
了展现。其中最为明显的,或许是他在 1986 年《法律职业法》遴选委
员会听证会上的表现。至 2011 年,李光耀 88 岁,当时遇到的问题
是:新加坡对法律的策略性管理,在多大程度上取决于李光耀的领
导? 无论他是作为总理,还是退居幕后成为国务资政或内阁资政。
换言之,后李光耀时代的新加坡,能否继续维持法制式的正当性? 为
了探讨这一问题,我依据本书考察对象的时间顺序,简要审视了一部
新的法律——2009 年《公共秩序法》。[②] 通过相关研究,我想厘清一
个问题:在李光耀一人主政如此之久的新加坡,法制式正当性将如何

---

　　① Lee Kuan Yew, "Why Singapore Is What It Is", *Straits Times* (15 October 2007).

　　② *Public Order Act* 2009 (No. 15 of 2009, Sing.) [*Public Order Act*].

得以维系?

259 　　《公共秩序法》的规制对象是新加坡公共领域的竞争。就此而言,该法与我研究过的前四部法律属于同一类别。但至本书写作之时③,该法仅施行两年,它尚待得到全面实施。尽管难以对《公共秩序法》进行详尽分析,但这部正式的新法律显然照搬了《破坏性行为法》《新闻法》《法律职业法》以及《宗教和谐法》中的关键性策略、说辞和意识形态,研究它当然是有益的。换句话说,《公共秩序法》表明"法制"已成为新加坡政府的体制性特征,而新加坡政府已无须继续将李光耀的存在及其个人魅力作为一种合法性来源。

举办重大活动

　　《公共秩序法》的源头可以追溯至 2006 年 9 月。当时,新加坡主办了世界银行—国际货币基金组织会议。反对世界银行和国际货币基金组织所持新自由主义政策的一些国际性非政府组织和民间团体,也参与了此次会议。新加坡的反对派政治家徐顺全抓住这一机会,引导人们关注他与政府之间的不平等关系。他领导的一场"事先安排好的抗议游行,在经过会议中心时被警方组成的人墙挡住了"。④ 新加坡政府对那些持反正统立场的政治派系⑤设置了

260 各种障碍,因此,国际媒体开始关注新加坡政府对公共领域的压制性

---

　　③　尽管《公共秩序法》经过辩论并于 2009 年 4 月在国会通过,但直到 2009 年 10 月 9 日,它才因刊登于宪报而正式生效。

　　④　Tim Brunnel, "Intervention-Extending Hospitality, Offshoring Protest-When the International Monetary Fund and World Bank Came to Singapore" (2007) 26 *Political Geography* 493 at 495.

　　⑤　例如,参见"Barricades to Keep out Trouble at IMF/WB Meet", *Straits Times*(11 September 2006); Liaw Wy-Cin, "Singapore 'Can't Take Chances' with Security", *Straits Times*(11 September 2006); David Boey, "28 Activists Who Pose Security Risk Are Banned", *Straits Times* (12 September 2006); "The Police Stand", *Straits Times* (13 September 2006).

管理。⑥

在举办 2006 年世界银行—国际货币基金组织会议的一年后，2007 年 11 月的东盟峰会也引发了新加坡同一批异议人士的小规模示威。这一次，新加坡的反对党联合一些缅甸公民，举行了一场针对缅甸军政府的抗议。⑦ 这些缅甸公民中有一些人之后被要求离开新加坡。⑧ 2006 年的世界银行—国际货币基金组织会议以及 2007 年的东盟峰会，在新加坡引入了一种新形式的公共领域竞争：将自己定位为国际社会代言人的外国人，进入了新加坡的公共领域，挑战新加坡官方机构的意识形态。在此过程中，这些外国人——无论他们是否得到过官方认可⑨——对新加坡政府的压制性政策与做法提出了批评。⑩ 这些事件为新加坡的国内反对派提供了一个全新的、国际性的舞台，全世界都在关注这个不允许抗议的反常国家。

262

----

⑥　例如，参见 Deborah K. Elms，"Let Them Hear the Message of the Masses：IMF / World Bank Meetings"，*International Herald Tribune*（30 September 2006）；"Govt Takes Issue with IHT Article on Civil Society Groups"，*Straits Times*（7 October 2006）. 至于学术性分析，参见 Alan Collins，"A People-Oriented ASEAN：A Door Ajar or Closed for Civil Society Organisations?"（2008）30：2 *Contemporary Southeast Asia* 313.

⑦　"Singapore Arrests Opposition Members in Myanmar Protest"，Reuters（8 October 2007），访问路径：Reuters. com ＜http://www. reuters. com/article/newsOne/idUSSIN30196720071008＞. 另参见 Stephanie Pang，"Protest Singapore Style：3 Marchers，19 Media，1,000 Police" Bloomberg（19 November 2007），online：Bloomberg. com ＜http://www. bloomberg. com/ apps/news? sid ＝ aHKiTH1 ny. 7Q&pid ＝ 20601080♯＞.

⑧　Kor Kian Beng，"Myanmar Activists 'Defied Our Laws'"，*Straits Times*（18 September 2008）.

⑨　保罗·沃尔福威茨（Paul Wolfowitz）是当时的世界银行行长，他批评新加坡是威权式的，因为政府拒绝让 27 名国际民间社会活动家入境，而他们是经官方认可参加世界银行和国际货币基金组织会议的：Brunnel，前注 4，第 494 页；"World Bank Accuses Singapore of Breaching Formal Agreement"，*Straits Times*（14 September 2006）；Tracy Sua & Tanya Fong，"Singapore Stands by Decision to Bar Some Activists"，*Straits Times*（9 September 2006）.

⑩　Jeremy Au Yong，"Singapore Takes Flak for Banon Protests"，*Straits Times*（10 September 2006）；Peh Shing Huei & Ken Kwek，"14 Civil Society Groups Call for Event Boycott"，*Straits Times*（13 September 2006）；Peh Shing Huei，"Activists on Singapore Turnaround：'Too Little，Too Late'"，*Straits Times*（16 September 2006）；Brunnel，前注 4.

政府认为，自己举办的两场重大活动，进一步促进了法律二元论和国家主义。重大活动标志着新加坡的组织能力[11]，这一能力具体表现为给国家带来一系列的经济利益。[12] 政府决定，不让那些有影响力的民间社会组织参与世界银行—国际货币基金组织会议。对此，李显龙总理给出的理由是避免和事先根除暴力。[13] 二元论国家的具体特征是：就快速致富的能力而言，新加坡与第一世界不分上下；但为了维稳，非自由主义国家不能容忍政治竞争。

2009 年 1 月，新加坡政府宣称它正在审查公共秩序方面的法律，并考虑制定新法以处理公民不服从问题[14]，政府特别提到了重大活动，例如东盟峰会和世界银行—国际货币基金组织会议。因为 2009 年 11 月要举办东盟峰会，所以政府在 2009 年 4 月通过了《公共秩序法》。[15] 由于二元论以国家说辞为基础，并且新加坡面积狭小，部长在将《公共秩序法草案》提交国会时强调，"经济或社会稳定对于我们而言都非常重要……是我们的重要优势"。[16] 部长还强调，重大活动在 2007 年为新加坡经济贡献了超过 50 亿新元，还可能在来年继续为新

262

---

[11] "Singapore, Through Foreign Eyes", *Straits Times* (16 September 2006); Erica Tay, "PM Thanks Singaporeans for Making Meetings a Big Success", *Straits Times* (21 September 2006); Fiona Chan, "Many Thanks and Well Done Singapore, Say Delegates", *Straits Times* (21 September 2006); Krist Boo, "Event Was a Success, Says Lim Hwee Hua", *Straits Times* (21 September 2006); Krist Boo, "Pat on the Back for Singapore as Event Organiser Retires", *Straits Times* (22 September 2006); Li Xueying, "A Well-Oiled Event-Thanks to Team Singapore", *Straits Times* (22 September 2006); Li Xueying, "Meetings Showed Singapore Can Do It", *Straits Times* (22 September 2006); "Thumbs up for Singapore Service Standards", *Straits Times* (29 March 2007).

[12] Sing., *Parliamentary Debates*, vol. 85 (13 April 2009); 另参见 Marcel Lee Pereira, "Many Spin-off Benefits with Mega-Events", *Straits Times* (11 January 2007).

[13] "Singapore 'Right to Blacklist Activists'", *Straits Times* (7 October 2006).

[14] Li Xueying, "Govt Reviewing Public Order Laws", *Straits Times* (17 January 2009).

[15] Sing., *Parliamentary Debates*, vol. 85 (13 April 2009); Loh Chee Kong, "Tough Words for Protestors and Anarchists: DPM Wong", *Today* (16 April 2009).

[16] Sing., *Parliamentary Debates*, vol. 85 (13 April 2009) (K. Shanmugam).

加坡带来巨额收益。[17] 概括而言，正如我已经分析过的四部法律那样，政府利用法律并运用领土一贯脆弱的说辞，来证明政府管理公共领域中的批评意见是合理的、正当的。新加坡政府完善了现有法律[18]，以消除 2006 年和 2007 年重大活动中出现的、留给公共批评的缝隙。

强化公共秩序

究其实质而言，政府想通过《公共秩序法》来强化新加坡公共领域在意识形态上业已相当同质化了的局面。为了加强现有法律对公共领域的管理，《公共秩序法》要求下列活动必须事先获得警察许可[19]：一人或一人以上的任何聚集或集会，只要其目的是：(1)支持或反对任何个人、组织或政府的意见或行动；(2)宣传一项事业或运动；(3)纪念或庆祝任何活动。[20] 我对《公共秩序法》的考察仅限于该法的这一规定：宣传"一项事业或运动"，应事先获得警察许可。

263

令人吃惊的是，"事业"和"运动"这些语词与罪责挂上了钩，而政府有权通过法律来确保自身对公共领域的压制性占有。在新加坡，发起某个"运动"或者加入某项"事业"的行为，都被视为一种政治性犯罪，但其中的原因却是模糊的、解释不通的。1971 年发生的事件让报业噤声了，这些报业被指控通过开展运动支持、鼓吹了一系列事

---

⑰　Sing., *Parliamentary Debates*, vol. 85 (13 April 2009) (K. Shanmugam).

⑱　政府所提到的法律，即在一定程度上让《公共秩序法》成为合理化实践的法律，是《杂项罪行(公共秩序与妨害)法》(*Miscellaneous Offences (Public Order and Nuisance) Act*)(Cap. 184, 1997 Rev. Ed. Sing.)，根据该法，任何 5 人及 5 人以上人数的集会，都应当获得警察的许可；以及《公共娱乐和会议法》(*Public Entertainments and Meeting Act*)(Cap. 257, 2001 Rev. Ed. Sing.)，根据该法，4 人及 4 人以上的聚会，应当拥有娱乐许可证。

⑲　除了脚注 18 所引用的两部法律之外，以下法律也对公共领域的活动进行了规制：《煽动法令》《内部安全法》《公务保密法》《刑法》《宗教和谐法》《广播法》和《诽谤法》。

⑳　Sing. *Parliamentary Debates*, vol. 85 (13 April 2009).

业（第四章）。在 1986 年遴选委员会听证会上，李光耀羞辱并威胁张素兰，指控其"发起运动"支持反对派工人党（第五章）。《宗教和谐法》旨在阻止天主教社会工作者参与曾被指控的运动以及他们所倡导的事业（第六章）。

讽刺的是，第三章的内容表明社阵开展的"援助越南"运动，促使政府以"破坏性行为"之名来对抗各种运动。殖民地政府曾借助法律确保政府控制，独立后新加坡的法律同样延续了这种控制。如果宽泛地认为公职人员的法外言论也具有法律效力，那么，就像前述案例研究所揭示的那样，政府一直在反复地宣称：政府，并且只有政府，才可以正当地在公共领域推进事业和发起运动。鉴于政府对非公职人员进行了妖魔化的描述，上述立场似乎不证自明了。

从 1989 年 6 月开始，政府更明确地禁止民众追求事业和开展运动。在此之前，政府只是通过一些迂回的辅助性法规，用潜台词或口头方式进行阻扰。㉑ 鉴于政府刚刚剥夺了马克思主义阴谋者的人身自由（1987—1988 年），这一时间节点值得关注。当时行政机关公布了一些辅助性法规，规定以下行为皆须事先获得官方许可，即 5 人或 5 人以上聚集，只要目的是：（1）公开支持或反对任何个人、组织或政府的意见或行动；（2）宣传一项事业或运动；（3）纪念或庆祝任何活动。简而言之，自 1989 年起，《公共秩序法》中的那些禁止性规定被纳入了新加坡的管理机制之中。差别仅仅是，1989 年辅助性法规明确规定的人数是 5 人或 5 人以上。

新的《公共秩序法》规定，只要开展的活动与"一项事业有关"㉒，即使只有一人也必须申请警察许可。政府原本可以通过修改现行的《杂罪条例》（Miscellaneous Offences Rules），来修改关于人数的规

㉑ *Miscellaneous Offences （Public Order and Nuisance）（Assemblies and Processions）Rules*（Cap. 184，R. 1，1997 Rev. Ed. Sing.）［*Miscellaneous Offences Rules*］.

㉒ *Public Order Act*，前注 2.

定，而不是制定一部"全新"的法规。既然两部法规的大部分内容都很相似，政府为什么认为有必要制定一部正式的新法规呢？

作为一部基本性法规，《公共秩序法》为"法律"提供了一个更具展示性的平台。通过国会辩论和随后的公开解释，政府重申了自身对公共领域中政治竞争所持的立场。与《宗教和谐法》一样，《公共秩序法》起到了管理和政策说明的作用。在立法阶段，政府明确且扩充性地说明了它对法规的解读和期望。鉴于恐怖主义在"9·11 事件"后成为一个全球性问题，国家脆弱性的说辞于是在 21 世纪得到了复兴。在新加坡，法律也再次成为让非公职人员噤声的工具。

与其他四部法规一样，《公共秩序法》事先赋予行政机关以预防性的权力㉓，并将国家安全当作不容置疑的正当性依据。㉔ 除了《破坏性行为法》，在本书研究的五部法规中有三部法规在实施时将法院排除在外。这三部法规规定，对行政决定的所有申诉均应交由行政机关处理。㉕ 与其他四部法规一样，《公共秩序法》的措辞实际上是意识形态化的，例如前面简要讨论过的"事业"和"运动"。为了避免与其他法规发生抵触，该法要求遵从政府的解释。《公共秩序法》还规定，即使只有一人试图宣传"事业或运动"，他也应当向警察申请许可。与我研究过的其他四部法规一样，《公共秩序法》的规定强化了民众自我监管和政府监管。在 1966 年的冷战背景下，政府与西方国家合谋，对左派人士进行了暴力镇压（第三章）。与此相似，西方国家在"9·11 事件"之后频频选择在新加坡这个二元化国家举办一些重大活动，增进了新加坡政府"以法统治"的正当性。

简言之，《公共秩序法》是新加坡政府用"法制"重塑"法治"的最新表现。通过研究 1966—1991 年的立法细节，本书揭示和概述了其

㉓　*Public Order Act*，前注 2，s. 5.

㉔　Sing. *Parliamentary Debates*，vol. 85 cols. 3656-3761 (13 April 2009).

㉕　*Public Order Act*，前注 2，s. 11.

中的一些技术、话语和策略。至 2009 年,它们仍继续存在。立法和官方话语已经成为政府重塑"法治"的基本方法。通过一种持续的并且是可持续的方式,非自由主义民主获得了霸权式的国内正当性和足够的国际正当性。就这样,非自由主义法制有望在未来获得一种超越李光耀个人能力的延续性,以让新加坡继续以"法制"的方式运作"法治"。

第八章
法律、非自由主义与正当性

本书探究了新加坡政府如何通过操纵法律和公共话语，将自
由主义的"法治"概念重塑为非自由主义的"法制"概念。在研究
过程中，我提出了以下问题：在"法制"实践下，新加坡政府如何维
持其作为"法治"政权的正当性？在最后一章，我将重新回顾第三
章至第七章详细介绍的具体立法，以推导出一个大于具体立法的
整体法律形象——新加坡的法律能够推进和形成法制式政府的
正当性。

前述案例研究表明了政府是如何借助例外主义的论证以及新加
坡永久的领土脆弱性的说辞，来打造新加坡独有的法律的。为了给
法制式正当性做铺垫，并继续关注官方话语的方式方法，我首先将分
析国际律师协会人权研究所与新加坡政府的一次交锋。这次交锋表
明，尽管新加坡例外主义的官方话语试图将法律在概念与类别上局
限于"本土"，但"法治"必然具有全球性。这种全球性暗示着，新加坡
国家之外的力量能够继续挑战人民行动党政权的正当性，并有可能
在新加坡复兴法治。

国际律师协会人权研究所与新加坡政府

267　　在本书开篇,我简要介绍了李光耀与国际律师协会之间的一次交锋。在这次交锋中,他重申了例外主义的说辞,描述了法律制度的二元性,并依据表格与排名强调新加坡是法治国家。① 此次会议的 8个月后,国际律师协会人权研究所发布了一份题为《经济繁荣与个人权利之间的冲突? 新加坡的人权、民主与法治》的报告,批评了新加坡的人权和法治状况。② 国际律师协会人权研究所认为,新加坡通过法律的制定与实施,在一定程度上限制了言论、集会和新闻自由。③ 该报告还指出,当新加坡法院审理公职人员向非公职人员提起的诽谤诉讼时,司法的独立性是成问题的。④ 换言之,国际律师协会人权研究所不仅对新加坡主张自身是"法治"国家提出了质疑,它还指出了这个国家又是如何施行"法制"的。

　　国际律师协会人权研究所提出的批评,显然是以自由主义法治为根据的,就如这份报告的副标题所述——新加坡的人权、民主与法治。我在第一章指出,法治的自由主义概念映现了新加坡的特殊存在。新加坡之所以易于受到自由主义法治的批评,不仅是因为它的历史,还在于政府一再声称自己是法治政府。新加坡政府立即通过

---

　　① Lee Kuan Yew, "Why Singapore Is What It Is", *Straits Times* (15 October 2007).

　　② International Bar Association Human Rights Institute, "Prosperity versus Individual Rights? Human Rights, Democracy and the Rule of Law in Singapore" (July 2008), 访问路径: < http://www. ibanet. org/Article/Detail. aspx? ArticleUid = 0081C460-4B39-4ACB-BB40-8303FCEF DB31> [*Ibahri Report*].

　　③ 同上注。

　　④ 同上注,第 49-62 页。

新闻声明,回应了国际律师协会人权研究所的批评。⑤ 更有趣的是, 268
在 2008 年 11 月,新加坡政府用一份长达 41 页的答复(以下简称"回
应"),再次回应了国际律师协会人权研究所。⑥ 这份"回应"旨在论证
新加坡的法治立场。在很大程度上,"政府回应"像是在总结本书已
梳理过的关于"法律"和"国家"的官方话语。

与新加坡政府最初的、一贯的自我描述一样(第一章),"回应"以一
种确定性的、宣告性的方式表明新加坡政府是符合西方法律观的,并据
此展开了自己的法律话语。政府认为,新加坡是"一个民主国家,成文
宪法具有最高权威"。⑦ 讽刺的是,新加坡的国家说辞又立即限制了这
一主张。实际上,就实质论证而言,新加坡政府对国际律师协会人权研
究所的回应是以国家说辞开篇和结尾的,政府认为这一框架是必要的,
"因为你们的报告既没有理解新加坡的民主制度,也没有理解我们社会
的基本价值观"。⑧ 政府认为,新加坡拥有特定的"民主"和"价值观"。
这样一来,它就达到了两个目的:第一,它维护了自己作为法治政府的
修辞性主张;第二,在没有重塑法治的情况下,它为例外主义论证奠定
了基础。政府重塑了法治的基石——自由主义。这一策略表明,政府
不想被认为其与传统的法治相冲突。在这场与国际律师协会人权研究
所的交锋中,政府希望他人明白,与其他重要的国际主体(比如国际律
师协会)一样,政府也是在管理、保护法治领域。 269

---

⑤ Rosnah Ahmad, "Govt Rebuts Human Rights Accusations", *Today*(10 July 2008); "Govt Rebuts Report Questioning Independence of Singapore Courts", *Channel NewsAsia*(11 July 2008). 另参见"Judging Singapore's judiciary", *Wall Street Journal*(15 July 2008),报道了国际律师协会人权研究所的评价,以及新加坡政府的回应,"Singapore Has an Independent Judiciary", *Wall Street Journal*(24 July 2008).

⑥ Sing. , "Response to the International Bar Association Human Rights Institute's Report on Singapore"(14 November 2008),访问路径: < http://app2. mlaw. gov. sg/ LinkClick. aspx? leticket=gDkKt5ebvTY%3d&tabid=204> [*State Response*].

⑦ 同上注,第 4 页第 4 段。为与该说法保持一致,政府后来在回应中作出了类似的主张:"法治原则是新加坡的基础"(第 8 页第 15 段);"坚定致力于法治"(第 11 页第 22(c)段); "如果新加坡(如你所描绘的那样)践踏法治,那么就不可能有这些进步"(第 13、27 段)。

⑧ *State Response*,前注 6,第 4 页第 2 段。

政府并不同意国际律师协会人权研究所作出的评价:新加坡利用亚洲价值观,让社会和经济权利凌驾于公民和政治权利之上。借此,政府强化了自身的主张,表示自己遵从西方对法治的理解。⑨ 新加坡政府认为这是"完全错误的"。⑩ 与此相反,新加坡政府强调:

> 新加坡政府从未声称,任何特定的价值可以优先于其他价值,我们也从未认为,文化差异可以作为侵犯基本人权的正当理由……新加坡共同承诺,我们坚决致力于人权的发展……我们的法律和政策保护个人的自由、平等与尊严。⑪

尽管政府对此全盘否认("从未"),但正如第三章所说明的,为了让迈克·费伊的鞭刑正当化,新加坡政府确实强调亚洲价值观的优先性。⑫ 新加坡关于诽谤的判决也表明,在决定受到诽谤的公众人物的具体损害赔偿数额时,国家主义的法院牢牢地维护了实质上的亚洲价值观。⑬

实际上,亚洲价值观只是例外主义的简化表达之一,而例外主义是新加坡法律的基调。例外主义有多种表现形式:将公民幼儿化,以此证明 1966 年的《破坏性行为法》和 1974 年的《新闻法》是正当的;1986 年,歪曲性地描述公众参与,以此限制律师公会;夸大种族与宗教所固有的暴力因素,通过《新闻法》1986 年修正案来管理外国新闻媒体,还通过 1991 年《宗教和谐法》来管理宗教;1994 年《破坏性行为法》通过肉刑和亚洲价值观,遏制有关国家衰退的耸人听闻的预测。尽管政府在文本上明确否认自己拥护亚洲价值观(它的否认就像是

270

---

⑨ 同上注,第 11 页第 25 段。

⑩ 同上注。

⑪ 上注的附信第 2-3 页第 4(b)和(c)段。

⑫ 亚洲价值观的说法如何形塑了新加坡控制媒体的政策,参见 Shanthi Kalathil & Taylor C. Boas, *Open Networks*; *Closed Regimes*: *The Impact of the Internet on Authoritarian Rule* (Washington, DC: Carnegie Endowment for International Peace, 2003).

⑬ 参见第一章。

文字版的新闻采访），但是该报告的长篇叙事，确实支持经济繁荣与社会秩序优先于权利的西方式狭隘理解。⑭ 该论证并没有使用亚洲价值观这一简化表达，但它维持了如下反驳，即西方的批评不仅无关⑮新加坡的特殊情况，而且对此是无知的。⑯ 简而言之，政府再一次使用了它的策略：对正当性的标志——法治——提出主张，然后维护新加坡的例外主义。

　　我认为，例外主义的话语之所以持续有效，并不仅仅是因为霸权政府的修辞习惯。新加坡例外主义话语的论证策略主要是以下两种：第一，从建国⑰到现在⑱，新加坡特殊的脆弱性；第二，新加坡物质成就是特殊的，它是正当的，但也是脆弱的。⑲ 由于法律植根于现代主义治理，这样一来，新加坡的物质繁荣就能够有力地消解法治的批评。

271

---

⑭　*State Response*，前注 6，第 13 页第 28 段。

⑮　同上注。"新加坡领导人知道，并没有人欠新加坡什么而需要养活它。评论者更不可能在拜访新加坡几天后，认为自己能够规定新加坡应有的治理类型"（第 5 页第 6 段）；"我们发现，包括西方评论者在内，他们只专注于一个或两个方面（例如，言论自由的狭义定义），而没有整体了解或理解民主意味着什么；他们也没有尽心了解一些社会人们真实的生活是怎样的……如果评论者观察得更仔细……"（第 13 页第 28 段）。

⑯　同上注。

⑰　同上注。"新加坡于 1965 年被迫独立。它以前是（现在也是）一个小岛，这片地域有着太多的骚乱、政治动荡和战争"（第 5 页第 5 段）；"新加坡始于一个不确定的未来"（第 5 页第 9 段）。本段详细介绍了令新加坡变得脆弱的诸多方面。"总之，这座小国面临着经济、社会和物质方面的生存威胁。它所面临的威胁包括国内的和国外的"（第 6 页第 10 段）。

⑱　同上注。"如今，40 年后，新加坡仍继续面临着一些威胁，这是由它的面积、位置和地缘政治因素所决定的"（第 6 页第 11 段）；"我们认为，即使常年没有公开爆发暴力冲突，也不意味着这种暴力行为的潜在可能性已经消失"（第 17 页第 37 段）。

⑲　同上注。"许多国家独立于二战后。这些国家中，只有极少数成功发展和加强了这些制度，并让公民过上了更好的生活。新加坡是少数国家之一"（第 5 页第 8 段）；"但作为一个社会和一个国家，新加坡现在的状态远远优于 40 年前"（第 6 页第 11 段）；本段详述了在文化和教育上的成就。

促进发展的法律

在后殖民地时期的民族国家，法治被现代主义治理包围，它能够带来诸多发展，如效率、消除腐败、为资本主义市场交易提供基础性的和制度性的支持。⑳ 并且，新加坡"以极快的速度，从殖民地时期的贸易基地……发展成世界上最富裕的国家之一"。㉑ 在这一变化过程中，法律——尤其是以法统治——起到了关键作用：

> 政府广泛运用法律技术与法律创新，精心策划了一系列有关经济、社会和政治的规划性政策……没有其他社会……曾为了发展而如此彻底、成功地运用了法律。㉒

法律、治理和后殖民地时期的发展是彼此结合的。与此相同，政府在回应国际律师协会人权研究所时，详细描述了国家计划：文化和教育上的成就㉓，公共住房与自有住房㉔，低失业率㉕，基础设施㉖，医疗㉗，外商直接投资㉘，以及最完备的法律。新加坡在法律领域获得的成就包括：高效的法律体制㉙，通过法律和管制促进企业的竞争

272

---

⑳　Rachel Kleinfeld，"Competing Definitions of the Rule of Law"，in Thomas Carothers，ed.，*Promoting the Rule of Law Abroad*（Washington，DC：Carnegie Endowment for International Peace，2006）31.

㉑　Andrew Harding ＆ Connie Carter，"The Singapore Model of Law and Development：Cutting Through the Complexity"，in John Hatchard et al.，eds.，*Law and Development：Facing Complexity in the 21st Century*（London：Routledge Cavendish，2003）191.

㉒　同上注，第 192 页。

㉓　*State Response*，前注 6，第 16 页第 11 段。

㉔　同上注，第 7 页第 12 段。

㉕　同上注。

㉖　同上注。

㉗　同上注。

㉘　同上注，第 8 页第 14 段。

㉙　同上注，第 7 页第 13 段。

力③⑩，公正的司法③①，外国投资者的权利受到保障③②，司法的独立③③、平等适用的法律具有最高权威③④，最低腐败率③⑤以及低犯罪率。③⑥

　　政府将法律领域的成就进行细化，且认为发展目标与法治目标同等重要。由此，政府为法制式正当性提供了一个重要的运作模板。本书探讨的难题实际上是：一个侵犯公民权利与自由的政府，是如何建立并维持正当性的？新加坡政府对自身成就的总结，已回答了这个问题。政府提供的直观证据（表格、排名、数据），就是政府治理术的缩影。值得注意的是，那些证据绝大多数源自榜样性的西方世界。正如我指出的那样，对于国际律师协会人权研究所的报告，政府贬斥其空穴来风，贬斥其不了解新加坡国情。然而，政府还是对该报告作出了长篇回应。国际律师协会会议、国际律师协会人权研究所的批评、新加坡政府的回应——这三个事件的重要性在于，政府以戏剧化的形式单方面地、明确地否认新加坡是法制国家，以维护其在国际公共领域的正当性。新加坡政府不仅需要其他国家的认可③⑦，还需要在国际舞台上具有重要影响力的国际组织，比如国际律师协会的认可。因此，当国际律师协会人权研究所发布该报告后，新加坡面临着严重困境。政府曾认为（实际上，几乎是炫耀）国际律师协会选择在新加坡召开会议，代表着新加坡的法律是正当的。不过，在八个月之后，认可其正当性的同一权威却改变态度，转而否认新加坡的正当性。这意味着，政府不能仅通过将批评者妖魔化来作出回应（它曾经如此

273

㉚　*State Response*，前注 6。

㉛　同上注，第 8 页第 13 段。

㉜　同上注，第 8 页第 14 段。

㉝　同上注，第 8 页第 15 段。

㉞　同上注。

㉟　同上注，第 8 页第 15、16 段。

㊱　同上注，第 9 页第 19 段。

㊲　J. Borneman, "State: Anthropological Aspects", in Neil J. Smelser & Paul B. Baltes, eds., *International Encyclopedia of the Social & Behavioural Sciences* (Amsterdam: Elsevier, 2004) 14968.

回应大赦国际的报告）。㊳ 新加坡政府不得不对国际律师协会人权研究所的报告内容作出回应。

如果要维持自身的法治身份，新加坡就不能孤立于国际社会之外。新加坡政府的回应，既抨击又认可了西方，这反映了它在后殖民世界中对自身地位的短期估量。例如，为了支持其法治主张，政府引用了瑞士的两个独立非营利组织作出的排名㊴：《洛桑国际管理学院世界竞争力年鉴 2008 年版》㊵，以及《世界经济论坛全球竞争力报告 2007—2008 年版》。㊶ 在报告中，新加坡政府两次将其作为权威性证据加以引用。㊷ 为了证明新加坡没有腐败现象，政府引用了《世界银行关于治理的报告 2007 年版》㊸，以及《2007 年透明国际腐败指数》。㊹

政府在回应时也参考了以下刊物的排名：《泰晤士报高等教育副刊》㊺，《商业环境风险情报报告》㊻，《人类发展指数》㊼以及《美世人力资源咨询》。㊽ 政府也提到了《新闻周刊》㊾、《商业周刊》㊿以及《纽约

274

㊳ Rachel Evans, "Singapore Leader Rejects Amnesty", *International Financial Law Review*(18 October 2007)，访问路径：＜http://www.iflr.com/Article/1983342/Singapore-leader-rejects-Amnesty.html＞.

㊴ World Economic Forum，访问路径：＜http://www.weforum.org/en/about/Our%20Organization/index.htm＞.

㊵ 这本年鉴认为，"就法律和监管框架对企业竞争力的提升而言，新加坡在 55 个国家中排名第 1；就正义司法指数而言，新加坡在 55 个国家中排名第 6"；*State Response*，前注 6，第 8-9 页第 13 段。

㊶ 该报告认为，"就司法独立于政治而言，新加坡在 131 个国家中排名第 19，领先于日本、法国、卢森堡和美国；就法律框架的效率指数而言，新加坡在 131 个国家中排名第 10"；同上注第 8 页第 13 段。

㊷ 同上注，第 32 页第 72 段。

㊸ "《世界银行报告 2007 年版》认为，新加坡的政府效率排名第 2（在丹麦之后），腐败控制排名第 5（在芬兰、冰岛、丹麦和新西兰之后）"；同上注第 9 页第 16 段。

㊹ 同上注。

㊺ 同上注 7，脚注 3。

㊻ 同上注 7，脚注 6。

㊼ 同上注 7，脚注 7；第 12 页第 26 段。

㊽ 同上注，第 7 页第 26 段。

㊾ 同上注 7，脚注 3。

㊿ 同上注 9，脚注 9。

时报》[51]等刊物称赞新加坡之成就的报道。换言之,面对国际律师协会人权研究所提出的批评,新加坡政府的回应是:西方权威机构对新加坡的积极评价,予以确认;对新加坡的负面评价,选择忽视。

后殖民地时期的矛盾心态

后殖民地时期的国家对国家状态的需求必然是矛盾的。法治身份的获得,体现了一种等级关系:西方占据着法治的优势地位,而新加坡作为西方曾经统治过的地方,后者有资格评估和评价其法治身份。在历史上,作为民族国家的新加坡并没有出现成功地反抗殖民主义的独立运动。这样一来,人们往往会认为,一旦新加坡不再是殖民地,它就将走上法治的轨道。[52] 在殖民地时期结束后,新加坡政府复制、延伸了"殖民地/宗主国"二元模式下的主导与从属关系,继续依据殖民者创建的法律—行政机制运作。独立后的新加坡打算遵从前宗主国设立的标准,尽管它缺乏西方那样的法治历史基础。[53] 正如克拉克(Clark)简要指出的那样:

> 尽管英美法系以设计出"法治"为傲,但实际上,法治的形成很缓慢;它是长期政治斗争的产物,并且无论如何都会有反转和例外情况。我们不应忘记,西方经历了长期的现代化进程,在此期间,西方饱受内战、暴力与革命的困扰……政府不仅要以法统治,它也应当遵守法律甚至受到法律的约束,上述观念经过很长时间才得以实际确立。在前资本主义的经济环境下出现了许多争论,当时,只有极少数人能够参与政治。至少在英格兰,无论

275

---

⑤¹ 同上注,第 6 页第 11 段;第 17 页第 36 段。

⑤² 对具有革命和叛乱史的后殖民国家而言,正当性的标准和条件可能是非常不同的。

⑤³ Brian Z. Tamanaha, *On the Rule of Law: History, Politics, Theory*(Cambridge: Cambridge University Press, 2004).

是作为观念的法治还是作为宪法实践的法治，都早于工业革命和民主政治的出现。[54]

法治的漫长历史引发了一个难以回答的问题：移植式[55]法治能否在他国生根并茁壮成长？后殖民地时期的新加坡政府也遵从西方的正当性决定，新加坡建国时即是如此。在新加坡的成型时期，它被西
276 方团团包围，因此，国家建设必然持续包含着脱离西方。与此同时，独立后的新加坡在经济、国防以及发展上与西方仍有联系，这就让新政权“无法独立”。[56] 正如本书研究一再指出的，新加坡政府会周期性地、工具性地采用和拒绝西方世界的特定面向，实际上，新加坡政府在利用它与西方世界的纠缠关系。

英国法的正当性

对新加坡来说，若要证明其法治身份，尤其需要参考前殖民者设置的国家结构：宪法保障的自由，威斯敏斯特式的议会民主，以及现代官僚制。这与新加坡政府对国际律师协会人权研究所的回应相一致。只要民族国家希望实现同样的法治，它就不能脱离作为评估者和先行者的西方世界业已奠定的基础。因此，新加坡在回应国际律师协会人权研究所时，将自己描述成了一个将法治和正当性等量齐观的国家：

---

[54] David Clark, “The Many Meanings of the Rule of Law”, in Kanishka Jayasuriya, ed., *Law, Capitalism and Power in Asia* (London: Routledge, 1999) 28 at 29-30.

[55] 我借用罗兹(Rhodes)和帕特里克(Patrick)对威斯敏斯特政府体系的描述：一是“移植”(驻领殖民地，如澳大利亚)；二是“植入”(前殖民地“继承英国的宪政安排，将其作为脱离殖民的一部分”)：R. A. W. Rhodes & Patrick Weller, “Westminster Transplanted and Westminster Implanted: Exploring Political Change”, in Haig Patapan, John Wanna & Patrick Weller, eds., *Westminster Legacies: Democracy and Responsible Government in Asia and the Pacific* (Sydney: UNSW Press, 2005) 1 at 3.

[56] Hong Lysa & Huang Jianli, *The Scripting of a National History: Singapore and Its Pasts* (Singapore: NUS Press, 2008) 4-10.

　　新加坡是一个民主国家,成文宪法具有最高权威。政府经普选产生。宪法要求定期举行选举。投票是一项义务,并且会加以保密……与许多后殖民地时期的国家不同,新加坡对英国遗留下的法律制度予以强化和巩固,而非贬损和破坏。新加坡的司法部门拥有崇高地位,法院迅速而富有效率地提供正义……在新加坡,法治原则具有基础性。新加坡政府依据法律行使权力,并且这些法律又是独立的司法部门按照业已确立和接受的程序所采用并实施的。没有人可以超越法律。[57]

277

　　在 1986 年《法律职业法》的遴选委员会听证会上,英国法被认为是正当性的标志。[58] 与此相同,新加坡再次提到了殖民统治,就好像英国是根据戴雪的法治理念来统治新加坡的。殖民地的计划并未允诺也未提到个人权利与自由,或者对政府权力的限制。但新加坡对此作出了承诺。我在此重述第一章的一个论证:新加坡政府认为个人权利是次要的,其削弱了对政府权力的制度性约束,这种做法是与殖民统治时期的目标和信念完全相同的。它非但没有巩固殖民地政府遗留下的脆弱法治,民族国家反而强化了殖民时期的主要统治工具——法制。政府认为民族国家的法律源于"英国遗留的法律"[59],这种刻板的自我描述的可笑之处与倒退之处在于,新加坡确实强化和巩固了英国留下的两面派的(duplicitous)、统治者与被统治者二分的(bifurcated)法律。[60]

---

[57]　*State Response*,前注 6,第 4-5 页第 4 段,第 7 页第 13 段,第 8 页第 16 段。

[58]　1986 年《法律职业法》修正案(第五章),限制了律师公会评论拟议法律的权力——只有当其受到政府邀请时,它才具有评论的权力。此外,它还修改了律师公会理事会的入会条件。对于那些被停职半年以上的律师,以及那些被裁定犯有欺诈或不诚实行为罪行的律师,修正案取消了他们的律师资格。而对萧添寿而言,修正案即刻取消了他在理事会的资格。在针对律师提出的纪律处分程序中,修正案还增加了政府的参与程度。在听证会上,检察长并不认为英国法律职业的发展模式是值得效仿的,他以此为由,长篇论述了这些修正案为何是正当的:Sing., "Report of the Select Committee on the Legal Profession (Amendment) Bill", October 1986, 6th Parliament, B1-B23.

[59]　*State Response*,前注 6,第 7 页第 13 段。

[60]　同上注,第 4-5 页第 4 段。

始终被殖民化的公民

我所研究的法律表明，新加坡国家一再强化法制。通过法律文本和国家脆弱性的话语，得到强化的法制系统性地排除了法治。例如，《破坏性行为法》采用了殖民地时期的鞭刑的刑罚手段，不过，出于罪刑相一致的要求，该法并未将鞭刑与殖民地时期的刑罚思想联系在一起。为了加强对公共领域的控制，民族国家利用了鞭刑的报应效果和羞辱他人的工具性作用，但它并没有考虑殖民地时期的原则——酷刑只适用于重罪。

类似地，《新闻法》采用了殖民地时期新闻控制的许可与监管制度。但是，鉴于它对报业以及外国新闻媒体施加了双层股权结构限制，它又更甚于殖民地政府的媒体管制。言论自由的宪法法治保障是独立后的新加坡的特征，而非殖民地政府的特征。但言论自由也受到了《新闻法》中的"法制"条款的大幅限制。就《法律职业法》而言，倒退性的变化更为明显。因律师公会对新加坡政府提出了公开批评，公会受到了民族国家的惩罚。新加坡政府采用了与殖民地政府完全一样的惩罚方式，即通过文本明确限制公会的权力：律师公会只有在政府发出邀请的时候才能对法律作出评论。至于《宗教和谐法》，尽管其表面上看来是一部处理新问题的新法，但是它采用了殖民地时期的《煽动法令》与《紧急条例》的法律文本与技术，因此它也明显是殖民地的遗患。由此，《宗教和谐法》严重限制了宗教、言论以及人身自由。

简而言之，民族国家实际上增强和巩固了殖民地时期的法律制度，但是，它在某种程度上是以巩固法治和法制之间的分歧、否定个人权利的优先地位、服务于政府权力的目标来做到这点的。民族国家采用了殖民地时期的法律制度，将自身变为新的殖民主体，让公民居于从属地位并将其幼儿化。更重要的是,新殖民地时期的威权主义被国家的家长主义所改造。政府实现了"高速经济增长,造福社会的所有群体,而不是仅惠及某些企业和行政精英……"[51],由此,政府实现了社会正义。

279

法制的正当性

普遍实现经济繁荣,一直以来都是新加坡政府之正当性的核心。我现在要提出一种法制正当性模式,借以证明:如果对发展、经济繁荣和政治正当性而言,法律是十分重要的,那么新加坡的法制就值得仔细研究。换言之,要分析威权式法治,就必须看透它的现象和本质。

1. 借助法律延伸例外主义

贾亚苏里亚在论述新加坡法律的二元性时,描述了新加坡如何在不存在法定紧急状态的情形下,将法律例外主义——以《内部安全法》的实施为标志——变成了常态化的东西。[52] 从《新闻法》与《宗教和谐法》的细节及其实施中,贾亚苏里亚得出了他的观点。这两部法律将《内部安全法》规定的例外主义,延伸至后紧急状态的国家。

与《内部安全法》一样,这两部法律都侵犯了法治所保护的自由(比如,新闻自由与宗教自由),并且均将法院排除在外。两部法律都未针对部长的裁量行为,规定任何的公共责任或透明度要求。两部法律都排除了相反说辞、非公职人员的评价和司法裁判。权力集中在政府手中,个人没有权利或渠道去触及能够限制国家的自治机构。

---

[51] *Harding & Carter*,前注21,第194页。

[52] Kanishka Jayasuriya, *Law, Capitalism and Power in Asia: The Rule of Law and Legal Institutions*(London:Routledge, 1999).

然而,李光耀于 2007 年向国际律师协会表示,新加坡的法律制度提
280 供了"便利的司法途径"⑥,这似乎是非常成问题的。

法制的正当性之首要且最为显著的特征是:法律例外主义延伸
到了非紧急时期的正常状态,行政机构履行司法职能并阻止法院进
行司法审查。新加坡的经验表明,如果在采用和延展适用法律例外
主义的政权上台之前,法律例外主义的规定与机制即已存在,那么它
们就会具有一定程度的正当性。对于新加坡而言,殖民地政府的《紧
急条例》和安全情报局(Special Branch)的监控,即是新加坡《内部安
全法》以及内政部的蓝本。

2.借助国家说辞使例外主义正当化

新加坡国家采用了殖民地政府的压制性规定,在使之正当化的
过程中,国家说辞起到了重要作用。新加坡政府以歌颂殖民统治的
方式讲述着国家历史(正如本章讨论的国际律师协会与新加坡政府
之间的交锋),将殖民地时期的法律制度视为国家的财富⑥,这就减轻
了公民对殖民地时期先例的疑虑,并让他们无须对其进行仔细思考。

新加坡国家非但没有否定殖民统治,反而继续采用殖民地时期
的先例,并进而在某种程度上掩饰了内在于殖民地时期的法律意识
形态中的"他者化"从属地位。⑥ 新加坡政府在话语上将英国法作为
正当性标志,这与其声称自己是威斯敏斯特式的议会民主制的法治
国家是一致的。殖民地时期的法律与独立后的新加坡法律之间,呈
现出了新殖民主义的连贯性,而政府的修辞手法掩盖了这种连贯性。

---

⑥ Lee,前注 1。
⑥ 正如李光耀对国际律师协会所说的,见前注 1。
⑥ 通过法律使被殖民对象屈于从属地位已经得到了广泛研究。简要的梳理,参见
Sally Engle Merry, "Law and Colonialism" (1991) 25:4 *Law & Soc'y Rev.* 889. 最近一篇
有深度的文章,参见 Peter Fitzpatrick, " 'Enacted in the Destiny of Sedentary Peoples':
Racism, Discovery and the Grounds of Law" (2000) 1:1 *Balayi: Culture, Law and
Colonialism* 11.

国家说辞歌颂殖民统治孕育了现代化、经济繁荣与多元族群，新加坡
的法律也是如此。国家说辞与法律例外主义呈现出相互建构、相互 281
正当化的关系。

3.重视殖民地时期的先例

　　与殖民地时期的合法性一样，新加坡国家的法律也隐含地规定
个人从属于政府，由此，国家说辞让非紧急状态法律所包含的隐秘的
法律例外主义也具有了正当性。通过国会辩论(《破坏性行为法》和
《新闻法》)以及遴选委员会听证会(《法律职业法》)，政府表明新加坡
法律是对殖民地时期的先例的积极改良。政府话语认为，鉴于新加
坡的法律继承了殖民地时期的法律，因此新加坡法律是对有效法律
制度的正当化扩展适用。

　　新加坡政府将殖民地时期的法律视为"良法"，在此基础上，公民
的从属地位以两种方式无声无息地渗入法律之中。首先，法律纳入
了一种剥夺公民权的等级制度。例如，借由"管理股"将公民进行分
类：一类是被允许拥有和控制报业的公民，另一类是不得享有此种所
有权的公民(第四章)。另一项有关公民的从属地位的法律规定来自
于《法律职业法》修正案，该法旨在让现今的法律职业人士的地位等
同于他们在殖民地政府时期的地位，这样一来，律师公会只有在受到
政府的邀请后才能评论法律(第五章)。这两个例子表明，民族国家
制定的法律将公民的形象设定为恳求者。公民必须根据《新闻法》的
规定寻求政府许可，或根据《法律职业法》等待政府许可；而对于政府
利用裁量权作出的授予或拒绝许可的决定，政府无须承担责任。

　　《破坏性行为法》规定，在意识形态上反对政府是犯罪行为，由
此，政府粗暴地将部分公民排除于等级制之外(第三章)，而《宗教和
谐法》则规定，在新加坡，所有信仰或皈依宗教的公民都应首先向政
府而非上帝或神表示忠诚(第六章)。使公民的从属地位持久化的第

二种方式是在法律文本中嵌入意识形态。在国际律师协会的基调演讲中，李光耀称新加坡的法律制度有着"明确的法律"。⑥ 但我已指出，《破坏性行为法》《新闻法》《宗教和谐法》和《公共秩序法》都缺乏文本上的明确性。我已经表明，"破坏""干涉内政""宗教和谐""事业或运动"等关键术语的含义都是极度意识形态化的。此外，若要理解政府用语的潜在含义，就需要对新加坡的历史作出特定理解。

政府否认其用语具有多义性，并且政府借助公共话语而非法律来将单一的意义赋予它所界定的术语，这样一来，公民就被从属化了。本书案例研究说明了政府是如何借助话语作出定义的。换言之，政府利用其在公共领域的霸权地位，赋予晦涩的法律文本以意义。这一做法使公民处于从属地位，因为政府单方面排除了其他的可能含义。并且，正如我对迈克·费伊案的讨论以及新加坡的司法制度文献所呈现的，新加坡的国家主义法院接受并实施政府强加的含义。⑥ 屈居于从属地位的公民被围困于一个话语世界之中，政府是其中唯一有权参与解释的社会主体。由此，对于政府提出的含义，公民成了沉默而顺从的接收者。

在1971年政府对国内媒体采取强制措施之后（第四章），公共领域几乎再也没有出现相反说辞。在1971年之后，相反说辞和异议再次出现（比如在新闻发布会上，被剥夺人身自由的律师公会理事会成员否定政府对他们提出的指控），而政府通过压制做出了回应。政府压制异己，就如何解释语言和行动对公民进行了教育。给文本赋予含义，被视为一种政府特权。鉴于法律即是政府对异议作出的回应，并且法律都旨在消除特定异议来源，政府对文本含义的控制取得了

---

⑥ Lee，前注1。

⑥ Benedict Sheehey, "Singapore, 'Shared Values' and Law: Non East versus West Constitutional Hermeneutic" (2004) 34 *Hong Kong Law Journal* 67; Ross Worthington, *Governance in Singapore* (London: Routledge Curzon, 2003); Tsun Hung Tey, "Singapore's Jurisprudence of Political Defamation and Its Triple-Whammy Impact on Political Speech" [2008] *Public Law* 452.

强势效果。由此一来，非公职人员因法律而受到了持续性压制。在根本上，公民相对于政府处于从属地位：他们不能在公共领域发声，即他们不能形成和表达他们对社会现实的理解。非公职人员被噤声，由此，政府对正当性的反复强调取得了支配地位，这种正当性获得了如同常识般不言自明的性质。⑱

总之，一个使殖民统治得以稳定的国家意识形态，能巩固新殖民地的法律统治，以至于法治被剥夺掉了有关权利的内容。法律是依照法治程序制定的，这种做法掩盖了政府让公民噤声、让公民屈于从属地位的事实。接下来的问题有两个方面：政府为何严格遵守法治程序？政府为何通过压制公共领域中的政治异议来消除法治的内容？在下一部分，我将指出，新加坡法制的正当性源于一种悖论式的可能性——尽管新加坡政府处于霸权性地位，但是它对权力的掌控可能是极其不稳固的。

法制与对权力的脆弱控制

简要重申一下我在第一章详细论述过的一个观点：由于人民行动党政府的掌权未经公民明确授权⑲，并且它也缺乏祖居地意义上的正当性，因此，新加坡政府的正当性几乎来自于以下两个方面：实现物质繁荣，以及政府借由西方的治理模式来表述国家权力。新加坡政府通过"法治""选举过程"以及"国会议事"来展现新加坡的国家形象。由此，新加坡政府认为，随着时间的推移，新加坡越来越发达，因此新加坡才是后殖民地独立后的理想归宿。但这一设想回避了一个

中284

---

⑱ 不加批判地复述政府话语，在以下世界银行的出版物中非常明显：Waleed Haider Malik, *Judiciary-Led Reforms in Singapore: Frameworks, Strategies, and Lessons* (Washington, DC: World Bank, 2007).

⑲ 1963 年大选之前的安保措施，即冷藏行动，从公共领域中消除了大量人民行动党的左翼反对者，由此选举竞争不再是清楚明白的。

基础性问题：后殖民国家应当采取怎样的政体形式？法治结构是新加坡国家形象的关键支柱。为了保证政府的正当性，新加坡政府维持了形式上的法治，以防止公民寻求其他的统治方式或国家结构。政府这么做，是因为其他的替代方式可能会暴露人民行动党政府掌权之时的弱点。

因此，新加坡政府不断展示自身各种可见的、可测量的法治特征。新加坡政府阻止人们质疑政府权力的正当性基础，以此来建构自身的正当性。此外，政府还通过消除腐败、服务跨国公司和建造世界一流的道路与通信，来展现后殖民地时期的国家形象，以此巩固国内正当性与国际正当性。资本主义制度能够吸引外商投资，并且该制度能够带来经济繁荣，而这正是脆弱的新加坡之生存策略的关键所在，因此新加坡政府称赞资本主义制度。鉴于冷战时期人民行动党与英国是盟友关系，并且人民行动党正是因此才得以掌权，所以新加坡对资本主义制度的称赞是当然的。由于新加坡政府的做法与制度体现了西方投资者所赞赏的机制特征与价值，因此西方世界或许确实支持新加坡的法制。[70]

285　　在1966年，新加坡政府转而采用肉刑，但它倒退式地规定任何罪行都可适用肉刑，财产犯罪也不例外。因为人民行动党与英国是盟友关系，所以西方非常默契地保持了沉默（第三章）。在某种程度上，《破坏性行为法》保护了西方。新加坡政府旨在借助该法消除左翼人士的抗议，因为左翼不满美军从当时的越南来到新加坡休息和娱乐度假。直到差不多三十年后，因美国人迈克·费伊受到《破坏性行为法》规定的肉刑惩罚，西方世界才以法治话语对《破坏性行为法》提出了批评。换言之，西方只是选择性地要求新加坡表现出法治形象。就法律的内容而言，新加坡政府也只是选择性地体现了法治的要求；但是就法律的形式而言，它却完全遵守法治要求。

---

[70]　Kleinfeld，前注20。

新加坡政府认为法治意味着社会没有腐败,并且是高效率的。政府在向公民确保经济持续增长、在向西方确保政治正当性之时,这种说法是如此根深蒂固、理所当然、具有实效,以至于与法治相关的表现与程序,能够继续为新加坡侵犯权利的法律提供正当性基础(正如对 2009 年《公共秩序法》的讨论所表明的那样)。新加坡政府遵守法治程序,这成了建构正当性的一个重要理由。借由程序合法性,法律呈现了自己的正当性;同样的,政府通过选举程序,来解释新加坡政府为何如此严酷地压制公共领域中的政治异议。⑦

治理术、法律例外主义与选举

简要重申我在第一章和第三章提到的观点:1963 年人民行动党能够在选举中获胜,可能是因为其与英国暗中联盟,他们旨在消除左翼势力。在冷战造成的极度恐惧的气氛之下,共产主义者被妖魔化。左翼社会主义者可能并非共产主义者,但他们确实对人民行动党的胜选概率构成了挑战。在大选前几个月,他们未经审判即被剥夺人身自由。因此,人民行动党并不是通过真实的票选式法治而正当掌权的;人民行动党利用《内部安全法》的强大力量来推行法制,消除了公共领域中可能代替人民行动党的其他领导人,也消除了各类异议者的代言人。

与这种历史解读一样(当然这种解读是有争议的),我所研究的三部法律都涉及这种强制措施:未经审判即剥夺他人的人身自由。尽管所有的法律都旨在消除公共领域中的批评意见和反对者,但未

286

⑦　Larry Diamond, "Thinking About Hybrid Regimes" (2002) 13: 2 *Journal of Democracy* 21; Garry Rodan, "Westminster in Singapore: Now You See It, Now You Don't", in Haig Patapan, John Wanna & Patrick Weller, eds., *Westminster Legacies: Democracy and Responsible Government in Asia and the Pacific* (Sydney: UNSW Press, 2005) 109.

经审判即剥夺他人人身自由的做法（至少有三部法律采取了这种做法），似乎是择机作出的，因为政府预计这些人会对选举产生影响，见下表。

法律	剥夺人身自由	大选日期
《新闻法》ᵃ，1974 年	1971 年 4 月	1972 年 8 月
《法律职业法》，1986 年	1987 年；1988 年	1988 年 9 月
《宗教和谐法》，1991 年	1987 年；1988 年	1988 年 9 月；1991 年 8 月

　　ᵃ 根据《新闻法》择机剥夺他人人身自由的做法有着法律和政治色彩。1971年实施的剥夺他人人身自由的做法，在 1972 年的大选之前压制了所有国内报刊的批评意见。至少从 1973 年 1 月起，新闻界就知晓未来将发生"双层股权"的改变（Sing., *Parliamentary Debates*, vol. 33, col. 915 [27 March 1974] [Mr Jek Yeun Thong]）。在该法提至国会并经过"辩论"成为法律时，局势以及新闻界的管理方式已发生了实质性改变。1974 年，《新闻法》被提交至国会；同时，该法也被提交至一家与政府同谋的、服从政府的国内新闻媒体。这样一来，《新闻法》既不会受到挑战，那些已成定势的改变之处也得以巩固。

　　每次选举前，政府都会根据《内部安全法》剥夺他人人身自由，这样一来，主要的非政府主体都被噤声了。1971 年实施的剥夺人身自由的行动，使国内媒体沉默；1987—1988 年实施的剥夺人身自由的行动，使律师公会沉默，而后使整个民间社会沉默[72]；剥夺天主教社会工作者的人身自由，使天主教活跃分子沉默，而后使所有与宗教相关的主体和机构都沉默。2009 年 11 月举办亚太经合会议，政府于 2009 年择机制定《公共秩序法》以稳定公共领域，这表明新加坡政府会严格维护自身在国际社会上的形象。

　　那些帮助人民行动党在初选时获胜的策略，现在很可能已成为确保政权长存的治理方式。在每次大选前，新加坡政府都会让"安全

287

---

　　[72] Kenneth Paul Tan, Renaissance Singapore? Economy, Culture and Politics (Singapore: NUS Press, 2007); Constance Singham et al., eds., *Building Social Space in Singapore* (Singapore: Select, 2002).

机构"[73]来确定会对自身在选举中获胜产生影响的社会主体，并将他们排除于公共领域之外。除了未经审判即剥夺人身自由的强制权力，在采取这种强制权力之前或之后所颁布的法律，都改良了用以治理社会的法律，体现了对"优化和强化政府指导过程"[74]的管理和追求。简言之，由于新加坡政府不知道自身获得了多少民意支持，并且它也不能冒险弄清楚这一点，因此它对公共话语便会过度警觉。

本书研究的主要关切是发掘"法制"正当性之复杂因素和构成条件，因此值得注意的是，立法是新加坡政府强制手段的核心。表面上是合法实施的强制措施，在狭义上是正当的。尽管监视与剥夺人身自由的制度是秘密开展的，但是它们却并非法律之外的秘密。持异议者和批评者无须担心自己会遭到暗中枪击。政府通过法律作出回应的方式，在表面上看起来是合法的，即政府是依据正当性来行事的。[75]

288

1. 治理术、国家说辞与不稳定的政府

本书的案例研究表明，有关每部法律以及根据《内部安全法》剥夺他人人身自由的做法，政府都反复、持续地讲述了特别脆弱的新加

---

[73]　Michel Foucault, "Governmentality", in James D. Faubion, ed., *Michel Foucault: Power, Essential Works of Foucault*, 1954—1984(London: Penguin, 2002) vol. 3, 201 at 220.

[74]　同上注，第211页。

[75]　但是，我应指出，被剥夺人身自由者已提起了有关酷刑和虐待的指控：Fong Hoe Fang, ed., *That We May Dream Again*(Singapore: Ethos, 2009); Tan Jing Quee, Teo Soh Lung & Koh Kay Yew, eds., *Our Thoughts Are Free: Poems and Prose on Imprisonment and Exile*(Singapore: Ethos, 2009); Francis Seow, *To Catch a Tartar: A Dissident in Lee Kuan Yew's Prison*(New Haven, CT: Yale Southeast Asian Studies, 1994); Said Zahari, *The Long Nightmare: My 17 Years as a Political Prisoner*(Kuala Lumpur: Utusan, 2007); Teo Soh Lung, *Beyond the Blue Gate: Recollections of a Political Prisoner*(Petaling Jaya: Strategic Information and Research Development Centre, 2010); Tessa Wong, "Former ISA Detainee Wants to Sue the Govt for Damages", *Straits Times*(23 December 2010); Tessa Wong, "Ex-ISA Detainee's Suits Thrown Out", *Straits Times*(19 February 2011).

坡所具有的特殊问题。

福柯的作品所阐述的一个重要观点是:权力话语是通过"问题化的过程"与被统治对象进行交流的……问题化的过程……是指统治者为自身建构问题……但他的问题无法解决。由于问题一直没能解决,所以政府和它的治理方式要一直为此努力……问题化的过程……让任何管制措施和政府行为都被视为一种建构过程,即政府带有特定的(或许未言明的)目标……使用特定策略和技术的建构过程。⑦⑥

尽管政府将"无法解决"的问题作为一种生存策略,但本书的案例研究表明,政府行为之未言明的目标,就是延续并巩固人民行动党的统治。尽管政府话语表明自己是在保护脆弱国家内的弱势公民,但是,鉴于政府在选举前剥夺他人人身自由并制定法律,这就表明无法解决的问题其实是人民行动党的统治地位——是政府而非国家处于危险境地。

289 法律都是工具性的,政府择机让持异议者噤声,从而制造出一种选举结果。人民行动党由此可以重申,公民强有力地对政府作出了授权。通过具体数字,选举结果反映了公民的授权情况,一如李光耀向国际律师协会展示的表格和排名。⑦⑦ 在一个根据法院的工作效率来计算法治的范式里,选举比例就相当于证据。

新加坡政府非常在乎公民的授权及他们在多大程度对政府进行授权,这就表明政府也对自己的专制统治者地位有着担忧。福柯认为,这种忧虑,即马基雅维利式的君主对于"维持其最高权力之能力"的担忧⑦⑧,是优先于治理术权力情结的发展的。新加坡政府既没有领

---

⑦⑥ Chris Dent, "Copyright, Governmentality and Problematisation: An Exploration" (2009) 18:1 *Griffith Law Review* 134.

⑦⑦ Rachel Evans, "Singapore Leader Rejects Amnesty", *International Financial Law Review*(18 October 2007),访问路径: <http://www.ir.com/Article/1983342/Singapore-leader-rejects-Amnesty.html>.

⑦⑧ Foucault,前注 74,第 202-214 页。

导独立运动,它与这块土地也没有祖居地意义上的联系,因此它不具有后殖民地时期的正当性。此外,政府也没有通过公平且开放的选举竞争来明确获得选举胜利,因此新加坡政府似乎的确是专制地获得了最高权力。人民行动党与作为多数派的华人之前有着分明的种族联系,但"语言断层线"[79]切断了他们的联系,政府将华人分为受英文教育和受中文教育的华人,并认为他们在政治上效忠于不同对象,正如《南洋商报》事件所反映的那样(第四章)。

2.所有的威胁都是重大威胁

福柯认为《君主论》的重点在于维持统治者与其治下臣民、领土之间的"脆弱纽带"(fragile link),《君主论》不仅要求君主确定威胁,并且要求其将威胁从严重到轻微进行排列。然而更重要的是,尽管我的研究所详细阐述的每种政府说辞,都道明了威胁的来源及威胁的构成,但新加坡政府却没有按照严重程度对它们作出区分。在政府看来,每一种威胁都是极其严重的。就种族问题和民意支持而言,人民行动党的权力是极其不稳定的。为了维持法制的正当性,或许需要通过法律来作出技术性回应,用以处理公共领域中对统治者提出的任何质疑。

我认为政府对批评作出的回应以及政府将所有威胁都视为重大威胁,是不稳定的威权统治的必然结果。在此,还有一个重要方面需要说明:对那些不具有团体身份、不拥有权威的公民所做的批评,政府并不会将其视为威胁。[80] 本书的案例研究表明,以下三个因素使得批评成为一种极端威胁:公众、与他人联盟以及宗教。

290

---

⑲　Hong & Huang,前注56,第109页。

⑳　Beng-Huat Chua, *Communitarian Ideology and Democracy in Singapore* (London:Routledge,1995).

与他人联盟、宗教和公众代言人

卡尔皮克（Karpik）提出的公众代言人的概念[81]，说明了作为某项事业或某个事件的公众代言人的社会主体，是怎样诠释假象的或真实的公众的。本书的案例研究表明，只要政府认为社会主体提出的公开主张或批评话语，是在实际或潜在地代表公众进行发言，这些人就会被视为"重大威胁"而受到处理。

例如，中文报业《南洋商报》将自己建构为接受中文教育群体的代言人，指责政府的教育和就业政策，并代表接受中文教育的群体倡导改革（第四章《新闻法》中所描述的事件）。对此，政府以惩罚与压制作为回应。二十年后，政府将自己建构为中文教育的代言人，不过此时政府已消除了所有代表中文教育群体的非国家代言人，共产主义也不再对政府权力和控制构成威胁。[82]

同样的，反对派社阵发起的"援助越南"运动，导致"破坏性行为"入罪。政府通过施加严厉和羞辱性的惩罚，即刻削弱反对党的支持者（第三章）。在未经审判即剥夺倡导法治的律师的人身自由之前，政府会通过遴选委员会听证会公开谴责他们，并让他们噤声（第五章）。早期，一些律师主张承认政治犯的法治权利，他们也未经审判即被剥夺人身自由（第五章）。另外，制定《宗教和谐法》之后，与宗教相关的主体也丧失了批评政府的能力（第六章）。

作为公众代言人的社会主体被视为"重大威胁"。此外，本书的案例研究也表明，与其他社会主体具有实际的或潜在的盟友关系的社会主体，也被视为重大威胁。有两个因素会影响政府对联盟行为

291

---

[81]　Lucien Karpik, *French Lawyers: A Study in Collective Action*, 1274 to 1994, trans. by Nora Scott (Oxford: Clarendon Press, 1999).

[82]　Hong & Huang，前注 56，第 4-10 页。

的回应:第一,持异议者以团体身份开展行动或作出表达,并且他们的批评反映了诸多拥护者的不满情绪;第二,拥护者若从国际社会寻求支持和正当性,政府就会视其为极端威胁,并做相应处理。

1966 年的"破坏性行为"(第三章),即针对左翼社会主义这一集体性、组织性的反对党,比如社阵发起运动"支援越南抗击美国侵略"。类似的,天主教社会工作者(第六章)所开展的活动表明,天主教作为国际实体拥有超越国界的、机构性的权力。此外,年轻的天主教积极行动者代表一种威胁:让国家从属于上帝信仰。实际上,在 1966 年,左翼社会主义党社阵可能被视为一种宗教价值观,它激发天主教社会工作者采取行动以支持社会边缘群体并代表他们开展行动。

本书的案例研究表明,新加坡政府反复宣称自己是国家价值的源泉和决定者。因此,对于将自己塑造为唯一有效的超验力量的新加坡政府而言,那些具有国内、国外关系网(无论政治上还是经济上)的意识形态,自然都构成了极端威胁。无论因 1994 年新加坡对美国少年迈克·费伊实施鞭刑(第三章)而招致的国际社会的批评,还是 1986 年律师公会对《新闻法》的"法制式"修正案的批评(第五章),都代表着与超越国界的法治观的内部联系。法治是另一种超验价值的来源,这种价值对新加坡政府建构的正当性提出了质疑。《新闻法》1986 年修正案(第四章)揭示了政府对于另一种超越国界的联盟的戒备,即外国新闻媒体与被剥夺人身自由的新加坡反对派政治家之间的联盟。在 1971 年的事件以及 1974 年《新闻法》之后,国内报业被驯服为服务于政府的媒体。国内报业在 1971 年被视为威胁,部分原因在于,其所报道的新闻内容以及外商对于国内报业的投资,显现出了超越国界的联盟因素。

总之,若社会工作者与他人联合、诉诸使国家处于从属地位的宗教价值,将自己塑造为公众代言人,那么新加坡政府便会将公共领域中的批评视为"重大威胁"。换言之,新加坡政府并非简单残暴的威权主义。

292

政府以一种颇为老道的方式研究了法治与法制之间的矛盾，并实行了一种有限的法治式正当性。新加坡政府延续了殖民地时期的策略和治理术，并致力于获得国内和国际层面的正当性。它工具性地利用历史说辞和国家脆弱性的说辞，以此巩固政府对"法治"的重构。

293

结论

2009 年，三本与前述政治性剥夺人身自由相关的新书得以出版，这是新加坡公共领域的显著进步。[83] 1963 年的冷藏行动、1987—1988 年所谓的马克思主义阴谋论中被剥夺人身自由者的说法，都在书中得到了呈现。这些书之所以引人注目，是因为被剥夺人身自由的政治犯被释放后，通常会受到交流方面的限制。[84] 从 1965 年 8 月独立到 1988 年，共有 210 人未经审查即被剥夺人身自由[85]（本数据不包括因 1963 年冷藏行动而被剥夺人身自由的大约 111 人）。直到 2009 年，居住于新加坡的被剥夺人身自由者完全保持沉默，因为他们被释放时受到交流限制。[86]

---

[83] Fong，前注 76 以及 Tan、Teo & Koh，前注 76；Kor Kian Beng, "Ex-Activists Pen Memoirs for New Book", *Straits Times*（14 November 2009）报道了由前政治犯所写的《华惹时代》的出版，他们其中有许多是社阵领导人。这本书于 2009 年 11 月 14 日出版，当即销售一空。此后，张素兰出版了另一本书——《跨越蓝色大门》（*Beyond the Blue Gate*），前注 76。

[84] 例如，马克思主义阴谋论者郑海泉（Vincent Cheng）的释放条件是：在离开新加坡前，在与曾被剥夺人身自由者进行联系或交流前（除非这些被剥夺人身自由者是新加坡曾被政治拘留者协会的成员），在与任何"与马克思主义阴谋论有牵连的组织"交流前，他应当获得国内安全部局长的事先书面批准。郑海泉的释放条件，也禁止他在未获得国内安全部的事先书面许可的请况下，参与任何组织或以各种方式与这些组织交流：Fong，前注 76 第 69 页。

[85] 政府在回答国会提出的问题时，提供了根据《内部安全法》被剥夺人身自由者的数据：Sing., *Parliamentary Debates*, vol. 69, col. 1991（20 January 1991）（Mr Wong Kan Seng）。

[86] 在 2009 年出版这些书之前，只有两名居住于新加坡境外的前被剥夺人身自由者发表了有关他们被监禁的说法：Francis Seow（前注 76）和 Said Zahari（前注 76）。

在这些书里,所谓的阴谋者以及共产主义者讲述了他们的道德、政治和宗教信仰,他们反对政府说辞,并讲述了自己的动机,其中包括对更大程度地实现社会公正的期望。他们讲述的最令人痛心疾首的细节是被剥夺人身自由时遭受的酷刑和虐待,但他们始终坚信法律必须服务于正义和保卫正义。

我已在本书中提出,法治的自由主义标准,即确保个人自由,构建了新加坡这个后殖民地时期"国家"。但立国后的新加坡并未能坚持自由主义法治的关键要素,对此我做了详细论述。我指出新加坡政府利用了哪些手段来建构工具主义法制。尽管政府话语认为法制对新加坡的繁荣稳定而言是必要的,但本书的研究表明,为了增强政府权力并让批评者噤声,政府在很大程度上建构了法制及其正当化话语。[87] 如果这些批评者是实际或潜在的公众代言人,如果批评者诉诸宗教价值,如果批评者与其他组织联盟,那么新加坡政府就会将他们的话语视为"重大威胁"。

新加坡政府严厉压制所有批评政府之法律规划的声音,有鉴于此,乌蓬德拉·巴克西(Upendra Baxi)向我们这些研究法律的学者发出了紧急提醒:

> 在历史上,大量非法入侵者通过制定法律,规定了公民应当怎样理解法治观念,以及怎样阐释法治观念。对此,不同的反抗力量主张了不同的人民主权形式。就此而言,法治是多数人反对少数人统治的斗争地带。对于我们提到的那些激进的一元主义者,我们能够向他们做多少让步?"我们"——法治语言和法治修辞的"标志性推广人"——又如何提供这种让步?[88]

---

⑧⑦ 就如周利拉基(Chouliaraki)和费尔克拉夫(Fairclough)所言,"人类创造的社会形式,也可以被人类改变,这似乎是自然而然的":Lilie Chouliaraki & Norman Fairclough, *Discourse in Late Modernity*(Edinburgh: Edinburgh University Press, 1999) at 4.

⑧⑧ Upendra Baxi, "Rule of Law in India: Theory and Practice", in Randall Peerenboom, ed., *Asian Discourses of Rule of Law*(London: Routledge, 2004) 324 at 326.

　　那些以积极行动者的身份参与法律的人们并没有摇摆不定。
"无论是实际的或是拟议的法律和规则体系，都需要建立在共识性伦
理基础之上的正义感和人权观。"⑧参照我所开展的研究，我就是巴克
西所谓的法治的"标志性推广人"。我希望和所有批判性社会科学一
样，证明新加坡的法律必须"能够促进公民对于法律是什么、法律如
何形成以及法律可能成为什么的认识，法律是公民塑造和再造生活
的基础"。⑨ 我原本希望自己的学术研究能够超然地对待我所揭示的
说辞，但新加坡政府却借助法制，再三削减法治的保护性机制，我对
政府的做法深感忧虑，因此我无法保持超然。通过本书的研究，我说
明了公民对法治的各种理解，这些理解在新加坡的公共领域中几乎
已被清除殆尽。之前被剥夺人身自由的"政治犯"出版的新书，旨在
复原部分被清除的理解。政府说辞不再能就"历史"作出如此统一的
陈述。

　　被剥夺人身自由者如今可以出版新书，人们很容易认为这是新
加坡告别非自由主义的迹象。但是，非自由主义正当性的微妙之处，
比其表面来得更为复杂。2009 年 11 月 14 日《华惹时代》（*The Fajar
Generation*）发行的当天，奥巴马总统到访新加坡参加亚太经合组织
领导人会议。旨在保护公共领域免受"大量非法入侵者"之影响的
《公共秩序法》早已就绪。在亚太经合会议期间，未经审判即被剥夺
人身自由者，在当代被视为恐怖分子而非共产主义者。新加坡的有
序繁荣到处可见，但与此形成鲜明对比的是，各种非自由主义现象
（受管制的媒体、被噤声的民间社会、受到威胁和被胁从的宗教组织）
却是隐匿的、边缘化的。新闻报道并不关注这一点，即新加坡不可能

296

----

　　⑧　Bill Bowring, "Whose Rights, What People, Which Community? The Rule of
Law as an Instrument of Oppression in the New Latvia", in Peter Fitzpatrick, ed.,
Nationalism, Racism and the Rule of Law（Aldershot: Dartmouth, 1995）117 at 118. 鲍
林（Bowring）在第 vii 页被描述为一名"人权积极行动者"。

　　⑨　Chouliaraki & Fairclough，前注88，第 6 页。

实现威斯敏斯特式的承诺——"反对党作为政权的一部分，是获得认可的在野党"；[91]相反，新闻关注的是新加坡如何举办亚太经合会议。与此同时，新加坡的法律制度越来越多地受到更多政权的青睐。[92]

虽然本书研究了具有新加坡特色的、获得了正当性的非自由主义模式，但该问题并不局限于新加坡。政府制定的法律破坏了戴雪式法治[93]的要求——限制政府权力。并且，政府以保护脆弱国家为由，为这种破坏行为提供依据，这是许多国家都存在的问题。[94] 新加坡政府将法律作为工具，并在公共领域中借助话语来彰显自身的特殊性。这样一来，那些程序合法且能确保经济繁荣的行政力量，就能够将"法治"改造成非自由主义的、富有效率的"法制"。

297

---

[91]　Rhodes & Weller，前注 55，第 7 页。

[92]　"Singapore-Qatar Pact to Study Legal Systems"，*Straits Times* (19 November 2009).

[93]　Tamanaha，前注 53，第 63-65 页。

[94]　关于紧急立法及其如何违反了法治，有大量文献，例如，参见 John Strawson, ed. , *Law after Ground Zero* (London：Glasshouse Press, 2002)；Giorgio Agamben, *State of Exception*, trans. by Kevin Attell (Chicago：University of Chicago Press, 2005)；Michael Hor, Victor Ramraj & Kent Roach, eds. , *Global Anti-Terrorism Law and Policy* (Cambridge：Cambridge University Press, 2005)；John A. E. Varvaele, "The Anti-Terrorist Legislation in the US：Inter Arma Silent Leges?" (2005) 13 *Eur. J. of Crime, Crim. L. & Crim. Justice.* 201；Joshua D. Zelman, "Recent Developments in International Law：Anti-Terrorism Legislation-Part One：An Overview" (2001—2002) 11 *J. Transnat'l L. & Pol'y* 183；Liz Feket, "Anti-Muslim Racism and the European Security State" (2004) 46：1 *Race & Class* 3；Georgen A. Lyden, "The International Money Laundering Abatement and Anti-Terrorist Financing Act of 2001：Congress Wears a Blindfold While Giving Money Laundering Legislation a Facelift" (2003) 8 *Fordham J. Corp. & Fin. L.* 203.

参考资料

1. 宪法性文件

Constitution of the Republic of Singapore (1999 Rev. Ed.).

Independence of Singapore Agreement 1965 (1985 Rev. Ed.).

2. 法律

Administration of Muslim Law Act (Cap. 3, 1999 Rev. Ed. Sing.).

Adoption of Children Act (Cap. 4, 1985 Rev. Ed. Sing.).

Advocates and Solicitors Ordinance (No. 32 of 1934, Sing.).

Anti-Social Behaviour Act 2003 (UK), 2003.

Broadcasting Act (Cap. 28, 2003 Rev. Ed. Sing.).

Children and Young Persons Act (Cap. 38, 2001 Rev. Ed. Sing.).

Children and Young Persons Ordinance (Cap. 128, 1955 Rev. Ed. Sing.).

Civil Law Act (Cap. 43, 1999 Rev. Ed. Sing.).

Corruption, Drug Trafcking and Other Serious Crimes

(*Confiscation of Benefits*) *Act* (Cap. 65A, 2000 Rev. Ed. Sing.).

Criminal Damage Act 1971 (UK), 1971.

Criminal Procedure Code (Cap. 231, 1955 Rev. Ed. Sing.).

Criminal Procedure Code (Cap. 68, 1985 Rev. Ed. Sing.).

Employment Act (Cap. 91, 2009 Rev. Ed. Sing.).

Employment of Foreign Workers Act (Cap. 91A, 1997 Rev. Ed. Sing.).

Internal Security Act (Cap. 143, 1985 Rev. Ed. Sing.).

Legal Profession Act (Cap. 161, 2001 Rev. Ed. Sing.).

Maintenance of Religious Harmony Act (Cap. 167A, 2001 Rev. Ed. Sing.).

Minor Offences Ordinance (Cap. 117, 1936 Rev. Ed. Sing.).

Miscellaneous Offences (*Public Order and Nuisance*) *Act* (Cap. 184, 1997 Rev. Ed. Sing.).

Misuse of Drugs Act (Cap. 185, 2001 Rev. Ed. Sing.).

Muslim and Hindu Endowments Ordinance (Cap. 271, Ordinance XVII of 1905). *Newspaper and Printing Presses Act* (Cap. 206, 2002 Rev. Ed. Sing.).

Of cial Secrets Act (Cap. 213, 1985 Rev. Ed. Sing.).

Parliament (*Privileges, Immunities and Powers*) *Act* (Cap. 217, 2001 Rev. Ed. Sing.). *Penal Code* (Cap. 224, 1985 Rev. Ed. Sing.).

Public Entertainments and Meetings Act (Cap. 257, 2001 Rev. Ed. Sing.). *Public Order Act* 2009 (No. 15 of 2009, Sing.).

Punishment for Vandalism Act (No. 38 of 1966, Sing.).

Sedition Act (Cap. 290, 1985 Rev. Ed. Sing.). *Vandalism Act* (Cap. 341, 1985 Rev. Ed. Sing.).

Women's Charter (Cap. 353, 1997 Rev. Ed. Sing.).

"Chronological Table of the Ordinances Enacted From 1st April, 1867 to 30th April, 1955", *The Laws of the Colony of Singapore* (1955 Rev. Ed.), vol. VIII, 206.

3. 附属法例

Miscellaneous Offences (*Public Order and Nuisance*) (*Assemblies and Processions*) *Rules* (Cap. 184, 1997 Rev. Ed. Sing.)

Standing Orders of the Parliament of Singapore, online: <http://www. parlia-ment. gov. sg/Publications/standingOrder. htm>.

4. 判例

Re An Advocate (1963), [1964] 1 M. L. J. 1 (Kuching).

Ang Chin Sang v. Public Prosecutor, [1970] 2 M. L. J. 6 (Sing. H. C.).

Re Application of Lau Swee Soong; *Lau Swee Soong v. Goh Keng Swee & Anor.* [1965—1968] 1 Sing. L. R. 661 (Sing. H. C.).

Re Application of Foong Jam Keong, [1967] 2 M. L. J. 202.

Attorney-General v. Wain and Others (*No. 1*) [1991] 1 Sing. L. R. 383.

Attorney General v. Zimmerman & Ors. [1984—1985] 1 Sing. L. R. 814.

Bahadur Singh & Anor. v. Bank of India, [1993] 1 Sing. L. R. 634 (Sing. H. C.).

Bank of India v. Bahadur Singh & Anor. [1994] Sing. L. R. 328 (C. A.).

Chng Suan Tze v. Minister of Home Affairs & Ors. and

Other Appeals [1988] 1 Sing. L. R. 132 (C. A.).

Citicorp Investment Bank (Singapore) Ltd v. Wee Ah Kee [1997] 2 Sing. L. R. 759.

Re David Marshall; Law Society v. Marshall David Saul [1972—1974] Sing. L. R. 132.

De Souza Kevin Desmond & Ors. v. Minister of Home Affairs & Ors. [1988] 1 Sing. L. R. 517.

Michael Peter Fay v. Public Prosecutor [3 March 1994], M/A No. 48/94/01 (Sing. Subordinate Cts).

Fay v. Public Prosecutor, [1994] 2 Sing. L. R. 154 (H. C.).

Goh Chok Tong v. Jeyaretnam Joshua Benjamin [1998] 1 Sing. L. R.

Goh Chok Tong v. Jeyaretnam Joshua Benjamin & Another Action [1998] 3

Sing. L. R. 337 (C. A.). *Goh Chok Tong v. Chee Soon Juan (No. 2)* [2005] 1 Sing. L. R. 573.

Jeyaretnam J. B. v. Attorney General [1988] 1 Sing. L. R. 170 (C. A.).

Lau Lek Eng & Ors. v. Minister for Home Affairs & Anor. [1972—1974] 1 Sing. L. R. 300 (H. C.).

Lee Kuan Yew v. J. B. Jeyaretnam [1979] 1 M. L. J. 281.

Lee Kuan Yew v. Seow Khee Leng [1989] 1 M. L. J. 172.

Lee Kuan Yew v. Derek Gwynn Davies & Ors. [1990] 1 M. L. J. 390.

Lee Kuan Yew & Anor. v. Vinocur & Ors. & Another Action [1995] 3 Sing. L. R. 477.

Lee Kuan Yew v. Chee Soon Juan (No. 2) [2005] 1 Sing. L. R. 552.

Lee Mau Seng v. Minister for Home Affairs, Singapore & Anor. [1969—1971] Sing. L. R. 508.

Re Loh Toh Met, Decd. Kong Lai Fong & Ors. v. Loh Peng Heng, [1961] 1 M. L. J. 234.

In Re Maria Huberdina Hertogh; Inche Mansor Abadi v Adrianus Petrus Hertogh and Anor. [1951] 1 M. L. J. 164 (Sing. C. A.).

Mohammed Ismail bin Ibrahim and Another v Mohammed Taha bin Ibrahim
    [2004] 4 Sing. L. R. 756.

OHC on behalf of TPC v. TTMJ [2002] SGTMP 3.

Public Prosecutor v. Koh Song Huat Benjamin and Anor. [2005] SGDC 272.

Public Prosecutor v. Wong Hong Toy & Anor. [1984—1985] I Sing. L. R. (H. C.).

Public Prosecutor v. Oliver Fricker, Singapore Subordinate Courts DAC0024677/2010.

Re Rajah T. T. ; Law Society v. Thampoe T. Rajah [1972—1974] 1 Sing. L. R. 423.

Sonia Chataram Aswani v. Haresh Jaikishin Buxani [1995] 3 Sing. L. R. 627.

Shiu Chi Ho v. Public Prosecutor (25 April 1994), M/A 93/94/01 (Sing. Subordinate Cts.).

Teo Soh Lung v. Minister of Home Affairs & Ors. [1988] 1 Sing. L. R. 679
    (H. C.).

Teo Soh Lung v. Minister for Home Affairs & Ors. [1989] 1 Sing. L. R. 499 (H. C.).

Teo Soh Lung v. Minister for Home Affairs [1990] 2 M. L. J. 129 (Sing. C. A).

Wee Toon Lip & Ors. v. Minister for Home Affairs & Anor. [1972—1974] 1 Sing. L. R. 303 (H. C.).

Wong Hong Toy & Anor. v. Public Prosecutor [1986] I Sing. L. R. (H. C.) 469.

Wong Shan Shan v. Public Prosecutor [2007] S. G. D. C. 314 (Sing. Dist. Ct.).

Workers' Party v. Tay Boon Too & Anor. [1975—1977] 1 Sing. L. R. 124.

5. 新加坡政府文件

(1) 国会辩论

Sing., *Parliamentary Debates*, vol. 24, cols. 5-14 (8 December 1965) (Yang Di-Pertuan Negara Encik Yusof Ishak).

Sing., *Parliamentary Debates*, vol. 25, cols. 291-305 (26 August 1966) (Wee Toon Boon).

Sing., *Parliamentary Debates*, vol. 25, col. 298 (26 August 1966) (E. W. Barker).

Sing., *Parliamentary Debates*, vol. 25, cols. 296-97 (26 August 1966) (Lee Kuan Yew).

Sing., *Parliamentary Debates*, vol. 33, cols. 913-32 (27 March 1974).

Sing., *Parliamentary Debates*, vol. 36, cols. 1521-29 (23 March 1977).

Sing., *Parliamentary Debates*, vol. 37, cols. 66-68 (29 June 1977) (Jek Yeun Thong).

Sing. , *Parliamentary Debates*, vol. 41, cols. 1305-12 （22 March 1982）.

Sing. , *Parliamentary Debates*, vol. 42, cols. 119-25 （31 August 1982）.

Sing. , *Parliamentary Debates*, vol. 44, col. 1885 （26 July 1984）.

Sing. , *Parliamentary Debates*, vol. 46, col. 167 （15 May 1985）.

Sing. , *Parliamentary Debates*, vol. 48, col. 369 （31 July 1986）（Wong Kan Seng）.

Sing. , *Parliamentary Debates*, vol. 48, col. 369 （31 July 1986）（Wong Kan Seng）.

Sing. , *Parliamentary Debates*, vol. 49, cols. 1484-89 （29 July 1987）（Goh Chok Tong）.

Sing. , *Parliamentary Debates*, vol. 49, col. 1452 （29 July 1987）（Bernard Chen）.

Sing. , *Parliamentary Debates*, vol. 51, cols. 307-53 （1 June 1988）.

Sing. , *Parliamentary Debates*, vol. 51, col. 326 （1 June 1988）（Lee Kuan Yew）.

Sing. , *Parliamentary Debates*, vol. 52. cols. 16-20 （9 January 1989）（President Wee Kim Wee）.

Sing. , *Parliamentary Debates*, vol. 54, col. 1076 （22 February 1990）（Aline Wong）.

Sing. , *Parliamentary Debates*, vol. 69, col. 1991 （20 January 1991）（Wong Kan Seng）.

Sing. , *Parliamentary Debates*, vol. 82, col. 1319 （12 February 2007）（Wong Kan Seng）.

Sing. , *Parliamentary Debates* , vol. 86 （19 August 2009）
（Lee Kuan Yew）.

Sing. , *Parliamentary Debates* , vol. 85 col. 3656-3761 （13
April 2009）（K. Shanmugam）.

(2) 提交至国会的遴选委员会报告和白皮书

Sing. , Committee of Privileges-First Report （Parl. Paper 3 of
1987）; Second Report （Parl. Paper 4 of 1987）; Third Report
（Parl. Paper 6 of 1987）; Fourth Report （Parl. Paper 7 of 1987）;
Fifth Report （Parl. Paper 9 of 1987）.

Sing. , "Maintenance of Religious Harmony", Cmd. 21 of 1989.

Sing. , "Report of Commission of Inquiry into Allegations of
Executive Interference in the Subordinate Courts" （July 1986）,
Cmd. 12 of 1986.

Sing. , "Report of the Select Committee on the Criminal
Procedure Code （Amendment） Bill", December 1969, 2nd
Parliament.

Sing. , "Report of the Select Committee on the Legal Profession
(Amendment) Bill", October 1986, 6th Parliament.

Sing. , "Report of the Select Committee on the Maintenance of
Parents Bill", October 1995, 8th Parliament.

Sing. , "Report of the Select Committee on the Maintenance of
Religious Harmony Bill", October 1990, Parliament 7 of 1990.

Sing. , "Report of the Select Committee on the Newspaper and
Printing Presses Bill", August 1974, 3rd Parliament.

Sing. , "Report of the Select Committee on Land Transportation
Policy", January 1990, 7th Parliament).

(3) 其他政府文件

Government of Singapore, "Singapore in Figures 2009"; online:

<http://www. singstat. gov. sg/pubn/reference/sif2009. pdf>.

Sing. , "Response to the International Bar Association Human Rights Institute's Report on Singapore" (14 November 2008), online: <http://app2. mlaw. gov. sg/LinkClick. aspx? leticket = gDkKt5ebvTY％3d&tabid=204>.

Sing. , "Singapore: Its History", in *Singapore Year Book 1966*, reprinted in Verinder Grover, ed. , *Singapore: Government and Politics* (New Delhi: Deep & Deep, 2000), 33.

Singapore's Initial Report to the UN Committee for the Convention on the Elimination of All Forms of Discrimination Against Women (1999).

6. 二手资料：书籍

Agamben, Giorgio. *State of Exception*, trans. by Kevin Attell (Chicago: University of Chicago Press, 2005).

Aljunied, Syed Muhd Khairudin. *Colonialism, Violence and Muslims in Southeast Asia* (London: Routledge, 2009).

Ang, Peng Hwa & Yeo, Tiong Min. *Mass Media Laws and Regulations in Singapore* (Singapore: Asian Media Information and Communication Centre, 1998).

Ban, Kah Choon. *Absent History: The Untold Story of Special Branch Operations in Singapore*, 1915—1942 (Singapore: Horizon, 2002).

Banakar, Reza & Travers, Max, eds. , *Theory and Method in Socio-Legal Research* (Oxford: Hart, 2005).

Barr, Michael D. "Singapore's Catholic Social Activists: Alleged 'Marxist Conspirators' ", in Barr, Michael D. & Trocki, Carl, eds. , *Paths Not Taken: Political Pluralism in Post-War*

Singapore (Singapore: NUS Press, 2008) 228.

Barr, Michael D. & Trocki, Carl A., eds., *Paths Not Taken: Political Pluralism in Post-War Singapore* (Singapore: NUS Press, 2008).

Bartholomew, Geoffrey. Introduction to *Tables of the Written Laws of the Republic of Singapore*, 1819—1971 (Singapore: Malaya Law Review, University of Singapore, 1972).

Barzilai, Gad. "The Ambivalent Language of Lawyers: Between Liberal Politics, Economic Liberalism, Silence and Dissent", in Halliday, Terence C., Karpik, Lucien and Feeley, Malcolm M., eds., *Fighting for Political Freedom: Comparative Studies of the Legal Complex for Political Change* (Oxford: Hart, 2007) 247.

Baxi, Upendra. "Rule of Law in India: Theory and Practice", in Peerenboom, Randall, ed., *Asian Discourses on Rule of Law* (London: Routledge, 2004) 342.

Benjamin, Geoffrey. "The Cultural Logic of Singapore's Multiculturalism", in Hassan, Riaz, ed., *Singapore: Society in Transition* (Kuala Lumpur: Oxford University Press, 1976) 115.

Bhaskaran, Manu. " TransformingtheEnginesofGrowth ", inWelsh,Bridgetet al., eds., *Impressions of the Goh Chok Tong Years in Singapore* (Singapore: NUS Press, 2009) 201.

Biddulph, Sarah. *Legal Reform and Administrative Detention Powers in China* (Cambridge: Cambridge University Press, 2007).

Birch, David. *Singapore Media: Communication Strategies and Practices* (Melbourne: Longman, 1993).

Borneman, J. "State: Anthropological Aspects", in Smelser, Neil J. & Baltes, Paul B., eds., *International Encyclopedia of the Social*

& *Behavioural Sciences* (Amsterdam: Elsevier, 2004) 14968.

Bowring, Bill. "Whose Rights, What People, Which Community? The Rule of Law as an Instrument of Oppression in the New Latvia", in Peter Fitzpatrick, ed. , *Nationalism, Racism and the Rule of Law* (Aldershot: Dartmouth, 1995) 117.

Carothers, Thomas. "The Rule-of-Law Revival", in Carothers, Thomas, ed. , *Promoting the Rule of Law Abroad* (Washington, DC: Carnegie Endowment for International Peace, 2006) 3.

Chan, Heng Chee. "Politics in an Administrative State: Where Has the Politics Gone?" in Seah Chee Meow, ed. , *Trends in Singapore* (Singapore: Institute of Southeast Asian Studies, 1975) 51.

Chan, Heng Chee. "Political Developments, 1965—1979", in Chew, Ernest & Lee, Edwin, eds. , *A History of Singapore* (Singapore: Oxford University Press, 1991) 157.

Chan, Heng Chee. "Internal Developments in Singapore", in Grover, Verinder, ed. , *Singapore: Government and Politics* (New Delhi: Deep & Deep, 2000) 128.

Chee, Soon Juan. *Dare to Change: An Alternative Vision for Singapore* (Singapore: Singapore Democratic Party, 1994).

Chia, Doris & Mathiavaranam, Rueben. *Evans on Defamation in Singapore and Malaysia*, 3rd ed. (Singapore: LexisNexis, 2008).

Chin, C. C. "The United Front Strategy of the Malayan Communist Party in Singapore, 1950s—1960s", in Michael D. Barr & Carl A. Trocki, eds. , *Paths Not Taken: Political Pluralism in Post-War Singapore* (Singapore: NUS Press, 2008) 58 at 72.

Chin, C. C. & Hack, Karl, eds. , *Dialogues with Chin Peng: New Light on the Malayan Communist Party*, 2nd ed. (Singapore: Singapore University Press, 2005).

Chong, Terence. *Civil Society in Singapore: Reviewing Concepts in the Literature* (Singapore: Institute of Southeast Asian Studies, 2005).

Chouliaraki, Lilie & Fairclough, Norman. *Discourse in Late Modernity: Rethinking Critical Discourse Analysis* (Edinburgh: Edinburgh University Press, 1999).

Chua, Beng-Huat. *Communitarian Ideology and Democracy in Singapore* (London: Routledge, 1995).

Chua, Beng-Huat. *Political Legitimacy and Housing: Stakeholding in Singapore* (London: Routledge, 1997).

Clark, David. "The Many Meanings of the Rule of Law", in Jayasuriya, Kanishka, ed. , *Law, Capitalism and Power in Asia: The Rule of Law and Legal Institutions* (London: Routledge, 1999) 28.

Conley, Jon M. & O'Barr, William M. *Just Words: Law, Language and Power*, 2nd ed. (Chicago: University of Chicago Press, 2005).

Davies, Derek. "The Press", in Haas, Michael, ed. , *The Singapore Puzzle* (Westport, CT: Praeger, 1999) 77.

Davies, Margaret. *Asking the Law Question: The Dissolution of Legal Theory* (Sydney: Lawbook, 2002). De Konick, Rodolphe, Drolet, Julie & Girard, Marc. *Singapore: An Atlas of Perpetual Territorial Transformation* (Singapore: NUS Press, 2008).

Deyo, Frederic C. "The Emergence of Bureaucratic-Authoritarian Corporatism in Labour Relations", in Ong Jin Hwee, Tong Chee Kiong & Tan Ern Ser, eds. , *Understanding Singapore Society* (Singapore: Times Academic Press, 1997) 353.

Doshi, Tilak & Coclanis, Peter. "The Economic Architect: Goh Keng Swee", in Lam Peng Er & Tan, Kevin Y. L. , eds. , *Lee's Lieutenanants: Singapore's Old Guard* (St. Leonards: Allen & Unwin, 1999) 24.

Fairclough, Norman. *Language and Power* (London: Longman, 1989).

Fairclough, Norman. *Discourse and Social Change* (Cambridge: Polity Press, 1992).

Fairclough, Norman. *Media Discourse* (London: Edward Arnold, 1995).

Fairclough, Norman. *Analyzing Discourse: Textual Analysis for Social Research* (New York: Routledge, 2003). Fisch, JÖrg. *Cheap Lixes and Dear Limbs: The British Transformation of the Bengal Criminal Law*, 1769—1817 (Wiesbaden: Franz Steiner Verklag) 1983.

Fitzpatrick, Peter. *Law and State in Papua New Guinea* (London: Academic Press, 1980).

Fitzpatrick, Peter. "Custom as Imperialism", in Abun-Nasr, Jamil M. , Spellenbert, Ulrich & Wanitzek, Ulrich eds. , *Law, Society and National Identity in Africa* (Hamburg: Helmut Buske, 1990) 15.

Fitzpatrick, Peter, ed. *Nationalism, Racism and the Rule of Law* (Aldershot: Dartmouth, 1995).

Fong, Hoe Fang, ed. *That We May Dream Again* (Singapore: Ethos, 2009). Foucault, Michel. *The Archaeology of Knowledge and the Discourse on Language*, trans. by Alan Sheridan (New York: Pantheon, 1972).

Foucault, Michel. *Discipline and Punish: The Birth of the*

Prison, 2nd ed., trans. by Alan Sheridan (New York: Vintage, 1995).

Foucault, Michel. "Governmentality", in *Michel Foucault: Power, Essential Works of Foucault*, 1954—1984, ed. by James D. Faubion (London: Penguin, 2002) vol. 3 at 219.

Furnivall, J. S. *Colonial Policy and Practice: A Comparative Study of Burma and Netherlands India* (Cambridge: Cambridge University Press, 1948).

George, Cherian. *Singapore the Air-Conditioned Nation: Essays on the Politics of Comfort and Control* (Singapore: Landmark, 2000).

George, Cherian. "Singapore: Media at the Mainstream and the Margins", in Heng, Russel, ed., *Media Fortunes, Changing Times: ASEAN States in Transition* (Singapore: Institute of South East Asian Studies, 2002).

George, Cherian. *Contentious Journalism and the Internet: Towards Democratic Discourse in Malaysia and Singapore* (Singapore: Singapore University Press, 2006).

George, Cherian. "History Spiked: Hegemony and the Denial of Media Diversity" in Barr, Michael D. & Trocki, Carl A., eds., *Paths Not Taken: Political Pluralism in Post-War Singapore* (Singapore: NUS Press, 2008) 264.

George, Cherian. "No News Here: Media in Subordination", in Welsh, Bridget et al., eds., *Impressions of the Goh Chok Tong Years in Singapore* (Singapore: NUS Press, 2009) 444.

Gillespie, John. *Transplanting Commercial Law Reform: Developing a Rule of Law in Vietnam* (Aldershot: Ashgate, 2006).

Gillespie, John. "Understanding Legality in Vietnam", in Balme, Stephanie & Sidel, Mark, eds., *Vietnam's New Order*

(New York: Palgrave Macmillan, 2007) 137.

Gillespie, John & Nicholson, Pip. "The Diversity and Dynamism of Legal Change in Socialist China and Vietnam", in Gillespie, John & Nicholson, Pip, eds. , *Asian Socialism and Legal Change* (Canberra: Asia Paci c Press, 2005) 1.

Gillis, Kay. *Singapore Civil Society and British Power* (Singapore: Talisman, 2005).

Ginsburg, Tom & Moustafa, Tamir, eds. , *Rule By Law: The Politics of Courts in Authoritarian Regimes* (Cambridge: Cambridge University Press, 2008).

Glenn, H. Patrick. "The Nationalist Heritage", in Legrand, Pierre & Munday, Roderick, eds. , *Comparative Legal Studies: Traditions and Transitions* (Cambridge: Cambridge University Press, 2003) 76.

Glenn, H. Patrick. *Legal Traditions of the World: Sustainable Diversity in Law* (Oxford: Oxford University Press, 2004).

Golder, Ben & Fitzpatrick, Peter. *Foucault's Law* (Abingdon: Routledge, 2009).

Gomez, James. *Internet Politics: Surveillance and Intimidation in Singapore* (Bangkok: Think Centre, 2002).

Gordon, Colin. "Introduction", in Faubion, James D. , ed. , *Michel Foucault: Power* (London: Penguin, 1994) xviii.

Habermas, Jürgen. *Between Facts and Norms: Contributions to a Discourse Theory of Law and Democracy*, trans. by William Rehg (Cambridge, MA: MIT Press, 1995).

Halliday, Terence C. *Beyond Monopoly: Lawyers, State Crises and Professional Empowerment* (Chicago: University of Chicago Press, 1987).

Halliday, Terence C. & Karpik, Lucien. "Politics Matter: A New Framework for the Comparative and Historical Study of Legal Professions", in Halliday, Terence C. & Karpik, Lucien, eds., *Lawyers and the Rise of Western Political Liberalism* (Oxford: Clarendon Press, 1997) 15.

Halliday, Terence C., Karpik, Lucien & Feeley, Malcolm. "Introduction: The Legal Complex in Struggles for Political Liberalism", in Halliday, Terence C., Karpik, Lucien & Feeley, Malcolm, eds., *Fighting for Political Freedom: Comparative Studies of the Legal Complex for Political Change* (Oxford: Hart, 2007) 1.

Han, Fook Kwang, Fernandez, Warren & Tan, Sumiko. *Lee Kuan Yew: The Man and His Ideas* (Singapore: Times Editions, 1998).

Harding, Andrew & Carter, Connie. "The Singapore Model of Law and Development: Cutting through the Complexity", in Hatchard, John & Perry-Kessaris, Amanda, eds., *Law and Development: Facing Complexity in the 21st Century* (London: Routledge Cavendish, 2003) 191.

Harper, Tim. "Lim Chin Siong and the 'Singapore Story' ", in Tan Jing Quee & Jomo, K. S., eds., *Comet in Our Sky: Lim Chin Siong in History* (Kuala Lumpur: Insan, 2001) 3.

Herman, Edward S. & Chomsky, Noam. *Manufacturing Consent: The Political Economy of the Mass Media* (New York: Pantheon, 1988).

Heyzer, Noeleen. "International Production and Social Change: An Analysis of the State, Employment and Trade Unions in Singapore", in Ong Jin Hwee, Tong Chee Kiong & Tan Ern Ser, eds., *Understanding Singapore Society* (Singapore: Times

Academic Press, 1997) 374.

Ho, Khai Leong. *Shared Responsibilities, Unshared Power: The Politics of Policy-Making in Singapore* (Singapore: Marshall Cavendish, 2003).

Hong, Lysa. "Making the History of Singapore: S. Rajaratnam and C. V. Devan Nair", in Lam Peng Er & Tan, Kevin Y. L., eds., *Lee's Lieutenants: Singapore's Old Guard* (St. Leonards: Allen & Unwin, 1999) 96.

Hong, Lysa & Huang, Jianli. *The Scripting of a National History: Singapore and Its Pasts* (Singapore, NUS Press, 2008).

Hooker, M. B. *Laws of Southeast Asia* (Singapore: Butterworths, 1986). Hor, Michael. "Law and Terror: Singapore Stories and Malaysian Dilemmas", in Hor, Michael, Ramraj, Victor & Roach, Kent, eds., *Global Anti-Terrorism Law and Policy* (Cambridge: Cambridge University Press, 2005) 273.

Hor, Michael, Ramraj, Victor and Roach, Kent, eds., *Global Anti-Terrorism Law and Policy* (Cambridge: Cambridge University Press, 2005).

Huang, Jianli. "The Young Path nders: Portrayal of Student Activism", in Trocki, Carl A. & Barr, Michael D., eds., *Paths Not Taken: Political Pluralism in Post-War Singapore* (Singapore: NUS Press, 2008).

Huff, W. G. *The Economic Growth of Singapore: Trade and Development in the Twentieth Century* (Cambridge: Cambridge University Press, 1994).

Hunt, Alan & Wickham, Gary. *Foucault and Law: Towards a Sociology of Law as Governance* (London: Pluto Press, 1994).

Jayasuriya, Kanishka. "Corporatism and Judicial Independence

Within Statist Legal Institutions in East Asia", in Jayasuriya, Kanishka, ed. , *Law, Capitalism and Power in Asia*: *The Rule of Law and Legal Institutions* (London: Routledge, 1999) 173.

Jayasuriya, Kanishka. ed. *Law, Capitalism and Power in Asia*: *The Rule of Law and Legal Institutions* (London: Routledge, 1999).

Johnson, Pauline. *Habermas*: *Rescuing the Public Sphere* (Oxford: Routledge, 2006).

Kalathil, Shanthi, & Boas, Taylor C. *Open Networks*; *Closed Regimes*: *The Impact of the Internet on Authoritarian Rule* (Washington, DC : Carnegie Endowment for International Peace, 2003).

Karpik, Lucien. *French Lawyers*: *A Study in Collective Action*, 1274 *to* 1994, trans. by Nora Scott (Oxford: Clarendon Press, 1999).

Kleinfeld, Rachel. "Competing De nitions of the Rule of Law", in Carothers, Thomas, ed. , *Promoting the Rule of Law Abroad* (Washington, DC: Carnegie Endowment for International Peace, 2006) 31.

Koh, Sharon, Tan, Gillian Koh & Low, Wan Jun Tammy, eds. , *Speeches and Judgments of Chief Justice Yong Pung How*, 2nd ed. (Singapore: SNP, 2006) vol. 2 at 18.

Kuo, Eddie, Quah, Jon & Tong, Chee Kiong. *Religion and Religious Revivalism in Singapore* (Singapore: Ministry of Community Development, 1989).

Kuo, Eddie, Quah, Jon & Tong, Chee Kiong. *Religion in Singapore*: *An Analysis of the* 1980 *Census Data* (Singapore: Ministry of Community Development, 1989).

Kuo, Eddie, Quah, Jon & Tong, Chee Kiong. *Religion in*

Singapore：*Report of a National Survey* (Singapore：Ministry of Community Development，1989).

Lai，Ah Eng. *Beyond Rituals and Riots*：*Ethnic Pluralism and Social Cohesion in Singapore* (Singapore：Eastern Universities Press，2004).

Lau，Albert. *A Moment of Anguish*：*Singapore in Malaysia and the Politics of Disengagement* (Singapore：Times Academic Press，2000).

Lee，Geok Boi. *The Syonan Years*：*Singapore under Japanese Rule*，1942—1945 (Singapore：Epigram，2005).

Lee，Kuan Yew. *From Third World to First*：*The Singapore Story*，1965—2000 (Singapore：Times Editions，2000).

Lee，Terence. "Emulating Singapore：Towards a Model for Internet Regulation in Asia"，in Gan，Steven，Gomez，James & Johannen，Uwe，eds.，*Asian Cyberactivism*：*Freedom of Expression and Media Censorship* (Singapore：Friedrich Naumann Foundation，2004) 162.

Leiffer，Michael. *Singapore's Foreign Policy*：*Coping with Vulnerability* (Abingdon：Routledge，2000).

Leong，Wai Kum. *Principles of Family Law in Singapore* (Singapore：Butterworths，1997).

Loughlin，Martin. *Sword and Scales*：*An Examination of the Relationship between Law and Politics* (Oxford：Hart，2000).

Low，Kelvin & Tang，Hung Wu，eds.，*Principles of Singapore Land Law* (LexisNexis，2009).

Low，Linda. *The Political Economy of a City-State*：*Government-Made Singapore* (Singapore：Oxford University Press，1998).

Lydgate，Chris. *Lee's Law*：*How Singapore Crushes Dissent*

(Melbourne: Scribe, 2003).

McQueen, Rob & Pue, W. Wesley, eds. , *Misplaced Traditions* : *British Lawyers*, *Colonial Peoples* (Sydney: Federation Press, 1999).

Malik, Waleed Haider. *Judiciary-Led Reforms in Singapore* : *Frameworks*, *Strategies*, *and Lessons* (Washington, DC: World Bank, 2007).

Mauzy, Dianne K. & Milne, Robert Stephen. *Singapore Politics Under the People's Action Party* (London: Routledge, 2002).

McCormick, John P. *Weber*, *Habermas and Transformations of the European State* : *Constitutional*, *Social and Supranational Democracy* (Cambridge: Cambridge University Press, 2007).

Mutalib, Hussin. *Parties and Politics* : *A Study of Opposition Parties and the PAP in Singapore* (Singapore: Marshall Cavendish International, 2005).

Nelken, David, ed. *Law as Communication* (Dartmouth: Ashgate, 1996). Neo, Jaclyn Ling-Chien & Lee, Yvonne C. L. "Constitutional Supremacy: Still a Little Dicey", in Thio, Li-ann & Tan, Kevin Y. L. eds. , *Evolution of a Revolution* : 40 *Years of the Singapore Constitution* (Abingdon: Routledge Cavendish, 2009) 153.

Nicholson, Pip. *Borrowing Court Systems* (Leiden: Martinus Nijhoff, 2007).

Nicholson, Pip. "Vietnamese Courts: Contemporary Interactions between

Party-State and Law", in Balme, Stephanie & Sidel, Mark, eds. , *Vietnam's New Order* (New York: Palgrave Macmillan, 2007) 178.

Neilson, William A. W. "Reforming Commercial Laws in Asia: Strategies and Realities for Donor Agencies", in Lindsey, Timothy, ed. , *Indonesia: Bankruptcy, Law Reform and the Commercial Court* (Sydney: Desert Pea Press, 2000) 15.

Pakir, Anne & Tong, Chee Kiong, eds. , *Imagining Singapore*, 2nd ed. (Singapore: Eastern Universities Press, 2004).

Patapan, Haig, Wanna, John & Weller, Patrick, eds. , *Westminster Legacies: Democracy and Responsible Government in Asia and the Paci c* (Sydney, UNSW Press, 2005).

Peerenboom, Randall. "Varieties of Rule of Law: An Introduction and Provisional Conclusion", in Peerenboom, Randall, ed. , *Asian Discourses of Rule of Law* (London: Routledge, 2004) 1.

Peerenboom, Randall. "Competing Conceptions of Rule of Law in China", in Peerenboom, Randall, ed. , *Asian Discourses of Rule of Law* (London: Routledge, 2004) 113.

Poh, Soo Kai, Tan, Jing Quee & Koh, Kay Yew, eds. , *The Fajar Generation: The University Socialist Club and the Politics of Postwar Malaya and Singapore* (Petaling Jaya: Strategic Information and Research Development Centre, 2010).

Post, Robert, ed. *Law and the Order of Culture* (Berkeley: University of California Press, 1991).

PuruShotam, Nirmala. *Negotiating Language, Constructing Race: Disciplining Difference in Singapore* (Berlin: Mouton de Gruyter, 1998).

Quah, Jon S. T. *Religion and Religious Conversion in Singapore: A Review of the Literature* (Singapore: Ministry of Community Development, 1989).

Quah, Jon S. T. "The 1980s: A Review of Signi cant Political

Developments", in Chew, Ernest & Lee, Edwin eds. , *A History of Singapore* (Singapore: Oxford University Press, 1991) 385.

Rahim, Lily Zubaidah. *The Singapore Dilemma: The Political and Educational Marginality of the Malay Community* (Shah Alam: Oxford University Press, 1998).

Rajah, K. S. "Negotiating Boundaries: OB Markers and the Law", in Welsh, Bridget et al. , eds. , *Impressions of the Goh Chok Tong Years in Singapore* (Singapore: NUS Press, 2009) 107.

Regnier, Philippe. *Singapore: A Chinese City State in a Malay World*, trans. by Christopher Hurst (London: Hurst, 1991).

Rhodes, R. A. W. & Weller, Patrick. "Westminster Transplanted and Westminster Implanted: Exploring Political Change ", in Haig Patapan, John Wanna & Patrick Weller, eds. , *Westminster Legacies: Democracy and Responsible Government in Asia and the Pacific* (Sydney: UNSW Press, 2005) 1.

Rodan, Garry. *Transparency and Authoritarian Rule in Southeast Asia: Singapore and Malaysia* (London: Routledge Curzon, 2004).

Rodan, Garry. "Westminster in Singapore: Now You See It, Now You Don't", in Patapan, Haig, Wanna, John & Weller, Patrick, eds. , *Westminster Legacies: Democracy and Responsible Government in Asia and the Paci c* (Sydney: UNSW Press, 2005) 109.

Rodan, Garry. "Singapore 'Exceptionalism'? Authoritarian Rule and State Transformation", in Friedman, Edward & Wong, Joseph, eds. , *Political Transitions in Dominant Party Systems:*

Learning to Lose (London: Routledge, 2008) 231.

Root, Hilton L. & May, Karen. "Judicial Systems and Economic Development", in Ginsburg, Tom & Moustafa, Tamir, eds., *Rule by Law: The Politics of Courts in Authoritarian Regimes* (Cambridge: Cambridge University Press, 2008) 304.

Rutter, Michael. *The Applicable Law in Singapore and Malaysia* (Singapore: Malayan Law Journal, 1989).

Ryan, M. Stanley. *Parliamentary Procedure: Essential Principles* (New York: Cornwall, 1985).

Sai, Siew Min & Huang, Jianli. "The 'Chinese-Educated' Political Vanguards: Ong Pang Boon, Lee Khoon Choy & Jek Yeun Thong", in Lam Peng Er & Tan, Kevin Y. L., eds., *Lee's Lieutenants: Singapore's Old Guard* (St. Leonards: Allen & Unwin, 1999) 132.

Sarat, Austin & Schiengold, Stuart A., eds., *Cause Lawyers and Social Movements* (Stanford, CA: Stanford University Press, 2006).

Shklar, Judith N. "Political Theory and the Rule of Law", in Hutchinson, Allan C. & Monahan, Patrick, eds., *The Rule of Law: Ideal or Ideology* (Toronto: Carswell, 1987) 1.

Silverstein, Gordon. "Singapore: The Exception That Proves Rules Matter", in Ginsburg, Tom & Moustafa, Tamir, eds., *Rule By Law: The Politics of Courts in Authoritarian Regimes* (Cambridge: Cambridge University Press, 2008) 73.

Schiengold, Stuart A. *The Politics of Rights: Lawyers, Public Policy and Political Change*, 2nd ed. (Ann Arbor: University of Michigan Press, 2004).

Schomberg, Rene Von & Baynes, Kenneth, eds., *Discourse*

and Democracy: Essays on Habermas's "Between Facts and Norms" (Albany: State University of New York Press, 2002).

Seow, Francis T. *To Catch a Tartar: A Dissident in Lee Kuan Yew's Prison* (New Haven, CT: Yale Southeast Asian Studies, 1994).

Seow, Francis T. *The Media Enthralled: Singapore Revisited* (Boulder, CO: Lynne Reinner, 1998).

Seow, Francis T. *Beyond Suspicion? The Singapore Judiciary* (New Haven, CT: Yale University Southeast Asian Studies, 2006).

Shafir, Gershon. "The Evolving Tradition of Citizenship", in Shafir, Gershon, ed. , *The Citizenship Debates: A Reader* (Minneapolis: University of Minnesota Press, 1998) 1.

Sidel, Mark. *Law and Society in Vietnam* (Cambridge: Cambridge University Press, 2008).

Singham, Constance et al. , eds. , *Building Social Space in Singapore: The Working Committee's Initiative in Civil Society Activism* (Singapore: Select, 2002).

Smith, Rogers M. , ed. *Southeast Asia Documents of Political Development and Change* (Ithaca, NY: Cornell University Press, 1974).

Stockwell, Tony. " Forging Singapore and Malaysia: Colonialism, Decolonization and Nation-Building ", in Wang Gungwu, ed. , *Nation-Building: Five Southeast Asian Histories* (Singapore: Institute of Southeast Asian Studies, 2005) 191.

Strawson, John, ed. *Law after Ground Zero* (London: Glasshouse Press, 2002).

Strong, Tracy B. "Foreword: Dimensions of the New Debate

around Carl Schmitt", in Schmitt, Carl, ed. , *The Concept of the Political*, trans. by George Schwab (Chicago: University of Chicago Press, 2007) ix.

Strydom, Piet. *Discourse and Knowledge: The Making of Enlightenment Sociology* (Liverpool: Liverpool University Press, 2000).

Tamanaha, Brian Z. *On the Rule of Law: History, Politics, Theory* (Cambridge: Cambridge University Press, 2004).

Tamney, Joseph B. *The Struggle over Singapore's Soul: Western Modernization and Asian Culture* (Berlin: Walter de Gruyter, 1996).

Tan, Kenneth Paul. , ed. *Renaissance Singapore? Economy Culture and Politics* (Singapore: NUS Press, 2007).

Tan, Kevin Y. L. "Economic Development, Legal Reform and Rights in Singapore and Taiwan", in Bauer, Joanne R. & Bell, Daniel A. , eds. , *The East Asian Challenge for Human Rights* (Cambridge: Cambridge University Press, 1999) 264.

Tan, Kevin Y. L. "Understanding and Harnessing Ground Energies in Civil Society", in Koh, Gillian & Ooi Giok Ling, eds. , *State-Society Relations in Singapore* (Singapore: Oxford University Press, 2000) 98.

Tan, Kevin Y. L. *Marshall of Singapore: A Biography* (Singapore: Institute of Southeast Asian Studies, 2008).

Tan, Kevin, Yeo, Tiong Min & Lee, Kiat Seng. *Constitutional Law in Malaysia and Singapore* (Singapore: Malayan Law Journal, 1991).

Tan, Chong Kee. "The Canary and the Crow: Sintercom and the State Tolerability Index", in Tan, Kenneth Paul, ed. ,

Renaissance Singapore? Economy, Culture, and Politics (Singapore: NUS Press, 2007) 159.

Tan, Jing Quee, Teo, Soh Lung & Koh, Kay Yew, eds. , *Our Thoughts Are Free: Poems and Prose on Imprisonment and Exile* (Singapore: Ethos, 2009).

Teo, Soh Lung, *Beyond the Blue Gate: Recollections of a Political Prisoner* (Singapore: Ethos, 2010)

Thio, Li-ann. "Rule of Law Within a Non-Liberal 'Communitarian' Democracy: The Singapore Experience", in Peerenboom, Randall, ed. , *Asian Discourses of Rule of Law* (London: Routledge, 2004) 183.

Thio, Li-ann. "Taking Rights Seriously? Human Rights Law in Singapore", in Peerenboom, Randall & Chen, Andrew, eds. , *Human Rights in Asia* (London: Routledge Curzon, 2006) 158.

Thio, Li-ann and Tan, Kevin Y. L. , eds. , *Evolution of a Revolution: 40 Years of the Singapore Constitution* (London: Routledge Cavendish, 2008).

Tong, Chee Kiong. *Rationalising Religion: Religious Conversion, Revivalism and Competition in Singapore Society* (Leiden: Brill, 2007).

Tremewan, Christopher. *The Political Economy of Social Control* (Hampshire: Macmillan Press, 1994).

Trocki, Carl A. *Opium and Empire: Chinese Society in Colonial Singapore*, 1800—1910 (Ithaca, NY: Cornell University Press, 1990).

Trocki, Carl A. "David Marshall and the Struggle for Civil Rights in Singapore" in Trocki, Carl A. & Barr, Michael D. , eds. , *Paths Not Taken: Political Pluralism in Post-War Singapore* (Singapore: NUS Press, 2008) 116.

Trocki, Carl A. & Barr, Michael D. , eds. , *Paths Not Taken: Political Pluralism in Post-War Singapore* (Singapore: NUS Press, 2008).

Turnbull, C. M. *Dateline Singapore: 150 Years of "The Straits Times"* (Singapore: Times Editions, 1995).

Walzer, Michael. "The Civil Society Argument", in Shafir, Gershon, ed. , *The Citizenship Debates: A Reader* (Minneapolis: University of Minnesota Press, 1998) 291.

Whewall, Catherine. "Foreword", in Fong, Hoe Fang, ed. , *That We May Dream Again* (Singapore: Ethos, 2009) 6.

Wickham, Gary. "Foucault and Law", in Banakar, Reza & Travers, Max, eds. , *An Introduction to Law and Social Theory* (Oxford: Hart, 2002) 249.

Woo, Yen Yen Joyceln & Goh, Colin. "Caging the Bird: TalkingCock. com and the Pigeonholing of Singaporean Citizenship", in Tan, Kenneth Paul, ed. , *Renaissance Singapore? Economy, Culture, and Politics* (Singapore: NUS Press, 2007) 95.

Worthington, Ross. *Governance in Singapore* (London: Routledge Curzon, 2003).

Yao, Souchou. *Singapore: The State and the Culture of Excess* (Oxford: Routledge, 2007).

Yao, Souchou. "All Quiet on the Jurong Road: Nanyang University and Radical Vision in Singapore", in Trocki, Carl A. & Barr, Michael D. , eds. , *Paths Not Taken: Political Pluralism in Post-War Singapore* (Singapore: NUS Press, 2008) 170.

Yeo, Kim Wah & Lau, Albert. "From Colonialism to Independence, 1945—1965", in C. T. Chew, Ernest & Lee, Edwin, eds. , *A History of Singapore* (Singapore: Oxford

University Press，1991）117.

Zahari，Said. *Singapore*：*Journey into Nationhood* (Singapore：National Heritage Board & Landmark，1998).

Zahari，Said. *The Long Nightmare*：*My 17 Years as a Political Prisoner* (Kuala Lumpur：Utusan，2007).

Zahari，Said. 10 *Years That Shaped a Nation*（Singapore：National Archives of Singapore，2008).

二手资料：期刊

Ang，Ien & Stratton，John. "The Singapore Way of Multiculturalism：Western Concepts/Asian Cultures"（1995）10：1 *Sojourn*：*Journal of Social Issues in Southeast Asia* 65.

Apel，Karl-Otto. "2 Discourse Ethics，Democracy，and International Law：Towards a Globalization of Practical Reason"（2007）66：1 *American Journal of Economics & Sociology* 49.

Barr，Michael D. "J. B. Jeyaretnam：Three Decades as Lee Kuan Yew's Bete Noir"（2003）33：3 *Journal of Contemporary Asia* 299.

Bell，Daniel A. "A Communitarian Critique of Authoritarianism：The Case of Singapore"（1997）25：1 *Political Theory* 6.

Bernhard，Michael. "Civil Society and Democratic Transition in East Central Europe"（1993）108：2 *Political Science Quarterly* 309.

Blackburn，Kevin. "Reminiscence and War Trauma：Recalling the Japanese Occupation of Singapore，1942—1945"（2005）33：2 *Oral History* 91.

Borkhorst-Heng，Wendy. "Newspapers in Singapore：A Mass Ceremony in the Imagining of the Nation"（2002）24 *Media*，

Culture & Society 559.

Brown, Mark. "Ethnology and Colonial Administration in Nineteenth-Century British India: The Question of Native Crime and Criminality" (2003) 36:2 *British Journal for the History of Science* 201.

Brunnel, Tim. "Intervention-Extending Hospitality, Offshoring Protest-When the International Monetary Fund and World Bank Came to Singapore" (2007) 26 *Political Geography* 493.

Cassady, Simon. "Lee Kuan Yew & the Singapore Media: Purging the Press" (1975) 4:3 *Index on Censorship* 3.

Castells, Manuel. "The Developmental City-State in an Open World Economy: The Singapore Experience" (Berkeley: University of California, 1988), online: < http://brie. berkeley. edu/publications/working_papers. html>.

Chong, Damien. "Enhancing National Security Through the Rule of Law: Singapore's Recasting of the Internal Security Act as an Anti-Terrorism Legislation" (2005) 5 *AsiaRights Journal* 1.

Collins, Alan. "A People-Oriented ASEAN: A Door Ajar or Closed for Civil Society Organisations?" (2008) 30:2 *Contemporary Southeast Asia* 313.

Cover, Robert. "Violence and the Word" (1985) 95 *Yale L. J.* 1601.

Cross, Allen. "Vandalism: An Anglo-American Perspective" (1979) 2 *Police Studies* 31.

Daw, Rowena. "Preventive Detention in Singapore: A Comment on the Case of Lee Mau Seng" (1972) 14 *Mal. L. R.* 276.

de Mello, A. "Eastern Colonies: Review of Legislation, 1934, Straits Settlements" (1936) 18:3 3rd Ser. *Journal of Comparative*

Legislation and International Law 156.

Dent, Chris. "Copyright, Governmentality and Problematisation: An Exploration" (2009) 18:1 *Grif th Law Review* 134.

Diamond, Larry. "Thinking about Hybrid Regimes" (2002) 13:2 *Journal of Democracy* 21.

Feket, Liz. "Anti-Muslim Racism and the European Security State" (2004) 46:1 *Race & Class* 3.

Fitzpatrick, Peter. "'Enacted in the Destiny of Sedentary Peoples': Racism, Discovery and the Grounds of Law" (2000) 1:1 *Balayi: Culture, Law and Colonialism* 11.

Froomkin, Michael. "Habermas @ Discourse. Net: Towards a Critical Theory of Cyberspace" (2003) 116:3 *Harv. L. Rev.* 751.

George, Cherian. "The Internet's Political Impact and the Penetration/ Participation Paradox in Malaysia and Singapore" (2005) 27 *Media, Culture & Society* 903.

George, Cherian. "Consolidating Authoritarian Rule: Calibrated Coercion in Singapore" (2007) 20:2 *Pacific Review* 127.

Gomez, James. "Restricting Free Speech: The Impact on Opposition Parties in Singapore" (2006) 23 *Copenhagen Journal of Asian Studies* 105.

Gomez, James. "Online Opposition in Singapore: Communications Outreach without Electoral Gain" (2008) 38:4 *Journal of Contemporary Asia* 591.

Habermas, Jurgen. "Religion in the Public Sphere" (2006) 14:1 European Journal of Philosophy 1.

Harding, Andrew. "The 'Westminster Model' Constitution Overseas: Transplantation, Adaptation and Development in Commonwealth States" (2004) 4 Oxford Commonwealth Law

Journal 143.

Hewison, Kevin & Rodan, Garry. "The Decline of the Left in Southeast Asia" (1994) Socialist Register 235.

Hickling, R. H. "The First Five Years of the Federation of Malaya Constitution" (1962) 4 Mal. L. Rev. 183.

Hickling, R. H. "Some Aspects of Fundamental Liberties under the Constitution of the Federation of Malaya" (1963) 2 M. L. J. xiv.

Hill, Michael. "Conversion and Subversion: Religion and the Management of Moral Panics in Singapore" (Asian Studies Institute, Working Paper No. 8), online: < http://www. victoria. ac. nz/ asiastudies/publications/working/08Con versionandSubversion. pdf>.

Holden, Philip. "A Man and an Island: Gender and Nation in Lee Kuan Yew's Singapore Story" (2001) 24:2 Biography: An Interdisciplinary Quarterly 410.

Hor, Michael. "The Freedom of Speech and Defamation" (1992) S. J. L. S. 542. Hor, Michael. "The Presumption of Innocence: A Constitutional Discourse for Singapore" (1995) S. J. L. S. 365.

Hor, Michael. "Civil Disobedience and the Licensing of Speech in Singapore" (1999) Lawasia Journal 1.

Hor, Michael. "Terrorism and the Criminal Law: Singapore's Solution" (2002) S. J. L. S. 30.

Hor, Michael & Seah, Collin. "Selected Issues in the Freedom of Speech and Expression in Singapore" (1991) 12 Sing. L. R. 296.

Jayakumar, S. "Emergency Powers in Malaysia, Development of the Law 1957—1977" (1978) 1 M. L. J. ix.

Jayasuriya, Kanishka. "The Exception Becomes the Norm: Law and Regimes of Exception in East Asia" (2001) 2:1 Asian Pac.

L. & Pol'y J. 108.

Kapoor, Ilan. "Deliberative Democracy or Agonistic Pluralism? The Relevance of the Habermas-Mouffe Debate for Third World Politics" (2002) 27:4 Alternatives: Global, Local, Political 459.

Kessler, Mark. "Lawyers and Social Change in the Postmodern World" (1995) 29:4 Law & Soc'y Rev. 769.

Kuah, Khun Eng. "Maintaining Ethno-Religious Harmony in Singapore" (1998) 28:1 Journal of Contemporary Asia 103.

Kluver, Randolph. "Political Cultureand Information Technologyin the 2001 Singapore General Election" (2004) 21 *Political Communication* 435.

Kluver, Randolph & Soon, Carol. "The Internet and Online Political Com-munities in Singapore" (2007) 17:3 *Asian Journal of Communication* 246. Kong, Lily. "Cultural Policy in Singapore: Negotiating Economic and Socio-Cultural Agendas" (2000) 31 *Geoforum* 409.

Lee, Terence. "The Politics of Civil Society in Singapore" (2002) 26:1 *Asian Studies Review* 97.

Lee, Terence. "Internet Use in Singapore: Politics and Policy Implications" (2003) 107 *Media International Australia Incorporating Culture & Policy* 75.

Lee, Terence. "Gestural Politics: Civil Society in 'New' Singapore" (2005) 20:2 *Journal of Social Issues in Southeast Asia* 132.

Lee, Terence. "Internet Control and Auto-regulation in Singapore (2005) 3:1 *Surveillance & Society* 74.

Lee, Terence, & Birch, David. "Internet Regulation in

Singapore: A Policy/ing Discourse" (2000) 95 *Media International Australia Incorporating Culture and Policy* 147.

Lim, Fung Chian Mark. "An Appeal to Use the Rod Sparingly: A Dispassionate Analysis of the Use of Caning in Singapore" (1994) 15:3 *Singapore Law Review* 20.

Loughlin, Martin. "Law, Ideologies, and the Political-Administrative System" (1989) 16:1 *J. L. & Soc'y* 21.

Low, Hop Bing. "Habeas Corpus in Malaysia and Singapore" (1977) 2 *M. L. J.* iv.

Lyden, Georgen A. "The International Money Laundering Abatement and Anti-Terrorist Financing Act of 2001: Congress Wears a Blindfold While Giving Money Laundering Legislation a Facelift" (2003) 8 *Fordham J. Corp. & Fin. L.* 203.

Merry, Sally Engle. "Law and Colonialism" (1991) 25:4 *Law & Soc'y Rev.* 889.

Mutalib, Hussin. "Illiberal Democracy and the Future of Opposition in Singapore" (2000) 21 *Third World Quarterly* 313.

Napier, W. J. "An Introduction to the Study of the Law Administered in the Colony of the Straits Settlements" (1898), reprinted in (1974), 16:1 *Mal. L. Rev.* 4.

Oguamanam, Chidi & Pue, W. Wesley. "Lawyers' Professionalism, Colonialism, State Formation and National Life in Nigeria, 1900—1960: 'The Fighting Brigade of the People'" (2007) 13:6 *Social Identities* 769.

Prakash, Gyan. "Subaltern Studies as Postcolonial Criticism" (1994) 99:5 *American Historical Review* 1475.

Prychitko, David L. & Storr, Virgil Henry. "Communicative Action and the Radical Constitution: The Habermasian Challenge to Hayek, Mises and Their Descendents" (2007) 31:2 *Cambridge*

Journal of Economics 255.

Qu, Hailin, Li, Lan & Chu, Gilder Kei Tat. "The Comparative Analysis of Hong Kong as an International Conference Destination in Southeast Asia" (2000) 21 *Tourism Management* 643.

Rawlings, H. F. "Habeas Corpus and Preventive Detention in Singapore and Malaysia" (1983) 25 *Mal. L. Rev.* 324

Rodan, Garry. "Civil Society and Other Political Possibilities in Southeast Asia" (1997) 27:2 *Journal of Contemporary Asia* 14.

Rodan, Garry. "The Internet and Political Control in Singapore" (1998) 113:1 *Political Science Quarterly* 63.

Rodan, Garry. "Asia and the International Press: The Political Signi cance of Expanding Markets" (1998) 5:2 *Democratization* 125.

Rodan, Garry. "Embracing Electronic Media but Suppressing Civil Society: Authoritarian Consolidation in Singapore" (2003) 16:4 *Pacific Review* 503.

Ross, Stanley D. "The Rule of Law and Lawyers in Kenya" (1992) 30:3 *Journal of Modern African Studies* 421.

Sheehey, Benedict. "Singapore, 'Shared Values' and Law: Non East versus West Constitutional Hermeneutic" (2004) 34 *Hong Kong Law Journal* 67.

Sikorski, Douglas. "Resolving the Liberal-Socialist Dichotomy: The Political Economy of Prosperity in Singapore" (1991) 4:4 *International Journal of Politics, Culture and Society* 403.

Silverstein, Gordon. "Globalisation and the Rule of Law: 'A Machine That Runs of Itself?' " (2003) 1:3 *International Journal of Constitutional Law* 427.

Sim, Soek-Fang. "Asian Values, Authoritarianism and

Capitalism in Singapore" (2001) 8:2 *The Public* 45.

Sim, Soek-Fang. "Obliterating the Political: One-Party Ideological Dominance and the Personalization of News in Singapore 21" (2006) 7:4 *Journalism Studies* 575.

Tan, Eugene K. B. "'WE'v. 'I': Communitarian Legalism in Singapore" (2002) 4 *Australian Journal of Asian Law* 1.

Tan, Kevin Y. L. "Lawyers in Politics, 1945—1990", in Kevin Y. L. Tan & Michael Hor, eds., *Encounters with Singapore Legal History* (Singapore: Singapore Journal of Legal Studies, 2009) 529.

Tan, Kenneth Paul. "Singapore's National Day Rally Speech: A Site of Ideological Negotiation" (2007) 37:3 *Journal of Contemporary Asia* 292.

Tan, Kenneth Paul. "Who's Afraid of Catherine Lim? The State in Patriarchal Singapore" (2009) 33 *Asian Studies Review* 43.

Tang, Hang Wu. "The Networked Electorate: The Internet and the Quiet Democratic Revolution in Malaysia and Singapore" (2009) 2 *Journal of Information Law and Technology*.

Tan, Yock Lin. "Some Aspects of Executive Detention in Malaysia and Singapore" (1987) 29 *Mal. L. Rev.* 237.

Tay, Simon. "Human Rights, Culture and the Singapore Example" (1996) 41 *McGill L. J.* 743.

Tey, Tsun Hung. "Con ning the Freedom of the Press in Singapore: A 'Pragmatic' Press for 'Nation-Building'?" (2008) *Hum. Rts. Q.* 876.

Tey, Tsun Hung. "Singapore's Jurisprudence of Political Defamation and Its Triple-Whammy Impact on Political Speech" (2008) *Public Law* 452.

Thio, Li-ann. "The Secular Trumps the Sacred: Constitutional

Issues Arising from *Colin Chan v Public Prosecutor*" (1995) 16 *Sing. L. Rev.* 98.

Thio, Li-ann. "Working out the Presidency: The Rites of Passage" (1995) *S. J. L. S.* 500.

Thio, Li-ann. "Trends in Constitutional Interpretation: Oppugning Ong, Awakening Arumugam?' (1997) *S. J. L. S.* 240.

Thio, Li-ann. "Lex Rex or Rex Lex? Competing Conceptions of the Rule of Law in Singapore" (2002) 20:1 *Pacific Basin Law Journal* 22.

Thio, Li-ann. "Singapore: Regulating Political Speech and the Commitment ' to Build a Democratic Society' " (2003) 1 *International Journal of Constitutional Law* 516.

Thio, Li-ann. "'Pragmatism and Realism Do Not Mean Abdication': A Critical and Empirical Inquiry into Singapore's Engagement with International Human Rights Law" (2004) 8 *Singapore Year Book of International Law* 41.

Thio, Li-ann. "Control, Co-optation and Co-operation: Managing Religious Harmony in Singapore's Multi-Ethnic, Quasi-Secular State" (2006) 33 *Hastings Const. L. Q.* 197.

Thio, Li-ann. "Beyond the ' Four Walls' in an Age of Transnational Judicial Conversations Civil Liberties, Rights Theories, and Constitutional Adjudication in Malaysia and Singapore" (2006) 19 *Colum. J. Asian Law* 428.

Thio, Li-ann. "The Virtual and the Real: Article 14, Political Speech and the Calibrated Management of Deliberative Democracy in Singapore" (2008) *S. J. L. S.* 25.

Thio, Li-ann. "Legal Systems in Singapore: Chapter 3-Government and the State", Legal Systems in ASEAN, online: <

http://www.aseanlawassociation.org/legal-sing.html>.

Varvaele, John A. E. "The Anti-Terrorist Legislation in the US: Inter Arma Silent Leges?" (2005) 13 *Eur. J. Crime, Crim. L. & Crim. J.* 201.

Vasoo, S. & Lee, James. "Singapore: Social Development, Housing and the Central Provident Fund" (2001:10) *International Journal of Social Welfare* 276.

Woodier, Jonathan. "Securing Singapore/Managing Perceptions: From Shooting the Messenger to Dodging the Question" (2006) 23 *Copenhagen Journal of Asian Studies* 57.

Worthington, Ross. "Between Hermes and Themis: An Empirical Study of the Contemporary Judiciary in Singapore" (2001) 28:4 *J. L. & Soc'y* 490.

Yang, Anand A. "Indian Convict Workers in Southeast Asia in the Late Eighteenth and Early Nineteenth Centuries" (2003) 14:2 *Journal of World History* 179.

Yao, Su Cho. "The Internet: State Power and Techno-Triumphalism in Singapore" (1996) 82 *Media International Australia* 73.

Zelman, Joshua D. "Recent Developments in International Law: Anti-Terrorism Legislation-Part One: An Overview" (2001—2002) 11 *J. Transnat'l L. & Pol'y* 183.

7. 媒体报道

"9 Foreign Students Held for Vandalism", *Straits Times* (7 October 1993) 25.

"96 Barisans get 4 Months for Contempt", *Straits Times* (21 December 1967) 4.

"100 US Troops in S'pore for Rest", *Straits Times* (6 April

1966) 5.

"4,000 Delegates from 120 Countries", *Straits Times* (16 October 2007).

"A $140,000 Fountain to Be Opened by Toh on May Day", *Straits Times* (20 April 1966) 6.

"'Aid Vietnam' Display by Barisan", *Straits Times* (11 April 1966) 4.

"Aid-Vietnam Posters Hint of May Day Violence", *Sunday Times* (24 April 1966) 1.

"American Teenager Charged with Keeping Stolen Goods", *Straits Times* (9 October 1993) 1.

"Anti-US Name Campaign", *Straits Times* (19 May 1966) 11; "Anti-US Slogans Daubed on Bus Shelters", *Straits Times* (14 April 1966) 9.

"At Pine Grove: Vandalism on Cars", *Straits Times* (6 October 1993) 22.

"Barisan Hits 'Phoney Freedom'", *Straits Times* (10 August 1966) 5.

"Barisan to Hold Meetings Against Police", *Straits Times* (22 May 1966) 3.

"The Barisan Sedition Case Takes New Turn", *Straits Times* (26 April 1966) 1.

"Barricades to Keep Out Trouble at IMF/WB Meet", *Straits Times* (11 September 2006).

"Caning Sentence on Fay to Stay", *Straits Times* (5 May 1994).

"Counsel, DPP Clash over 'Inspiration Day'", *Straits Times* (8 October 1967) 9.

"Counsel Fails in Bid to Have Case Heard by Another Court", *Straits Times* (25 October 1968).

"Damaging Court Benches: 2 Charged", *Straits Times* (2 August 1967) 8.

"Decision on HK Teen Tomorrow", Straits Times (20 April 1994).

"The Economist Apologises to Lee Kuan Yew", *Bangkok Post* (21 January 2006).

"End of Jury Trials in S'pore", *Straits Times* (23 December 1969).

"Father Denounces Son as 'Incorrigible'", *Straits Times* (15 August 1967) 6.

"Freed, Then Re-arrested", *Straits Times* (1 August 1967) 8.

"A Giant of Singapore's Legal History", *Straits Times* (6 June 2005).

"Girl Fined $200", *Straits Times* (2 August 1967) 11.

"Government Must Act if Law Society Used for Political Ends: PM", *Straits Times* (10 October 1986) 18.

"Govt Rebuts Report Questioning Independence of Singapore Courts", *Channel NewsAsia* (11 July 2008).

"Govt Takes Issue with IHT Article on Civil Society Groups", *Straits Times* (7 October 2006).

HK Youth Denies Charges and Claims He Was Elsewhere", *Straits Times* (23 March 1994) 24.

"Hongkonger Convicted of Vandalism to Get 6 Strokes", *Straits Times* (19 June 1994) 1.

"ISA Detainee Taught MP's Sons", *Straits Times* (3 February 2002).

"Jail, Rotan for Act of Vandalism", *Straits Times* (23 March 1968) 22.

"Judging Singapore's Judiciary", *Wall Street Journal* (15 July 2008).

"The Law Society President Says Lawyers Apathetic About Public Law", *Straits Times* (18 March 2008).

"Lawyers Want Govt to Hear Their Views Before Passing Bill", *Straits Times* (25 September 1986) 18.

"Lesson on Crime from S'pore", *Straits Times* (18 March 1994).

"Malaysia Applauds Lee Kuan Yew's Defamation Win: Report", *Malaysiakini* (19 October 2007).

"May Day: Police on Emergency Alert", *Straits Times* (2 May 1966) 9.

"May Day Rally Approved", *Straits Times* (30 April 1966) 1.

"Mobs Out for US Blood", *Straits Times* (9 April 1966) 1.

"Other Branches of Law Need Reform", *Straits Times* (16 December 1969).

"Our Case Proved Beyond All Doubt-Minister", *Straits Times* (23 December 1969).

"PM: It's My Job to Stop Politicking in Professional Bodies", *Straits Times* (10 October 1986) 14.

"Police Asked Me to Persuade Son to Plead Guilty: Witness", *Straits Times* (18 March 1994) 31.

"Police Of cers Hit Me, Says Hongkong Student", *Straits Times* (17 March 1994) 25.

"The Police Stand", *Straits Times* (13 September 2006).

"Political Podcasts, Videocasts Not Allowed during Election",

Straits Times (4 April 2006).

"Putting Up Posters: 23 Charged", *Straits Times* (4 May 1966) 4.

"Reasons Behind the Vandalism Bill ...", *Straits Times* (25 August 1966) 4.

"Reinstate Expelled Students", *Straits Times* (19 April 1966) 5.

"Security Men Raid Barisan Office", *Sunday Times* (7 August 1966).

"Singapore Arrests Opposition Members in Myanmar Protest", *Reuters* (8 October 2007), online: Reuters. com ＜http://www. reuters. com/article/newsOne/ idUSSIN30196720071008＞.

"Singapore Has an Independent Judiciary", *Wall Street Journal* (24 July 2008).

"Singapore Judges Its Juries", *Straits Times* (20 December 1969).

"SM Urges SBC Drama Head to Stay Despite Son's Vandal Conviction", *Business Times* [*of Singapore*] (1 August 1994).

"Society Illegal, Dr Lee Warned", *Straits Times* (10 April 1966) 2.

"S'pore-Qatar Pact to Study Legal Systems", *Straits Times* (19 November 2009).

"S'pore 'Right to Blacklist Activists' ", *Straits Times* (7 October 2006).

"S'pore, Through Foreign Eyes", *Straits Times* (16 September 2006).

"Teens Vandalism Trial Postponed", *Straits Times* (24 February 1994) 17.

"Teen Vandal Gets Jail and Cane", *Straits Times* (4 March 1994) 1.

"The Law Must Run Its Course", *Straits Times* (4 March 1993) 25.

"Thumbs up for S'pore Service Standards", *Straits Times* (29 March 2007).

"Today Paper Suspends Blogger's Column", *Straits Times* (7 July, 2006).

"Troops for Border", *Straits Times* (11 August 1966) 1.

"Two Barisan Leaders Arrested on Sedition Charge", *Straits Times* (16 April 1966) 1.

"Two Bloggers Jailed for Making Seditious Remarks Online", *Channel News Asia*, (7 October 2005).

"Two Foreign Students Admit Vandalism, Mischief", *Straits Times* (1 March 1994) 3.

"Two Girls Remanded", *Straits Times* (11 July 1967) 6.

"Two Remanded on Vandalism Charge", *Straits Times* (8 July 1967) 5.

"Two Teenagers 'to Plead Guilty' ", *Straits Times* (26 February 1994) 30.

"US Reaction to Fay Case Shows It Dare not Punish Criminal", *Straits Times* (13 April 1994) 3.

"Vandal Case: HK Boy Gave Names of Others", *Straits Times* (16 March 1994) 2.

"Vandal Charge: Bail Refused to Girl, 18", *Straits Times* (11 August 1967) 11.

"Vandalism Case: American Teen Faces more than 40 Charges", *Straits Times* (15 October 1993) 3.

"Vietnam to Bolster Singapore Ties, Particularly on Law", *Thai News Service* (21 Aug 2007).

"Warning for Blogger Who Posted Cartoons of Christ", *Straits Times* (21 July 2006).

"We Don't Tango with the Govt: Michael Hwang", *Straits Times* (25 July 2008).

" World Bank Accuses S'pore of Breaching Formal Agreement", *Straits Times* (14 September 2006).

"Worst Week in Air War for US", *Straits Times* (15 August 1966) 1.

"Youth Gets Four Months for Vandalism", *Straits Times* (18 July 1968) 6.

"Youths on Vandalism Charges: Judge Orders Joint Trial", *Straits Times* (3 February 1994) 24.

Ahmad, Rosnah. "Govt Rebuts Human Rights Accusations", *Today* (10 July 2008).

Au Yong, Jeremy. "Singapore Takes Flak for Ban on Protests", *Straits Times* (10 September 2006).

Au Yong, Jeremy. "Singapore Govt Wins Kudos for Smart PR", *Straits Times* (24 July 2008).

Bhavani, K. "Distorting the Truth, Mr Brown?" *Today* (3 July 2006).

Boey, David. "28 Activists Who Pose Security Risk Are Banned", *Straits Times* (12 September 2006).

Boo, Krist. "Event Was a Success, Says Lim Hwee Hua", *Straits Times* (21 September 2006).

Boo, Krist. "Pat on the Back for S'pore as Event Organiser Retires", *Straits Times* (22 September 2006).

Chan, Fiona. "Many Thanks and Well Done Singapore, Say delegates", *Straits Times* (21 September 2006).

Chan, Beng Soon. "10 Die in Thai Border Ambush", *Straits Times* (9 August 1966) 1.

Chan, Heng Weng. "PM Goh Remains Committed to Consultation and Consensus Politics", *Straits Times* (4 December 1994).

Chan, Heng Weng. "There Are Limits to Openness", *Straits Times* (29 December 1994).

Chew, Xiang. "IP Rights, Rule of Law Our Competitive Edge: MM Lee", *Business Times* (20 October 2009).

Chia, Sue-Ann. "New Media, Same Rules", *Straits Times* (15 April 2006).

Chia, Sue-Ann. ""Self-radicalised" Law Grad, 41 JI Militants Held", *Straits Times* (9 June 2007).

Chong, Elena. "Accused Had No 'Noble Aim' in Exposing Lapses", *Straits Times* (26 June 2010).

Chua, Mui Hong. "PM: No Erosion of My Authority Allowed", *Straits Times* (5 December 1994).

Dwyer, Michael. "Singapore's Accidental Exiles Leave a Damning Vacuum", *South China Morning Post* (2 September 2004).

Ee, Ming Chong, Derek. "Be Strict, Not Harsh, on Vandals-Local or Foreign", *Straits Times* (9 October 1993).

Elms, Deborah K. "Let Them Hear the Message of the Masses: IMF/World Bank Meetings", *International Herald Tribune* (30 September 2006).

Evans, Rachel. "Singapore Leader Rejects Amnesty",

International Financial Law Review (18 October 2007), online：
＜http：//www. i r. com/ Article/1983342/Singapore-leader-rejects-
Amnesty. html＞.

Fong, Leslie. "Three Newsmen Held", *Straits Times* (3 May
1971).

George, Cherian. " The Cause Celebre of the Chattering
Classes", *Straits Times* (29 December 1999).

Harun, Said Osman Hj Mohd Ali, Sam, Jackie, Khoo, Philip,
Cheong, Yip Seng, Fazil, Abdul, Pestana, Roderik, & Lee,
Gabriel, "Terror Bomb Kills 2 Girls at Bank", *Straits Times* (11
March 1965).

Hussain, Zakir. " Blogger Who Posted Cartoons of Christ
Online Being Investigated", *Straits Times* (14 June 2006).

Hussain, Zakir. "No Go for Gay Picnic, Run at Botanic
Gardens", *Straits Times* (8 August 2007).

Hussain, Zakir. "No Change to Act Governing Law Society",
Straits Times (14 July 2008).

Hussain, Zakir. "Raf es, MM Lee and the Rule of Law：CJ",
Straits Times (28 October 2009).

Jacob, Paul. "Existing Laws Adequate, Says Law Society",
Straits Times (22 May 1986).

Jacob, Paul. "The Man at the Centre of the Controversy",
Straits Times (9 October 1986) 16.

Kirkpatrick, M. "Jeyaretnam's Challenge", *Asian Wall Street
Journal* (17 Oct 1985).

Kor, Kian Beng. "Myanmar Activists 'De ed Our Laws' ",
Straits Times (18 September 2008).

Kor, Kian Beng. "Ex-activists Pen Memoirs for New Book",

Straits Times (14 November 2009).

Lee, Kuan Yew. "Why Singapore Is What It Is", *Straits Times* (15 October 2007).

Leong, Hong Chiew. Letter to the editor, *Straits Times* (8 October 1993).

Leong, Weng Kam. "Biggest Crisis Has Brought Family Even Closer", *Straits Times* (7 August 1994).

Li, Xueying. "A Well-Oiled Event-Thanks to Team S'pore", *Straits Times* (22 September 2006).

Li, Xueying. "Meetings Showed Singapore Can Do It", *Straits Times* (22 September 2006).

Li, Xueying. "Govt Reviewing Public Order Laws", *Straits Times* (17 January 2009).

Liaw, Wy-Cin. "S'pore 'Can't Take Chances' with Security", *Straits Times* (11 September 2006).

Lim, Catherine. "The PAP and the People: A Great Affective Divide", *Straits Times* (10 September 1994).

Lim, Catherine. "One Government, Two Styles", *Straits Times* (20 November 1994).

Lim, Lydia. "20 Years On: Impact of Marxist Plot on S'pore", *Straits Times* (7 July 2007).

Loh, Chee Kong. "What Price, This Success? MM Asked Whether Singapore Sacrificed Democracy", *Today* (15 October 2007).

Loh, Chee Kong. "Tough Words for Protestors and Anarchists: DPM Wong", *Today* (16 April 2009).

Long, Susan. "Been There, Done That, and Thrived", *Straits Times* (14 December 2001).

Low, Aaron. "Penal System Works", *Straits Times* (19 Jan 2009).

mr brown. "S'poreans Are Fed, Up with Progress!" *Today* (30 June 2006).

Nathan, Dominic. "15 Nabbed Here for Terror Plans", *Straits Times* (6 January 2002).

Ng, Ansley. " 'Prostituting' Too Strong a Word", *Today* (18 September 2008).

Oon, Clarissa. "MM Rebuts NMP's Notion of Race Equality", *Straits Times* (20 August 2009).

Oon, Clarissa. "Law Society Head Revives Issue of Role in Reform", *Straits Times* (13 September 2009).

Osman, Ahmad. "Ex-Fateha Chief Investigated for Net Comments", *Straits Times* (4 July 2002).

Pang, Stephanie. "Protest Singapore Style; 3 Marchers, 19 Media, 1,000 Police", *Bloomberg* (19 November 2007), online: Bloomberg. com. <http:// www. bloomberg. com/apps/news? sid =aHKiTH1ny. 7Q&pid=20601080>.

Peh, Shing Huei & Kwek, Ken. "14 Civil Society Groups Call for Event Boycott", *Straits Times* (13 September 2006).

Peh, Shing Huei. "Activists on S'pore Turnaround: ' Too Little, Too Late'", *Straits Times* (16 September 2006).

Pereira, Marcel Lee. "Many Spin-off Bene ts with Mega-Events", *Straits Times* (11 January 2007).

Soh, Natalie. "Big Changes to Penal Code to Reflect Crime's Changing Nature", *Straits Times* (18 September 2007).

Sua, Tracy & Fong, Tanya. "Singapore Stands by Decision to Bar Some Activists", *Straits Times* (9 September 2006).

Suhaimi, Nur Dianah. "Pink Event Draws 1,000", *Sunday Times* (17 May 2009).

Tan, Ooi Boon. "Vandalism Spree Provokes Outraged Reaction from Public", *Straits Times* (8 October 1993).

Tay, Erica. "PM Thanks S'poreans for Making Meetings a Big Success", *Straits Times* (21 September 2006).

Vijayan, K. C. "Law Society Call for Decriminalisation of Homosexuality", *Straits Times* (5 April 2007).

Vijayan, K. C. "Global Law Meeting Will Tackle Heavy Issues", *Straits Times* (12 October 2007).

Wong, Sher Maine & Chua, Min Yi. "Condemn JI Terrorists — Yaacob", *Straits Times* (22 September 2002).

8. 网站

About the IBA < http://www.ibanet.org/About_the_IBA/About_the_IBA.aspx>.

Bryan, Kelley. "Rule of Law in Singapore: Independence of the Judiciary and the Legal Profession in Singapore" (22 October 2007); Lawyers' Rights Watch Canada, < http://www.lrwc.org/publ.php >.

Bryan, Kelley & Rubin, Howard for Lawyers Rights Watch Canada. "The Misuse of Bankruptcy Law in Singapore: An Analysis of the Matter of Re Joshua Benjamin Jeyaretnam, ex parte Indra Krishnan" (October 2004): < http://www.lrwc.org/documents/Misuse%20of%20Bankruptcy%20Law.Bryan&Rubin.22.10.04.pdf>.

Davidson, Gail & Rubin, Howard, Q.C. for Lawyers Rights Watch Canada. "Defamation in Singapore: In the Matter of J. B.

Jeyaretnam" (July 2001)：＜http：//www. lrwc. org/news/report2. php＞.

　　Governance Matters 2009：＜http//info. worldbank. org/ governance/wgi＞.

　　Members of the Presidential Council for Religious Harmony： ＜http：//app. sgdi. gov. sg/mobile/agency. asp? agency _ id ＝ 0000000898＞.

　　Ministry of Law ＜http：//app2. mlaw. gov. sg＞.

　　"National Day Rally Address by Prime Minister Goh Chok Tong, Speech in English, August", Speech-Text Archival and Retrieval System：＜http：//stars. nhb. gov. sg/ stars/public＞.

　　Howard Rubin for Lawyers Rights Watch Canada, "In the Matter of an Addendum to the Report to Lawyers Rights Watch on the trial of J. B. Jeyaretnam as a Result of Observations on the trial of Chee Soon Juan" (March 2003)：＜http：//www. lrwc. org/ documents/Addendum. Chee. Soon. Juan. trial. Mar. 03. pdf＞.

　　'Penalty Notices', U. K. Home Of ce ＜http：//www. homeof ce. gov. uk/anti-social-behaviour/penalties/penalty-notices/＞.

　　"Police Declare Joggers an 'Illegal Assembly' " ＜http：// www. yawningbread. org/＞.

　　Reporters Without Borders：＜http：//www. unhcr. org/ refworldpublisher,RSF, SGP,0. html＞.

　　Singapore Statutes Online ＜http：//statutes. agc. gov. sg/＞.

　　"SDP Writes to International Bar Association About Its Conference in Singapore"：＜http：//www. singaporedemocrat. org/ articleiba. html＞.

　　Supreme Court of Singapore：＜www. supcourt. gov. sg＞.

9. 其他

(1) 演讲

Chief Justice Chan Sek Keong. "Keynote Address to New York State Bar Association Seasonal Meeting" (27 October 2009), online: Supreme Court of Singapore: <www. supcourt. gov. sg>.

Jeyaretnam, J. B. "The Rule of Law in Singapore", in *The Rule of Law and Human Rights in Malaysia and Singapore: A Report of the Conference Held at the European Parliament* (Limelette, 1989) 37.

Lee, KuanYew. "Address by the Prime Minister at the Seminar on Communism and Democracy", 28 April 1971.

Lee, Kuan Yew. "The Mass Media and New Countries", Paper presented to the General Assembly of the International Press Institute, 9 June 1971.

Lee, Kuan Yew. "For Third World Leaders: Hope or Despair?" Delivered at JFK School of Government, Harvard University, 17 October 2000, online: < http://www. gov. sg/ sprinter/search. htm>.

Transcript of the Question-and Answer Session Following the Address to the 20th General Assembly of the International Press Institute at Helsinki by the Prime Minister (9 June 1971).

(2) 报告

1858 Proclamation of Queen Victoria, *Straits Government Gazette* no. 47 (19 November 1858) 245.

Amnesty International. *Report of an Amnesty International Mission to Singapore*, 30 *November to* 5 *December* 1978 (London:

Amnesty International, 1980).

Asia Watch. *Silencing All Critics: Human Rights Violations in Singapore* (Washington, DC: 1989).

Cassady, Simon. "Lee Kuan Yew & the Singapore Media: Purging the Press" (1975) 4:3 *Index on Censorship*.

International Bar Association Human Rights Institute. "Prosperity ver-sus Individual Rights? Human Rights, Democracy and the Rule of Law in Singapore" (July 2008), online: <http://www. ibanet. org/Article/Detail. aspx? ArticleUid = 0081C460-4B39-4ACB-BB40-8303FCEFDB31>.

International Press Institute. *IPI Report*, June/July 1971. Lawyers Rights Watch Canada. "Singapore: Independence of the Judiciary and the Legal Profession in Singapore" (17 October 2007).

"Report of the Special Rapporteur on the Independence of Judges and Lawyers", UN Commission on Human Rights, 52nd Sess. , UN Doc. E/ CN. 4/1996/37.

World Bank. *The East Asian Miracle* (New York: Oxford University Press for World Bank, 1993).

World Economic Forum Global Competitiveness Report 2008, online: <http://www. weforum. org>.

(3) 未出版的会议文献

Austin, Ian. "Singapore in Transition: Economic Change and Political Consequences", Paper presented to the 17th Biennial Conference of the Asian Studies Association of Australia, July 2008.

Tan, Kevin Y. L. "Lawyers in Singapore Politics, 1945—1990", Paper presented at *Paths Not Taken: Political Pluralism in Postwar Singapore* (2005).

Tang, Hsiang-yi. "Surviving on the Edge in Singapore: Mr Brown's Satirical Podcasting Finds a Way Out", Paper presented at *Convergence, Citizen Journalism & Social Change: Building Capacity*, University of Queensland, March 2008.

Tey, Tsun Hung. "Singapore's Jurisprudence of Defamation and Scandalising the Judiciary", Paper presented at the *Centre for Media and Communications Law Conference*, Melbourne Law School, November 2008.

Wade, Geoff. "Suppression of the Left in Singapore, 1945—1963: Domestic and Regional Contexts in the Southeast Asian Cold War", Paper presented at the 5th European Association of Southeast Asian Studies (EUROSEAS) Conference, University of Naples 'L'Orientale', Italy, 12-15 September 2007.

(4)未出版的其他文献

Dent, Chris. "The Administrativist State and Questions of Governmentality" (2009).

Wade, Geoff. "Operation Cold Store: A Key Event in the Creation of Malaysia and in the Origins of Modern Singapore", Paper presented at the 21st Conference of the International Association of Historians of Asia, 21-25 June 2010.

索 引

（索引页码为原书页码，即本书页边码）

图书在版编目（CIP）数据

威权式法治：新加坡的立法、话语与正当性 /
（新加坡）约西·拉贾（Jothie Rajah）著；陈林林译.
— 杭州：浙江大学出版社，2019.7（2025.8 重印）
书名原文：Authoritarian Rule of Law：
Legislation，Discourse and Legitimacy in Singapore
ISBN 978-7-308-18422-9

Ⅰ.①威…　Ⅱ.①约…　②陈…　Ⅲ.①法律—概况—
新加坡　Ⅳ.①D933.9

中国版本图书馆 CIP 数据核字（2018）第 160990 号

威权式法治：新加坡的立法、话语与正当性

［新加坡］约西·拉贾（Jothie Rajah）　著

陈林林　译

出 品 人	褚超孚
丛书策划	陈佩钰　张　琛
责任编辑	陈佩钰（yukin_chen@zju.edu.cn）
责任校对	罗人智
封面设计	程　晨
出版发行	浙江大学出版社
	（杭州市天目山路 148 号　邮政编码 310007）
	（网址：http://www.zjupress.com）
排　　版	杭州青翊图文设计有限公司
印　　刷	杭州高腾印务有限公司
开　　本	710mm×1000mm　1/16
印　　张	22.5
字　　数	305 千
版 印 次	2019 年 7 月第 1 版　2025 年 8 月第 9 次印刷
书　　号	ISBN 978-7-308-18422-9
定　　价	78.00 元